KB261405

초등 과학을 어떻게 지도할까?

저자 소개

장병기
서울대학교 사범대학 물리교육과 이학사
서울대학교 대학원 과학교육과 교육학 석사 및 박사
현 춘천교육대학교 과학교육과 교수

〈대표 저서 및 역서〉
물리교육학 연구 (2000)
과학 수업 시간에 해 보는 과학연극 (2005)
자석과 전자석, 춘천 가는 기차를 타다 (2007)
초등 과학교육에 뛰어들기(역) (2011)

윤혜경
서울대학교 사범대학 물리교육과 이학사
서울대학교 대학원 과학교육과 교육학 석사 및 박사
현 춘천교육대학교 과학교육과 교수

〈대표 저서 및 역서〉
과학 수업 시간에 해 보는 과학 연극 (2005)
초등과학교육론 (2007)
초등 과학교육에 뛰어들기(역) (2011)
과학교육 이야기(역) (2011)
실행 연구—학교 개선과 교육자의 역량 강화(역) (2014)

초등 과학을 어떻게 지도할까?

초판 발행 | 2016년 3월 4일
지 은 이 | 장병기, 윤혜경
발 행 인 | 이면우
발 행 처 | 춘천교육대학교 출판부
등록 번호 | 제457호

주 소 | 춘천시 공지로 126(석사동, 춘천교육대학교 본관 110호)
전 화 | (02) 922-7090 팩스 | (02) 922-7092

ⓒ 장병기, 윤혜경, 2016 Printed in Korea

ISBN 979-11-957516-0-0   93370

편집 디자인 · 유통 | (주)도서출판 하우
등록번호 | 제 306-2004-22호
주소 | 서울시 중랑구 망우로68길 48
전화 | (02) 922-7090, 922-9728 팩스 | (02) 922-7092
homepage | http://hawoo.co.kr

값 14,000원

＊ 이 저서는 2014년도 춘천교육대학교 교내 연구비 지원에 의하여 연구되었음

초등 과학을
어떻게 지도할까?

장병기 | 윤혜경 지음

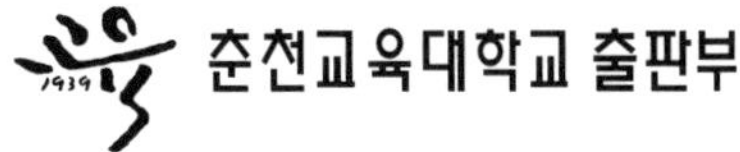

춘천교육대학교 출판부

머리말

　가르치는 일이 생각하는 것만큼 쉽지 않다는 것을 실제로 학생이나 자식을 가르쳐 본 사람은 알 것이다. 그러나 과학을 잘 알고 있는 사람은 지식을 알기 쉽게 잘 조직하여 학생들에게 전달하면 될 것이라고 생각한다. 또 어떤 사람은 교육학을 잘 알아야 학생들을 통제하고 필요한 수업 활동을 제시할 수 있을 것이라고 생각한다. 사실 두 가지 중에서 어느 하나라도 모르면 가르치는 일이 정말로 힘겨운 일임에 틀림이 없다. 그러나 두 가지를 잘 알고 있더라도 가르치는 일이 그렇게 녹록한 일은 아니다. 가르치는 내용과 방식을 교사가 자신의 의도에 맞추어 엮는 일은 창의적인 생각이 필요하기 때문이다. 그래서 교과 내용학이나 교육학의 한계를 넘어 교과교육의 분야가 경계 학문으로 출범되어 왔고, 교수내용지식(pedagogical content knowledge)에 대한 여러 논의가 진행되어 왔다.

　잘 가르치기 위해서는 우선 교사가 어떤 내용 지식이 중요한지 잘 알아야 할 뿐만 아니라, 그러한 내용 지식을 어떻게 효과적으로 이해시킬 수 있는지 알아야 한다. 그러려면 교사는 단순한 내용 지식만이 아니라 학생들이 무엇을 어려워하는지, 어떤 개념이나 기능을 어떻게 표현하고 가르쳐야 할지, 어떤 생각을 어떤 과정으로 발달시켜야 하는지 알아야 한다. 그뿐만 아니라 과학 학습자로서 학생에 대한 지식, 과학 교육과정에 대한 지식, 교수 방법 및 평가에 대한 지식 등을 가지고 있어야 한다. 그렇지만, 그러한 지식을 알고 있더라도 실제로 어떻게 사용하는지 배우지 못하면 교사의 지식은 가르치는 일과 분리되어 죽은 지식이 되기 쉽다. 그것은 가르치는 경험이 증가한다고 저절로 습득되는 것은 아니다. 구체적인 수업 상황에서 학생들의 활동과 수업을 늘 분석하고 평가하며 성찰하는 과정을 거치지 않으면 얻기 힘들기 때문이다.

　일반적으로 과학교육 도서는 전형적으로 과학교육과 관련된 일반적인 지식을 교수, 학습 및 평가 등의 영역별로 나누어 서술하였고, 내용 지식이 포함되어 있더라도 일부 예시에 그치거나 별도로 서술하는 경우가 대부분이다. 지금까지 과학 내용 지식을 구체적인 상황에서 지도하는 일을 논의한 도서는 거의 찾아볼 수 없었다. 그래서 우리는 초등학교 에너지 분야에서 필요한 과학 내용 지식을 구체적인 학습 상황에서 지도하는 사례를 보여주고, 예비교사나 현장의 교사가 교수내용지식을 계발할 수 있는 교사교육 도서를 만들어 보기로 하였다.

　처음 생각은 좋았지만, 그 작업은 그렇게 쉽지가 않았다. 여러 번 도서를 어떻게 구성해야 할 지 논의했지만, 해답은 그렇게 시원하지 않았다. 우선 중요한 내용 지식을 선정하고, 그에 맞추어 적절한 지도 방안이나 활동을 선정하는 일뿐만 아니라, 전체적으로 균형이 잡히도록 내용 지식과 교수 지식을 효과적으로 융합하는 일이 매우 어려운 과제이었다. 경우에 따라서는 필요한 내용을 효과적으로 습득하는 방식이 앞서 이미 제시한 방식과 겹치기도 하고, 어떤 경우에는 포함해야 할 교수 지식이지만 그와 관련된 적절한 내용을 찾지 못해 낭패를 보기도 하였다. 따라서 실제 교실 현장에서는 그렇게 가르치지 않기 쉽지만, 지도 방식을 설명하기 위한 예시로 제시한 경우도 생기게 되었다.

　무엇보다도 에너지 분야와 관련된 모든 내용이 포함된 것도 아니고, 과학교육 분야도 모든 분야가 망라된 것이 아니어서 온전한 과학교육 도서라고 말하기 무척 조심스럽다. 단지 하나의 시도로서 과학교육 도서를 이런 방식으로 저술할 수 있다는 것을 보여주는 것만으로 미흡한 마음을 대신 하기로 한다. 에너지 분야의 내용에서는 소리, 열과 온도, 힘과 에너지 등에 대한 내용이 빠졌고, 과학교육 분야에서는 과학 교육과정, 평가 부분이 전체적으로 누락되었고 다른 영역도 일부분만 포함하게 되어 무척 아쉬운 마음을 금할 길 없다.

　이 도서를 저술하면서 우리는 초등 예비교사나 현직교사가 과학 내용 지식을 의미 있게 학습하면서 동시에 자신의 학습과 아이들의 학습에 대해 성찰할 수 있기를 기대하였다. 아울러 그러한 성찰을 통해 내용 지식을 어떻게 가르쳐야 하는 지에 대한 교수 내용 지식을 추가적으로 탐색하고 적용하는 기회를 갖기를 바란다. 실제적으로 과학 지식을 효과적으로 가르치기 위한 한 가지 방안을 제시하기는 했지만, 제시된 방식 이외의 여러 가지 방안을 탐색하고 논의하는 것은 항상 열려 있다. 세상에 어떻게 정해진 방식대로 가르치란 법이 있는가?

오래 동안 과학교육에 대해 공부하고 학생들을 가르치면서 더욱 더 깨닫게 되는 것은 거의 가르친 것이 없다는 것이며 이러한 생각에 이르면 어찌 할 바를 모르겠다. 수업을 끝내고 나면 항상 뿌듯하기보다는 미련이 많이 남는 것을 어찌 하랴? 그렇지만, 한편으로 드는 생각은 가르치려는 생각을 빨리 버려야 하는데 계속 거기에 머물러 온 것이 아닌가 한다. 유도와 같은 무예의 목적은 궁극적으로 그 무예를 사용하지 않는데 있다고 한다. 마찬가지로 우리가 추구하는 '가르침'도 그와 같지 않은가 생각이 된다. 세상 사는 법을 그 누가 가르쳐 줄 수 있는가? 학생들과 함께 열심히 공부하는 일에 미칠 수 있다면 얼마나 행복한 교사일까 생각해 본다. 그 동안 가르친다는 명목으로 주눅 들게 하였던 학생들에게 미안함을 전하며, 현장에서 학생들을 지도하는 선생님들에게 행복한 교사가 될 수 있도록 응원의 박수를 보낸다.

장 병 기

그동안 교육대학에서 예비 초등교사를 가르치면서 느낀 가장 큰 어려움은 과학 내용 지식과 교수 지식 모두를 짧은 시간에 가르쳐야 하는 것이었다. 또 내용 지식과 교수 지식을 각각 따로 쌓아 올리는 일은 실제 수업 상황에서 두 종류의 지식이 잘 융합되는 것을 보장하지 못한다는 것을 잘 알고 있었기에 과학 내용 지식과 교수 지식을 통합하여 효과적으로 가르치는 방법을 찾는 일은 나에게는 항상 끝나지 않는 숙제와 같았다. 그러나 나의 일천한 능력으로는 그러한 숙제를 하는 것이 너무 요원한 것처럼 보였고, 나는 거인의 어깨 위에 올라설 꾀를 내었다. 후배 교수들에게 항상 귀감이 되어 오신 장병기 교수님은 오랫동안 예비교사를 지도하시면서 다양한 교수 방법을 시도해 오셨고 감히 흉내내지 못할 창의적인 과학 교사교육의 노하우와 레퍼토리를 가지고 계셨다. 나는 장병기 교수님의 이러한 레퍼토리를 책으로 정리해서 나의 것으로 이어받고 싶었고 이 책은 그러한 의도와 맥락에서 탄생하게 되었다.

공동 저자라고 하기 무색할 정도로 대부분의 내용은 장 교수님에 의해 저술되었고 나는 여기에 약간의 덧칠을 했을 뿐이다. 그러나 나는 앞으로 이 책을 실제 교사교육에 활용하면서 나의 레퍼토리를 더해가고 실천과 반성을 통해 책의 내용을 보완해 갈 것이다.

이 책으로 공부할 초등 예비교사와 현직교사들이 좀 더 살아 있는 과학 교수내용지식을 쌓게 되고, 교사교육 개선에 관심있는 과학교육자들이 새로운 교사교육 방법을 모색하는 데 조금이라도 도움이 되었으면 한다.

윤 혜 경

이 책의 구조

　이 책의 구조는 크게 4장으로 구성되어 있는데 1장은 과학교육 개론서와 같은 형태로 되어 있고, 2장에서 4장은 내용 영역으로 구분되어 구성되었다. 각 장은 크게 학습자 활동과 교수자 활동으로 구분되어 서술되었다. 특히, 2장에서 4장은 추가적인 심화 활동과 학습 내용을 평가하는 과제가 첨부되었다. 구체적으로 과학교육 평가와 관련된 내용은 논의되지 않았지만, 제시된 평가 과제를 예시로 평가와 관련된 문제를 논의하는 방안을 고려해 볼 수도 있다. 각 장의 주요 내용은 다음과 같다.

1장 과학을 가르치기

　1장은 과학을 가르치는 일과 관련된 전반적인 내용을 살펴본다. 먼저 과학자를 어떻게 생각하는지 그림으로 그려보고, 그림을 분석하는 방법과 과학자가 하는 일을 논의한다. 과학을 가르치는 이유에 대해 토의해 보고, 과학교육의 목표에 대해 살펴본다. 과학을 가르치는 중요한 이유 중의 하나는 주변 세계에 대한 과학적 측면을 이해할 수 있도록 과학적 개념과 탐구 기능을 사용하고 발달시키기 위한 것이다. 학생들의 과학적 소양을 키우기 위해 무엇을 어떻게 가르쳐야 할지 학생들의 딴생각, 학습 과정, 학습 장애, 이해, 그리고 교사의 역할로서 발문, 관찰 및 탐구 과제의 제시, 의사소통 기회의 제공 등에 대하여 논의한다. 또한, 수업을 관찰하고 분석하는 활동을 한 후 구성주의적 관점의 수업 모형의 하나로서 순환학습에 대해 살펴본다.

　과학자에 대해 학생들과 일반인들은 고정 관념을 가지고 있는 경우가 있지만 실제 과학자가 하는 일은 흔히 생각하는 고정관념과 상당히 다르다. 대개 과학자는 실험실에 틀어박혀 다른 사람과 소통이 없이 혼자 연구에 몰두하는 사람으로 생각하기 쉽지만, 다른 학문과 마찬가지로 과학도 사회적 활동의 하나이다. 일반적으로 과학자는 자료와 증거를 바탕으로 이론을 발달시키지만, 과학자마다 서로 다른 생각과 방법으로 문제에 접근하고 해결한다. 과학자가 수행하는 다양한 과학 활동 중에는 질문하고 문제를 정의하기, 모형을 개발하고 사용하기, 조사를 계획하고 수행하기, 자료를 분석하고 해석하기, 수학을 사용하기, 설명을 만들고 해결책을 고안하기, 증거를 사용하여 논쟁하기, 정보를 평가하고 전달하기 등이 있다. 과학 활동의 중요한 측면은 관찰 자료와 증거를 수집하고, 그 의미를 찾아내어 다른 사람을 이해시키는 것이다. 그래서 의사소통이 과학 활동의 중요한 측면이라는 것을 알 수 있다. 아울러 실제 과학자와 학교에서의 탐구 활동이 어떤 점에서 차이가 나고 유사한지 구체적인 사례를 중심으로 논의한다.

인간은 주변 세계를 이해하려고 노력하면서 자신의 생각을 발전시키지만, 종종 과학적이지 않은 잘못된 생각은 앞으로의 학습에 장애가 될 수 있다. 그런 의미에서 초등학교 시절부터 과학을 배우는 일은 중요하다. 아이들은 자신의 경험을 연결시켜 주변 세계를 이해하는 방식을 발달시켜야 하고, 정보를 수집하고 조직하는 방법이나 자신의 생각을 검증하는 방법을 배워야 한다. 특히 21세기에 들어 과학적 소양은 시민의식의 고양에서 중요한 측면의 하나가 되었다. 과학교육의 목표는 주변 세계를 이해할 수 있는 개념을 발달시키고, 과학적 방법을 적용하여 자신의 경험을 이해하고 삶의 문제를 해결할 수 있는 능력을 발달시키는 것이다. 또한, 세상과 사물에 대한 올바른 태도와 인성을 발달시키고, 다른 사람과 의사소통하며 협력을 통해 합리적 판단을 내리고, 자신의 삶을 이끌어갈 직업적인 인식을 갖추도록 하는 것이다. 총체적으로 과학을 통한 교육으로서 초등학교 과학의 폭넓은 목표는 개념, 탐구 기능 및 태도의 영역으로 구분되어 설정되었지만, 그러한 목표는 사실 상호의존적이다.

과학을 가르치는 일에 대한 자신의 처음 생각을 탐색하는 활동을 끝낸 후에, 동화와 조절이라는 학습 과정과 아이들의 딴생각이 학습에서 중요한 이유를 살펴본다. 학습은 새로운 정보를 기존의 이해와 관련짓는 활동으로, 아이들이 이미 가지고 있는 딴생각이 새로운 학습과 결합될 때 교사가 의도하지 않았던 방식으로 학습이 일어나기 쉽다. 교실에서 잘못된 학습이 일어나는 방식을 살펴보고, 학생의 딴생각을 수정하고 이해를 도와주는 방법을 논의한다. 그러한 교사의 역할로서 발문하기, 관찰 및 탐구 과제 제시하기, 의사소통 기회를 제공하기에 대해 설명한다. 또한 읽기자료서 구성주의적 학습을 인식론과 심리학적 관점에서 과학 학습과 연관 지어 논의한다.

　교사의 역할을 중심으로 과학 수업을 분석해 보는 활동을 끝낸 후에, 실습 사례를 중심으로 과학 교실 활동을 살펴보고, 과학을 가르치는 방법의 하나로서 순환학습 모형에 대해 탐색한다. 구성주의적 교육의 입장을 취하는 순환학습 모형은 학습자가 자신의 생각을 분명하게 인식할 수 있는 기회를 제공하는 것으로 출발한다. 교사의 도움을 받아 스스로 적극적으로 자신의 지식을 구성할 수 있도록, 인지적 갈등이나 동기유발을 일어날 수 있는 상황을 제시한다. 그래서 교사는 학생이 자신의 생각을 직접 검증할 수 있는 방안을 탐색하고, 증거를 바탕으로 자신의 주장을 설명할 수 있도록 디딤돌을 놓는 일을 한다. 또한, 자신의 생각을 내면화할 수 있는 다양한 의사소통 기회를 제공하고, 자신의 학습과 생각을 성찰하고 점검할 수 있는 활동을 제시하도록 한다. 그리고 최종적으로 자신이 학습한 내용을 새로운 상황이나 다른 영역에서 적용할 수 있도록 도와주는 것이다.

　이 장에서 개략적으로 논의되었던 것들은 2, 3, 4장에서 구체적인 과학 내용과 관련하여 더 자세한 수준에서 제시되고 탐색된다. 독자들은 각각의 활동을 중심으로 제시되는 질문을 깊이 있게 생각해 보는 시간을 갖기를 바란다. 많은 경우 과학 내용과 관련하여 구체적인 답은 제시되지 않아서, 독자들이 직접 실험과 토의를 통하여 자신의 이해를 확장할 수 있도록 구성하였다. 또한, 제시된 교육적 활동은 필연적인 결과가 아니라 단지 하나의 예시로 이해하고 받아들이기 바란다. 교사의 목적과 의도에 따라 같은 학습 내용이라도 다양한 방식의 사례를 구성할 수 있기 때문이다.

2장 전기회로

　이 장은 전기회로의 특성을 이해하기 위하여 전구에 불켜기, 도체와 부도체, 전지 및 전구의 연결 방법, 전류와 전구의 밝기 등을 탐색하는 활동을 수행한다. 아울러 학생의 딴생각과 그것을 알아내는 방법을 논의한다. 또한 탐구 활동의 여러 측면 중에서 공정한 검사를 통한 가설 검증하기, 결론을 도출하고 해석하기와 관련된 지도 방안에 대해 살펴본다. 그리고 의사소통을 도와주는 방안의 하나로 표상 조직자의 사용, 개념도 그리기 및 비유에 대해 설명한다.

　사람은 자신의 지식과 경험을 바탕으로 세상을 이해하고, 새로운 지식을 만들어간다. 그래서 수업은 먼저 학생의 생각을 알아내는 것에서 출발한다. 그러기 위해서는 학생이 자신의 생각을 두려워하지 않고 자유롭게 말할 수 있는 호의적인 분위기를 만드는 것이 중요하다. 교사는 질문이나 그림 그리기, 토론 등의 여러 활동을 통해 학생들의 생각을 끌어낼 수 있다. 학생들의 딴생각은 제한된 경험에 의해, 또는 논리보다는 지각의 영향으로, 오로지 한 가지 특징에만 집중하고 다른 것은 무시함으로써 초래되기 쉽다. 또한 잘못된 추론이나 과정 기능의 사용이나 특정한 상황에만 국한하여 사고하거나 낱말의 뜻을 오해하여 생길 수도 있다. 그러한 학생의 생각을 바꾸거나 확장시키기 위해서 교사는 인지적 갈등을 일으킬 수 있는 폭넓은 경험을 제공해야 한다. 그리고 자신의 생각을 뒷받침하는 증거를 찾도록 해야 한다. 학생이 자신의 생각을 과학적인 생각으로 발전시킬 수 있도록 도와주려면 적절한 시기에, 적절한 방법으로 학생의 경험과 관련하여 과학적 개념을 도입할 수 있는 기회를 만드는 것이 중요하다.

보통 아이들은 전기가 회로를 흐르면서 소모된다고 생각하기 쉽다. 그와 같은 학생의 생각을 변화시키기 위하여 개념도 그리기, 비유하기, 가상 실험 등 여러 가지 방안을 살펴본다. 표상조직자의 하나인 개념도는 개념 사이의 관계를 보여주는 그림이다. 동그라미는 개념을 뜻하고, 동그라미를 연결하는 선은 두 개념이 관련되어 있다는 것을 보여준다. 연결선 위에 있는 서술된 글은 그 관계를 보여준다. 또한, 점선으로 그린 동그라미는 그 개념에 대한 예시를 보여준다. 그리고 학생이 작성한 개념도를 평가하는 방안을 논의한다.

전기회로의 기본 개념들은 눈에 보이지 않고 추상적이기 때문에, 컴퓨터 모형을 이용한 가상실험을 통하여 전기회로에서 벌어지는 현상을 이해할 수 있도록 도와주는 방안을 살펴본다. 아울러 추상적인 생각이나 개념을 전달하기 위해 흔히 사용하는 시각적 또는 언어적 은유나 비유를 살펴본다. 비유를 효과적으로 사용하기 위해서는 복잡한 것보다는 간단한 것이 좋고, 친숙한 것으로 유사성이 분명하게 드러나야 한다. 그러나 교사에게는 유사성이 분명하지만, 학생에게는 그렇지 못할 수 있다. 그래서 교사는 학생이 먼저 그 비유에 대해 잘 알고, 그 비유에서 어떤 면을 주목해야 할지 알도록 해야 한다. 또한 비공유 속성으로 인해 비유물이 목표물을 온전히 그대로 표상하지 못한다는 것을 주의시켜야 한다. 또한 학생들의 신체 활동을 포함하는 역할놀이 비유활동에 대해서도 살펴본다.

설명을 탐색하는 탐구 문제에 대한 잠정적인 답으로서 가설에 대해 살펴본다. 흔히 학생들은 가설을 종종 예상과 같은 말로 사용하지만, 가설은 어떤 일이 일어날지 서술하는 예상과는 다르게 어떤 일이 왜 일어나는지 설명하는 것이다. 가설의 또 다른 중요한 특징은 서로 다른 관찰자가 구체적인 경험을 통해 검사할 수 있어야 한다는 것이다. 자신은 그것을 알 수 있는데 다른 사람은 그것을 확인할 수 없다면 가설이라고 말하기 어렵다. 가설이 옳은지 검사하기 위해서는 먼저 그러한 가설이 맞는다면 예상될 수 있는 사실을 추리해야 한다. 그러한 가설과 예상으로 이루어진 문장을 시험명제라고 한다. 시험명제를 만들 수 있다면, 가설을 검증하는 실험을 구체적으로 설계할 수 있다. 실험을 통해 예상이 맞으면 가설이 옳다고 생각하고, 예상이 틀리면 가설이 잘못된 것이라고 판단을 내리지만, 다른 가설의 가능성이나 다른 시험명제, 또는 실험 조건 등을 고려하여 판단을 내려야 한다. 그리고 가설은 반증될 수 있어야 한다. 어떠한 결과가 나와도 반증될 수 없다면 좋은 가설이라고 볼 수 없다. 어떤 가설이 옳다면 그에 따른 예상 결과가 나와야 하고, 다른 가설로는 그러한 예상이 나올 수 없어야 한다.

아울러 실험 결과를 비교하기 전에 먼저 '공정한 검사'였는지 살펴보아야 한다. 증거의 타당성과 관련이 되어 있는 공정한 검사는 관련이 있는 두 변인 이외에 다른 모든 변인을 일정하게 유지시키는 것이다. 우리는 가능한 한 최선을 다해서 변인을 통제하여 공정하게 하려고 해야 한다. 일반적으로 실험 결과가 가설이 예상한 대로 나오면 가설이 올바르고, 예상한대로 나오지 않으면 가설이 틀렸다고 결론을 내린다. 그러나 예상한 결과가 나왔어도 가설이 반드시 옳다고 추리할 수는 없다. 논리적으로 오류를 범할 가능성이 있어 그와 같은 결과를 다르게 해석할 수 있는지 따져보는 것이 매우 중요하다. 다르게 해석할 수 없다면 일단 그것을 받아들이지만, 다른 증거가 나타나서 생각을 바꾸어야 할지 모른다는 것을 늘 감수해야 한다. 또한, 예상한 결과가 나오지 않아도 가설이 잘못된 것이 아니라 실험 결과가 잘못된 것일 수 있다는 것을 염두에 두어야 한다. 많은 경우 관찰은 관찰자가 가지고 있는 이론에 따라 달라질 수도 있다. 학생들은 보통 시험명제를 만들 때 자신의 가설로 예상할 수 있는 것만 고려하기 쉽다. 그러나 다른 가설로도 그러한 예상을 할 수 있다면 어느 가설이 맞는지 확인하기가 어렵다. 따라서 어떤 가설이 옳다면 그에 대응되는 예상이 필요하고, 다른 가설로는 그러한 예상이 나올 수 없어야 한다. 이러한 조건은 시험명제를 만들고, 실험을 설계할 때 매우 중요하다.

3장 자석과 자기장

이 장은 자석과 자기장에 대한 것을 여러 모형으로 이해하는 방식을 다룬다. 자석과 핀의 상호작용이나 고무자석의 행동을 관찰하고 작은 자석 모형으로 설명하는 활동을 수행하도록 한다. 또한, 자석과 전류에 의한 자기장을 그림으로 나타내거나 표시하는 활동을 수행하며, 변인을 통제하여 전자석의 세기와 관련된 요인을 찾는 활동을 수행하도록 한다. 활동을 수행한 후에 관찰의 여러 측면, 예를 들어, 자세히 관찰하기, 규칙성 찾기 등을 논의하고 지도하는 방법을 다룬다. 아울러 의사소통을 증진시키는 방법의 하나로 표상 조직자의 사용과 글짓기 방법에 대해 논의한다. 그리고 변인 사이의 관계를 찾아보는 탐구에서 여러 변인을 통제하는 것에 대해 다룬다.

관찰은 과학 수업에서 매우 중요한 기능으로 정보를 수집하거나 문제를 찾고 사물 사이의 관계를 알아내는 데 사용한다. 특히 탐구 과정에서 문제를 확인하고 탐색하는 과정에서 측정을 통해 증거를 수집하는 과정에 이르기까지 관찰은 여러 곳에서 사용된다. 흔히 생각하는 것처럼 관찰은 사물이나 현상을 주의 깊게 살펴보는 것과는 다르다. 관찰은 개념 의존적이고, 갖고 있는 생각에 따라 선택적으로 반응하기 때문이다. 그래서 교사가 학생들에게 어떤 현상을 보여주더라도 학생들은 모두 똑같은 것을 보지 않는다. 더구나 관찰의 목적이 분명하지 않는 경우에는 더욱 그렇다. 그래서 관찰의 목적을 분명하게 인식시키고, 관찰해야 할 것을 지도하지 않으면 중요한 정보를 놓쳐버릴 수 있다. 개념 형성과 발달에서 중요한 역할을 하는 관찰의 여러 측면, 세부사항 주목하기, 유사성과 차이점 알아내기, 사건의 순서 확인하기, 규칙성이나 관계 찾아내기 등에 대해 논의한다. 탐구 과정에서 탐구를 자극하기, 지식을 확장하기, 결론을 도출하고 해석하기 등에서 관찰이 어떻게 사용되는지 살펴보도록 한다. 그러한 관찰 기능을 발달시키려면 교사는 학생들에게 관찰 기회를 제공하고, 문제의 초점에 맞추어 질문을 던지며, 깊이 있는 관찰이 될 수 있도록 충분한 시간을 제공하고, 감각을 넘어 자신의 관찰 범위를 확장할 수 있도록 도와주어야 한다. 아울러 관찰한 내용이나 관찰할 내용에 대하여 토의해 보도록 하는 것이 필요하다. 구체적인 학습 상황에서 관찰을 도와주기 위하여 어떤 질문을 던져야 하는지, 어떻게 활동을 안내해야 하는지 살펴보도록 한다.

의사소통은 학습 과정에 있어 매우 폭넓은 주제이다. 그래서 교사의 중요한 역할 중 하나는 학생이 자신의 이해나 생각을 다른 사람과 토의하고 소통하도록 도와주는 일이다. 자신의 생각을 다른 사람이 이해할 수 있도록 표현하는 일은 기본적인 학습 과정으로 매우 중요하다. 학생에게 자신의 생각과 결론에 대해 이야기하거나 글을 쓰게 하고 또는 그림을 그려보게 하는 것은 자신이 이해하지 못한 것을 알게 하는 중요한 기회가 된다. 그 뿐만 아니라 학생 스스로 자신의 생각을 분명하게 할 수 있도록 한다. 그래서 단지 사실을 회상하는 수준보다는 설명하거나 이유나 예상을 말하고 정당화할 수 있도록 한다. 아울러 만화나 그림을 그려보게 하는 것도 좋은 방법이 될 수 있다. 이야기나 글, 또는 그림을 통하여 자신의 생각을 표현하는 것은 자신이 학습한 것을 내면화하는 과정으로 이해를 촉진시킨다.

표상 조직자는 앞 장에서 공부했던 개념도와 같이 학생의 생각이나 사고를 구조화하도록 도와주는 그림이나 도표를 말한다. 표상조직자를 이용하여 학습자는 탐구를 계획할 수 있고, 자신의 생각이나 학습 내용을 분류하거나 정리하며 조직할 수 있다. 표상 조직자에는 개념도, V도, 흐름도, 가시도표 및 마인드맵 등이 있다.

학생이 자신의 생각이나 이해한 것을 글로 표현하는 과학 글쓰기는 독립된 과제로 부과하기보다는 여러 과학 활동과 관련된 보충 과제로서 학생 자신의 생각을 내면화하는 기회가 되도록 하는 것이 바람직하다. 이때 글감으로서 과학 활동이나 관련 수업 내용이 포함되도록 한다. 글짓기 활동 중에는 시를 활용하는 방법이 있다. 3행시나 5행시, 또는 7행시, 시조 등 다양한 형식을 사용할 수 있다. 시를 쓰는 것만큼 쓴 시를 공유하는 일도 매우 중요하다. 이를 위해 시를 크게 소리 내어 읽게 하거나, 포스터나 칠판 또는 OHP나 빔 프로젝터를 사용하여 시를 보여준다. 시를 소리 내어 읽을 때, 학생들은 유창하게 말하는 법을 발달시키는 기회를 갖는다. 시 읽기 활동은 대집단, 소집단, 짝꿍 또는 혼자서 등과 같이 다양한 방법으로 시킬 수 있고, 저학년의 경우에는 따라서 반복하는 메아리 읽기를 사용할 수 있다. 시를 활용하여 학생들을 지도하는 다양한 방안을 제시한다.

탐구는 보통 어떤 정보, 조건이나 효과, 규칙성, 방법 등을 찾기 위한 것이다. 탐구를 위해서는 먼저 문제를 찾고 어떻게 탐구를 해야 하는지 계획을 세워야 한다. 그러나 학생들은 계획을 세우기 전에 먼저 이것저것 실험부터 해보려고 한다. 그렇게 실험하여 얻은 결과는 체계적이지 못해서 의미 있는 결론을 얻기 어렵다. 계획을 세우기 위해서는 탐구 소재에 대한 어느 정도의 배경 지식이나 경험이 필요하다. 그런 경우 탐구 계획에 앞서 먼저 탐색 활동을 허용하는 것은 바람직하다. 탐구를 계획할 때 중요한 것은 조건을 통제하고 한 번에 하나씩 해결할 문제를 생각하는 것이 좋다. 다시 말해, 탐구 가능한 구체적인 문제를 정하고, 변인을 어떻게 통제할지 생각해야 한다. 변인은 변화시켜야 할 조건인 독립변인과 똑같게 유지해야 할 조건인 통제변인을 구분하고, 관찰이나 측정해야 할 효과로서 종속변인을 확인해야 한다. 공정한 검사로 질문에 답하기 위해 조건을 똑같게 유지하기 위한 변인 통제는 간단하지가 않다. 탐구 주제에 대한 충분한 지식이 없는 경우 어떤 조건을 똑같이 해야 할지 분명하지 않은 경우가 대부분이기 때문이다. 변인 통제는 주어진 현상에 대한 이론을 바탕으로 이루어질 수 있기 때문에, 이론이 분명하지 않은 경우에 통제할 변인을 찾는 일은 그렇게 쉬운 일이 아니다. 그러나 처음에 변인을 완벽하게 통제하지 않더라도 우리는 탐구가 진행됨에 따라 미흡한 부분을 보완할 수 있다. 변인을 통제하는 것만큼 또 중요한 것은 종속 변인을 어떻게 확인할 것인지 구체적으로 정하는 것이다. 그 중에는 어떤 도구를 사용할지 정하는 일도 포함된다. 사용한 도구나 측정 방법에 따라 기대하는 차이를 구별하거나 못하는 경우가 생길 수 있기 때문이다. 과학에서 이루어지는 탐구 활동은 대개 이론이나 개념과 밀접하게 관련되어 있기 때문에, 그와 관련된 충분한 지식이나 개념 발달이 이루어지지 않은 경우 완벽하게 탐구를 계획하기가 매우 어렵다. 그렇지만 반복적이고 추가적인 탐구 활동을 통하여 학생들은 관련 지식이나 개념을 얻거나 발달시키는 기회를 가질 수 있다.

4장 빛의 성질

이 장은 빛의 기본적인 성질로 직진, 반사, 굴절, 색깔 등을 이해하기 위하여 그림자의 모양, 반사에 의한 상 찾기, 렌즈에 의한 그림자와 상 찾기, 물체의 색깔에 대한 활동을 수행한다. 활동을 끝낸 후 학생 지도에 필요한 몇 가지 소재로 탐구 결과 해석하기, 모형으로 설명하기, 말하기와 논쟁하기, 가상실험 활용하기, 개념만화 활용하기 등에 대해 논의한다.

과학에서 탐구는 사실 폭넓은 주제이지만 이 장에서는 특히 탐구를 통해 얻은 결과를 어떻게 해석해야 하는지, 그리고 탐구를 지도할 때 고려해야 하는 점을 살펴본다. 보통 탐구를 계획하고 실제로 수행하여 결과를 얻으면 학생들은 탐구가 끝났다고 생각하기 쉽다. 탐구 결과는 그 자체가 무엇을 의미하는지 말해 주지 않는다. 그래서 교사는 학생들이 탐구 결과에서 그 의미를 찾을 수 있도록 도와주어야 한다. 보통 학생들은 자신이 생각하는 결과만 살펴보기 쉽기 때문에, 실험에서 얻은 모든 결과를 고려하도록 해야 한다. 아울러 다른 학생과의 토의를 통해 자신의 생각과 증거를 구별하고, 자신이 언급한 규칙성이 무엇을 뜻하는지 헤아릴 수 있는 기회를 주어야 한다. 탐구에서 중요한 것은 규칙성을 찾고 확인하는 것만이 아니다. 규칙성이 정말로 증거에 의해 지지되는지 점검하고 해석하도록 해야 한다. 또한, 결과를 해석할 때 탐구 과정과 방법도 다시 고찰해 보아야 한다. 탐구 결과가 고려하지 않은 다른 변인에 의한 영향일 수도 있기 때문이다. 탐구 결과를 해석하는 일은 왜 탐구를 시작했는지 원래 목적을 되돌아보는 것이다. 탐구를 통해 사실을 알아내는 것보다 왜 그런 일이 일어나는지 생각해 보도록 하는 것은 학생의 이해나 사고능력을 발달시키는데 도움을 준다.

　모형을 만들고 사용하는 일은 과학자의 중요한 활동 중 하나이다. 과학자들은 특히 직접 경험할 수 없는 현상을 서술하고 설명하기 위해 모형을 사용하여 그 과정을 구체적인 형태로 그려본다. 예를 들어, 원자 모형, 분자 모형, 유전자 모형 등을 이용하여 물리적 변화나 화학 변화, 또는 생명 현상을 설명한다. 모형은 본질적으로 실세계의 계와 유사한 표상으로 현상을 잘 설명할 수 있을 때 수용된다. 그러한 표상은 정신적인 것을 포함하여 그림, 실물 모형, 수학 방정식, 명제나 컴퓨터 프로그램 등 다양한 형태를 취할 수 있다. 과학자는 이러한 모형을 통해 물리적 계의 알려진 특성을 묘사하고 요약하며, 그것을 이용하여 결과를 예상하기도 한다. 모형을 만들고 사용하는 것은 과학 활동뿐만 아니라 수업에서도 중요한 역할을 한다. 교사도 자신의 생각을 학생에게 설명하기 위하여 그림, 실물이나 작업 모형, 또는 시각적 및 언어적 은유나 비유 등의 모형을 사용한다. 그러나 모형은 실제 현상에 대한 정확한 복사물이 아니라, 설명을 위해 복잡한 현상을 단순하게 만든 것이다. 따라서 어떤 모형도 완전히 정확한 것이 아니라는 것을 이해해야 한다. 교사는 모형 속에 어떤 특징이 표현되어 있는지, 계가 작동하는 방법을 모형으로 어떻게 이해할 수 있는지 학생들을 안내하고 지도해야 한다. 모형은 일종의 도구로서 자연 현상에 대해 생각하고, 예상하며, 활동에서 얻은 경험을 이해하는데 사용될 수 있다. 한 가지 실례로서 광선 모형을 이용한 가상실험 프로그램을 이용하여 빛이 렌즈를 통과할 때 일어나는 현상을 살펴본다. 또한, 광선 모형을 이용하여 상이 어떻게 생기는지 작도해 보도록 한다.

　과학은 생각을 표현하고 주의 깊게 의사소통하는 것을 필요로 한다. 과학자는 증거를 사용하여 논쟁하기 활동을 통해 자신의 생각을 전달하고, 다른 사람의 생각에 도전한다. 마찬가지로 교실에서도 과학을 공부하고 가르치는데 있어 언어가 중요한 역할을 한다. 학생들은 학습할 때 배운 것을 이해하기 위해 그것을 이야기할 필요가 있다. 그래서 말하기는 학생이 자신의 생각에 대해 사고하고 구체적으로 설명하도록 요구하고, 이해한 것과 그렇지 못한 것을 구별할 수 있도록 한다. 교사는 학생들에게 용어나 개념 또는 관찰한 것을 자기 자신의 말로 서술하도록 요구할 필요가 있다. 말하기의 또 다른 형태인 논쟁하기는 증거와 함께 제시된 생각을 배우고, 다루며, 공유하기 위한 것이다. 논쟁하기는 한 개인에 대한 비판보다는 표현된 생각에 초점을 맞추어 포괄적인 이론을 만드는데 관심을 두어야 한다. 그래서 과학자들은 자신의 이론을 강하게 방어하지만, 자신의 입장을 반증하는 설득 가능한 주장이 제시되는 경우에는 그것을 자신의 생각에 통합하려고 노력한다. 말하기나 논쟁하기를 촉진시키려면, 교사는 단지 정답을 제시하기보다는 자신의 생각이나 추론을 설명하거나 구체적으로 이야기하도록 학생에게 요구해야 한다. 과학적 논쟁은 상호 이해나 합의점에 도달하기 위한 것이다. 그러한 과학적 논쟁을 효과적으로 중재하려면 교사는 학생의 이야기 속에서 과학적으로 생산적인 것과 그렇지 못한 것을 인식할 수 있는 충분한 지식을 필요로 한다. 교사는 토의를 위한 학급 규범을 만들고, 학생들의 문화적, 언어적, 경험적 차이를 헤아려야 한다. 그리고 권위에 의존하기보다는 증거를 가진 결과로서 설명이나 답을 토의를 통해 찾도록 하는 것이 바람직하다.

개념만화는 일상적인 상황에 대해 서로 다른 주장을 하는 등장인물의 대화를 보여주는 만화 형식의 그림이다. 원래 학생의 개념을 알아보기 위한 것이었지만 학생의 이해를 평가하는 것만이 유일한 목적은 아니고, 수업이나 학습을 도와주는 도구로 사용될 수 있다. 개념만화는 과학 시간에 배운 것을 일상생활에 적용하도록 학습자에게 요구하기 때문이다. 또한, 짧은 지문과 그림으로 제시되기 때문에 읽기 기능이 부족한 학생이나 어린 아이도 쉽게 접근할 수 있다. 만화에 제시된 의견 중 어느 것이 옳은지 쉽게 알아챌 수 없기 때문에 아이들의 논쟁을 유발시키기도 쉽다. 보통 개념만화에서 제시된 딴생각은 많은 학생이 그렇게 생각하기 쉬운 개념들로 구성되기 때문이다. 그래서 어려운 과학 개념에 대해 학급 또는 소집단 토의를 증진시킬 때, 학생이 탐구할 수 있는 질문이나 문제를 소개할 때, 실험 결과와 관찰에 대한 이해를 도와주려고 할 때 개념만화를 다양한 방식으로 사용할 수 있다. 탐구를 도입하기 위해 개념만화를 사용하는 것은 그 문제와 관련된 학생들의 과학적 생각을 학생들 자신이 성찰해 보도록 도와준다. 또한 실험에 대한 시범을 보여준 후나 학생이 자기 자신의 실험을 수행하고, 자신의 관찰이나 자료를 해석하려는 경우와 같이 소집단 토의를 증진시키는데 개념만화를 어떻게 사용하는지 논의한다.

목차

머리말 ·· 4

이 책의 구조 ··· 8

1장 과학을 가르치기

1. 과학자는 어떤 일을 할까? ································· 22

2. 과학을 왜 가르쳐야 할까? ······························· 36

3. 과학수업이란 무엇인가? ··································· 40

4. 과학을 어떻게 가르칠까? ································· 56

2장 전기회로

1. 전구에 불이 켜지려면 전선을 어떻게 연결해야 할까? ········· 68

2. 전기회로에서 전류의 세기는 어떻게 될까? ············· 72

3. 어떤 물질에 전기가 통할까? ······························ 78

4. 전지를 어떻게 연결하면 좋을까? ························ 84

5. 직렬로 연결된 두 꼬마전구는 어느 것이 밝은가? ····· 90

6. 전구의 밝기는 무엇과 관계가 있을까? ··············· 96

7. 전기회로에서는 어떤 일이 일어나는 것일까? ········ 102

8. 심화 활동 ··· 108

9. 전기회로에 대한 자신의 생각을 평가하기 ··········· 114

3장 자석과 자기장

1. 자석은 왜 핀이나 클립을 잡아당기는가? ·············· 122
2. 자기장이란 무엇인가? ·············· 128
3. 고무자석의 속은 어떻게 되었을까? ·············· 134
4. 전류가 흐를 때 자침은 어떻게 될까? ·············· 138
5. 전자석의 세기를 어떻게 세게 할 수 있을까? ·············· 150
6. 심화 활동 ·············· 156
7. 자석과 자기장에 대해 자신의 생각을 평가하기 ·············· 162

4장 빛의 성질

1. 그림자의 모양은 어떻게 생기는가? ·············· 168
2. 유리판에 촛불이 반사되면? ·············· 176
3. 빛이 렌즈를 지나면 어떻게 되는가? ·············· 182
4. 렌즈의 상은 어떻게 만들어지는가? ·············· 190
5. 거울의 상을 어떻게 그릴까? ·············· 198
6. 물체의 색깔은 언제나 같을까? ·············· 202
7. 심화 활동 ·············· 208
8. 빛의 성질에 대한 자신의 생각을 평가하기 ·············· 212

참고문헌 ·············· 216

1장

과학을 가르치기

장 선생님   박 선생님   윤 선생님

과학을 잘 가르친다는 것은 무엇을 뜻하는 것일까? 위 그림과 같이 과학 시간에 세 명의 교사가 학생들을 가르치고 있다. 제시된 장면이 단편적이기는 하지만, 경험이 있는 교사의 특징을 보여준다고 생각하는 것은 어느 선생님인가? 초임 교사의 특징을 보여준다고 생각하는 것은 어느 선생님인가? 그렇게 생각하는 이유를 모둠별로 토의해 보자.

과학자란?

과학자는 어떤 일을 하고 있는 사람인지 아래 빈칸에 그 특징을 나타내어 그림을 그려보자. 그리고 자신이 그린 그림에 대해 간단하게 설명을 적어보자.

그림	
그림에 대한 설명	

* Draw a Scientist Test (DAST: Chambers, 1983)

- 학생들에게 과학을 잘 가르쳐야 하는 이유가 무엇인지 이야기해 보고, 전체 학급의 의견을 모아 분류해 보자.

과학자는 어떤 일을 할까?
– 그림 분석하기

앞의 도입 활동을 바탕으로 여러분이 그린 그림의 특징을 조사해 보자. 전체 학급의 결과를 모아서 다음의 점검표에 기록하고 백분율을 구해보자.

과학자 그리기 점검표(Draw-A-Scientist-Test Checklist)*

총 그림의 수:

다음 항목이 나타난 그림의 개수는 …	빈도 표시(正)	개수	백분율(%)
• 개인적 특징			
실험복(보통 흰색)			
안경			
텁수룩한 수염(턱수염, 콧수염, 구레나룻 등)			
주머니 속의 연필/볼펜			
흐트러진 모양(옷, 머리, 기구 등)			
기타 빈번하게 나타나는 개인적 특징이 있다면 적으시오.			
• 연구의 상징			
시험관			
플라스크			
현미경			
알코올램프			
실험동물			
기타 연구의 다른 상징이 있다면 적으시오.			
• 지식의 상징			
책			
서류함이나 서가			
기타 지식의 다른 상징이 있다면 적으시오.			
• 기술(과학의 산물)의 상징			
유리 제품 속의 액체			
기계(컴퓨터, 사진기 등)			
기타 기술의 다른 상징이 있다면 적으시오.			
• 얼마나 많은 그림이 여성과 남성을 묘사했는가?			
남자의 그림			
여자의 그림			
남자인지 여자인지 말할 수 없는 그림			

- 전체 학급의 점검표 결과를 보고 알 수 있는 사실에 대해 토의해 보자.

- 위의 결과를 바탕으로 전형적인 과학자의 모습을 그린 다음 그 특징을 드러낼 수 있는 말로 서술해 보자.

과학자의 전체적 모습을 다음과 같은 특징으로 구분하면, 자신이 그린 과학자는 어디에 속하는지 살펴보자. (주의: 하나의 그림이 한 가지 이상의 특징을 가지고 있을 수 있다.)

1) **괴짜:** 다듬지 않은 머리, 충격적인 모습, 유행에 처지는 의상, 단정하지 않은 모양, 충혈 된 눈, 창백한 안색, 반사회적 특성(세상 물정과 무관한 깜깜이) 등

2) **악당:** 거친 감정 폭발, 사악한 얼굴 표정, 울부짖는 동물, 프랑켄슈타인과 같은 괴물, 폭력적인 언어로 설명된 문구, 위험 표시(불조심, 위험, 독극물 등)

3) **보통 사람:** 긍정적이거나 부정적일 필요가 없이 묘사

4) **진취적 사람:** 전통적이지 않은 장면 속에서 활동하거나 특이한 장치나 야외용 실험 장비를 사용하는 과학자로 묘사

- 전체 학급의 결과를 다음의 표에 기록하고, 그것을 바탕으로 과학자의 전체적 특징은 어디에 속해 있는지 토의해 보자.

전체 모습	빈도(正) 표시	총 개수	백분율(%)
괴짜			
악당			
보통 사람			
진취적 사람			

* 이 활동은 메이슨 등(Mason, C. L., Kahle, J. B., & Gardner, A. L., 1991)의 "Draw-A-Scientist Test: Future Implications" 자료에서 발췌 수정한 것이다.

과학자가 하는 일

보통 사람들은 과학자를 인간미가 없이 일에 미쳐 있는 괴짜로 보거나 무척 똑똑하거나 이론에 밝은 사람으로 바라보는 경향이 있다. 학생과 교사도 일반인과 크게 다르지 않다. 상투적으로 과학자들은 헝클어진 머리와 유행에 뒤떨어진 옷을 입고 혼자서 외롭게 자연을 이해하려고 씨름하는 영웅적인 남성으로 묘사된다. 때로 과학자는 추상적이며 비현실적 영역에서 활동하기 때문에 실제 세계와는 동떨어진 괴짜로 여겨지기 쉽다.

그러나 과학자들이 실제로 하는 일에 대한 연구는 이러한 고정관념이 사실과 다르다는 것을 보여준다. 실제로 많은 과학자는 서로 다른 생각과 서로 다른 방식으로 문제에 접근한다. 과학자들은 넓은 범주의 다양한 방법을 사용하여 가설, 모형, 형식적/비형식적 이론을 발달시킨다. 또 과학자는 여러가지 기법을 사용하여 자료를 체계적으로 수집하고, 다양한 도구를 사용하여 관찰, 측정, 자료 분석을 수행한다. 물론 서로 다른 영역의 과학은 이론을 발달시키기 위해 서로 다른 과정에 의존하지만, 모든 영역의 과학은 어떤 공통적인 특징을 공유한다. 예를 들어, 획득한 자료와 증거는 어떤 문제를 결정하는데 있어 일차적인 지위를 갖는다. 실험이나 관찰로부터 얻은 타당한 자료가 가설이나 이론과 일치하지 않는다면, 그 생각은 수정되거나 폐기되어야 한다. 아니면 또 다른 새로운 증거를 고려하거나 불일치를 통합할 수 있는 다른 설명을 찾아야 한다. 이론, 모형 및 가설은 경험적 증거에 뿌리를 박아야 하고, 검증되거나 필요하다면 수정되거나 확장될 수 있다. 과학자들은 모형, 가설 및 이론을 발달시키고 수정하여 가능한 한 넓은 범주의 관찰을 모두 설명할 수 있어야 한다.

과학자에 대한 연구는 또한 과학도 사회적 활동이라는 것을 보여준다. 과학자들도 자신의 동료와 형식적/비형식적인 방식으로 의사소통한다. 그래서 과학은 보통 과학자 집단이나 사회에 의해 집단적으로 수행된다. 과학자들도 일반인처럼 전자우편을 교환하고, 학회에서 토론에 참가하며, 잡지나 도서 출판을 통해 자신의 생각을 발표하거나 그것에 대응한다. 과학자는 또한 여러 기술적 도구, 수학적 표현 및 의사소통 방법 등을 포함하는 다양한 문화적 도구를 사용하고, 그러한 도구는 과학자의 관찰에 상당한 영향을 준다.

'과학자 그리기' 과제인 DAST(Draw-A-Scientist Test) 검사는 과학자에 대한 아이들의 인식을 조사하기 위해 고안된 끝이 열려 있는 투사적 검사이다. 원래 1983년 챔버스(David Wade Chambers)에 의해 개발되었고, 주목적은 잘 알려져 있는 전형적인 과학자 모습이 몇 살 때 처음 나타나는지 조사하기 위한 것이었다. 아이들이 그린 그림은 실험복, 안경, 수염, 연구 상징, 지식 상

학생이 그린 과학자 그림 예시

징, 과학의 산물(기술) 및 관련 삽입 문구 등 7가지 표준 지표에 의해 분석되었다. 이러한 지표로부터, 아이들이 매우 어릴 적부터 과학자에 대한 전형적인 모습을 발달시키기 시작하고, 학년이 올라감에 따라 더 많은 지표들이 점차적으로 나타난다는 것을 보여줄 수 있었다(Chambers, 1983). 이러한 과학자의 전형은 학생과 마찬가지로 전문성을 갖춘 교사에게도 여전히 나타난다(Moseley and Norris, 1999). 과학에 대한 부정적 태도와 전형적인 모습 사이의 직접적인 연관을 찾기는 매우 어렵지만, 과학과 과학자에 대한 부정적인 전형은 부정적인 인식으로 이어지고, 교실에서 과학에 대한 부정적인 태도로 이어진다는 것을 시사하는 증거가 여러 연구에서 제시되었다(Odell, Hewett, Bowman, & Boone, 1993; Malone and Barabino, 2009). DAST는 한계가 있기는 하지만, 아이들의 생각을 파악하기 위한 좋은 도구이다. 실제로 DAST 결과는 구조화된 면담의 결과와 유사한 결과를 보여주어 피검사자의 과학자에 대한 지각을 정확하게 평가한다는 것을 시사했다(Finson, Beaver, and Cramond 1995; Thomas E. McDuffie, Jr., 2001).

미국의 국립연구평의회(NRC)는 과학자나 공학자가 하는 중요한 활동(practices)을 1) 질문하고(과학) 문제를 정의하기(공학), 2) 모형을 개발하고 사용하기, 3) 조사를 계획하고 수행하기, 4) 자료를 분석하고 해석하기, 5) 수학을 사용하기, 6) 설명을 만들고(과학) 해결책을 고안하기(공학), 7) 증거를 사용하여 논쟁하기, 8) 정보를 획득하고 평가하며 전달하기 등 8가지로 범주화하였다(A Framework for K-12 Science Education, NRC 2012). 여기서 '실행(practices)'이라는 용어는 실제적인 실행 능력을 함축하는 의미로 '탐구 기능(skills)'이라는 용어 대신에 과학적 탐구가 지식과 기능을 동시에 필요로 한다는 것을 강조하기 위해 사용되었다(NRC, 2011).

유·초·중등 과학교육 체계(A Framework for K-12 Science Education): 과학과 공학에서 성취해야 할 폭넓은 기대 수준에 대한 개요를 제시한 연구 보고서이다. 이를 교육과정 형태로 만든 것이 '다음 세대 과학표준(Next Generation Science Standards)'이다.

- 과학은 "무지개는 왜 생기는가?"와 같이 현상에 대한 질문으로 시작한다. 과학자의 기본 활동은 이미 알려진 것을 확실히 하고, 아직 만족스럽게 답을 얻지 못한 현상에 대해 경험적으로 대답 가능한 질문을 만드는 것이다. 반면에 공학은 "전구에 필요한 에너지를 어떻게 효율적으로 줄일 수 있을까?"와 같이 해결될 필요가 있는 문제로 시작한다.

- 과학에서는 종종 자연 현상에 대한 설명을 발달시키기 위해 모형과 시늉내기(simulation)를 만들고 사용한다. 모형은 관측 값을 뛰어넘을 수 있게 하고, 아직 보지 못한 세상을 흉내내도록 한다. 모형은 가상적인 설명을 검사하기 위해 만들어지는 "만일...이라면 따라서..."와 같은 형태의 예상을 할 수 있게 한다. 반면에, 공학은 새로운 문제에 대한 가능한 해결책을 검사하거나 결함을 알아내기 위해 기존 체계를 분석하는 모형과 시늉내기를 사용한다. 공학자는 제안된 체계를 검사하고, 자신의 설계에 대한 장점과 단점을 인식하기 위해 다양한 종류의 모형을 고안하고 사용한다.

- 과학자의 주요 활동은 실험에서 변인을 확인하고, 자료로 간주되는 것을 명확하게 하기 위해 체계적인 조사(investigation)를 계획하고 수행하는 것이다. 반면에, 공학자는 기준이나 매개 변수를 규정하기 위해 필요한 자료를 얻고, 제안된 설계를 검사하기 위해 조사를 계획하고 수행한다. 공학자도 과학자와 마찬가지로 관련 변인을 확인하고, 그것을 어떻게 측정할지 결정하며, 분석하기 위해 자료를 수집해야 한다. 그러한 조사를 통해 서로 다른 조건의 설계에 대한 효과나 효능 및 내구성을 확인할 수 있게 된다.

- 과학적 조사를 통해 얻은 자료는 의미를 찾아내기 위해 분석되어야 한다. 자료 자체가 저절로 의미를 드러내는 것이 아니기 때문에, 과학자는 도표화, 그래프 해석, 시각화 및 통계적 분석 등을 포함하는 일련의 도구를 사용하여 자료에 있는 중요한 특징과 양상(무늬)을 확인한다. 오차의 근원을 확인하고, 신뢰도를 계산한다. 반면에, 공학자는 설계의 검사에서 수집된 자료의 분석을 통해 서로 다른 해결책을 비교할 수 있고, 특정한 설계 기준을 어떻게 잘 충족하는지 결정할 수 있다. 그래서 어떤 설계가 주어진 구속 조건 안에서 그 문제를 가장 잘 해결할 수 있는지 판단한다. 과학자와 마찬가지로, 공학자도 중요한 양상을 확인하고, 결과를 해석하는 일련의 도구를 필요로 한다.

- 과학에서 수학과 계산(computation)은 변인과 그 관계를 표현하기 위한 기본적인 도구이다. 수학적이고 계산적인 접근 방식은 그러한 예측을 검사하고, 물리계의 행동을 예상할 수 있게 한다. 공학에서, 확정된 관계와 원리를 수학적으로 표현하는 일은 설계 과정의 총체적 일부이다. 예를 들어, 건축 공학자는 건축물이

예상된 사용 응력을 견딜 수 있는지, 수용 가능한 예산 범위 내에서 완성될 수 있는지 계산하기 위해 수학에 기초하여 설계 분석을 한다. 더구나 시늉내기는 문제에 대해 제안된 해결책 혹은 개선책을 효과적으로 검사할 수 있도록 한다.

- 과학의 목적은 세계에 대한 설명적 이야기를 제공하는 이론을 구성하는 것이다. 이론은 독립적인 여러 경험적 증거, 폭넓은 현상에 대한 설명력, 그리고 그 설명에 있어 일관성과 간결성(parsimony)을 가질 때 수용된다. 추론과 증거는 자연현상에 대한 최선의 설명을 찾기 위해 필수적이다. 공학 설계의 목적은 과학 지식과 물질세계의 모형에 기초한 문제에 대한 체계적인 해결이다. 각기 제안된 해결책은 바람직한 기능, 기술적 가능성, 비용, 안전, 심미성, 그리고 법적 요구의 수용과 같이 서로 경쟁하는 기준을 균형 잡는 과정에서 초래된다. 유일한 최선책은 보통 존재하지 않지만, 일련의 해결책은 존재한다. 적절한 선택은 제안된 해결책이 준거와 구속 조건을 얼마나 잘 충족하는지에 달려있다.

- 과학자는 자신의 설명을 방어하고, 타당한 자료를 바탕으로 증거를 수립하며, 다른 사람이 제시한 의견과 증거에 비추어 자기 자신의 이해를 조사하고, 현상에 대한 최선의 설명을 찾기 위해 동료와 협력하고 논쟁해야 한다. 공학에서도 추론은 문제에 대한 가능한 최선의 해결책을 찾기 위해 필수적이다. 공학자도 설계 과정을 통해 경쟁하는 여러 생각 중에서 가장 유망한 해결책을 선택하는 결정적인 단계에서 자신들의 동료와 협력한다. 공학자는 대안을 비교하고, 검사 자료에 기초한 증거를 수립하며, 자신의 결론을 방어하기 위해 증거로부터 주장을 만들고, 다른 사람의 생각을 비판적으로 평가하며, 최상의 해결책을 얻기 위해 자신의 설계를 수정한다.

- 과학은 과학자가 자신의 발견을 분명하고 설득력 있게 전달할 수 없거나 다른 사람의 발견에 대해 배울 수 없다면 진전될 수 없다. 과학의 주요 활동은 그러므로 탐구의 결과와 생각을 말로, 글로, 도표, 그림, 그래프, 방정식 사용과 함께 그리고 동료와의 확장된 토론에 참여함으로써 전달하는 것이다. 과학은 그렇게 획득한 정보의 과학적 타당성을 평가하고, 그 정보를 제안된 설명 속에 통합하기 위해 종이, 인터넷, 심포지엄, 또는 강의와 같은 과학 관련 글에서 나온 의미를 찾아내는 능력을 필요로 한다. 공학의 경우에도 설계의 장점이 분명하고 설득력 있게 전달되지 않는다면, 새로운 기술이나 개선된 기술을 생산할 수 없다. 공학자도 자신의 생각을 말로, 글로, 도표나 그래프, 그림이나 모형으로 그리고 동료와의 확장된 토론에 참여함으로써 표현할 필요가 있다. 과학자와 마찬가지로 공학자도 동료의 글에서 의미를 찾아내고, 정보를 평가하며 그것을 쓸모 있게 적용할 수 있어야 한다.

실제 과학에서의 탐구와 학교에서의 탐구

- 과학자들의 탐구 활동은 어떤 특징을 가지고 있을까?

- 모든 분야의 과학자들이 사용하는 어떤 공통된 방법이 있을까?

- 학교 과학교육에서 이루어지는 활동은 과학자들의 탐구 활동을 닮은 것이어야 하는가?

- 과학자가 되지 않을 학생들에게 과학 탐구가 필요한 이유는 무엇일까?

- 아직 어린 학생들이 어떻게 과학자와 비슷하게 탐구 활동을 할 수 있을까?

- 만약 학교 과학교육에서의 활동이 과학자들의 활동과 같지 않다면 그것은 어떤 점에서 차이가 나는 것일까?

국가과학교육표준(NSES): 2013년 '다음세대과학표준(NGSS)'이 발표되기 이전까지 미국의 주요한 과학 교육과정 지침서

위의 질문들은 많은 논쟁을 포함하고 있고 과학자, 과학철학자, 그리고 과학교육자는 각각의 질문에 대해 상이한 입장을 가지고 있을 수 있다. 우리는 비교적 많은 사람들이 어떠한 입장을 취하고 있는지 간접적으로 문헌을 통해 알 수 있다. 1996년에 만들어진 미국의 과학교육표준(National Science Education Standards: NRC, 1996)은 그러한 문헌 중의 하나이다. 이 문헌은 상당히 많은 전문가들에 의해 만들어졌고 지금까지도 실제 미국의 과학교육에 주요한 기준틀로 작용하고 있기 때문이다. 미국의 과학교육표준에서는 과학 탐구를 다음과 같이 정의하고 있다.

> *과학 탐구란 과학자들이 자연현상을 연구하고 그 연구로부터 얻은 증거에 기초하여 설명을 제안하는 여러 가지 방법을 말한다. 또한 과학 탐구는 학생들이 과학적 생각에 대한 지식과 이해, 그리고 과학자들이 자연세계를 어떻게 연구하는지에 대한 이해를 발전시키기 위한 활동들을 지칭한다(NSES, p.23).*

위의 정의에 의하면 과학 탐구에는 과학자들의 연구 활동과 학생들의 과학 학습 활동 두 가지 모두가 포함된다. 이러한 표현은 과학자들의 탐구 활동과 학생들의 탐구 활동이 같지 않을 수 있다는 것을 내포하고 있다. 미국의 과학교육표준을 한 단계 더 자세하게 안내하고 있는 교사용 탐구해설서(Inquiry and the National Science Education Standards: NRC, 2000)에는 과학자의 탐구 활동과 5학년 과학 수업에서의 탐구 활동 사례를 비교하여 제시하고 있다. 이것을 통해 과학자의 탐구 활동과 학교 과학에서의 탐구 활동 사이의 유사성과 차이점을 살펴보자.

과학에서의 탐구

미국 워싱턴 주 한 해안가에서 퇴적물 지도를 만들던 한 지질학자는 해안가에 죽은 삼목을 발견하고 놀랐다. 많은 나무가 그대로 서 있는 듯 했지만, 수년 전에 죽은 것이 틀림없었다. 그는 오리건 주와 워싱턴 주 다른 해안에서도 마찬가지로 그렇게 나무가 죽은 것을 발견했다. "이렇게 넓은 지역에서 이렇게 많은 나무를 죽게 만든 것은 무엇이었을까?" 그는 궁금했다.

지질학자는 가능한 설명을 해 보려고 지진, 판 경계, 해안의 침강 등에 대해 자신이 알고 있는 지식을 곰곰이 생각해 보았다. "나무가 동시에 죽었을까?", "나무가 죽은 것은 인근의 화산활동과 관련이 있을까? 아니면 세균이나 바이러스에 의한 것일까?", "이 지역 해수의 염분이 숲이 파괴되는 것과 관련이 있을까?"

그는 첫 번째 의문을 풀기 위해 방사성 탄소 연대측정 방법을 이용해 나무 바깥쪽 부분의 연대를 알아냈다. 그는 나무가 모두 300년 전에 죽은 것을 알아냈다. 나무의 죽음은 화산 활동과는 관계가 없는 것으로 보였다. 그가 만든 해안 퇴적물 지도에 의하면 화산 분출물이 파괴된 숲에 널리 퍼져있지 않았기 때문이다. 더구나 나무는 탄 흔적도 없었고, 자세히 살펴보면 해충의 흔적도 없었다.

　　지질학자는 해수의 염분이 그 원인이 되었을 가능성을 생각해 보았다. 그는 1964년에 알라스카 해안의 대부분이 해수면 아래로 내려갔던 것이 생각났다. 태평양의 지각 판이 알라스카를 받치고 있는 북미 지각 판 아래로 들어가면서 "섭입대 지진(subduction zone earthquake)"이 일어났던 것이다. 알라스카 해안의 많은 나무는 지진이 일어난 후 해안이 바닷물에 잠기면서 죽었다. 그는 비슷한 섭입대가 워싱턴 주와 오리건 주 해안 밑에 있다는 것을 알고 있었다.

　　지질학자는 워싱턴과 오리건 주에 있는 나무들이 300년 전에 바닷물에 잠겼었는지 궁금했다. 그래서 지진이 일어나 해안이 침강했는지 확인해 보기 위해서 그는 더 많은 자료를 수집했다. 그는 이 지역의 퇴적물을 자세히 조사했다. 내륙의 강둑에는 잘 보존된 퇴적물이 노출되어 있었고, 죽은 나무가 있는 곳의 흙 속에는 깨끗한 모래층이 있었다. 그리고 어두운 색깔의 진흙이 많은 흙이 모래층의 위, 아래에 있었다. 흰 모래는 어디에서 왔는지 그는 궁금했다.

　　지질학자는 섭입대 지진이 발생할 때 종종 쓰나미가 생긴다는 것을 알고 있었다. 그는 쓰나미가 생길 때 모래가 해안으로 밀려와서 모래층이 생길 수 있다고 생각했다. 그렇다면 이것은 지진이 일어났다는 증거가 될 수 있다. 모래층에서 발견된 화석은 모래가 내륙이 아닌 해양에서 왔다는 것을 알려주었다.

　　그는 다른 과학자의 심사를 거쳐 과학 학술지에 몇 개의 논문을 발표했다. 죽은 나무와 모래층이 해안에서 발견되었고, 이것은 300년 전에 지진이 있었다는 증거라고 주장하였다(Atwater, 1987; Nelson et al., 1995).

　　몇 년 후 일본의 한 지진학자는 쓰나미 연구를 위해 옛날 조석 기록을 조사하다가 태평양에서 1700년 1월 17일 큰 지진이 있었다는 것을 알아냈다. 지진의 원인에 대해서는 확실히 알 수 없었다. 그러던 중 지진학자는 앞에서 언급했던 지질학자가 태평양 북서쪽의 죽은 숲에 대해 연구한 것을 알았고, 쓰나미의 원인이 현재 오리건과 워싱턴 주 해안 밑에 있는 섭입대 지진이었을 것이라고 제안했다(Satake et al., 1996).

　　이제 지질학자는 자신의 설명(모래층이 생긴 것은 지진 후 일어난 쓰나미에 의해 생긴 것이다)을 지지하는 증거를 더 많이 가지게 되었다. 해안 퇴적물에 대한 후속 연구를 통하여 지질학자는 더 오래된, 죽은 나무의 부산물과 모래층을 발견하였다. 그는 이제 지난 천년 동안 큰 규모의 쓰나미를 일으키는 지진이 태평양 북서 해안을 자주 덮쳤다고 생각하게 되었다. 지진에 의한 해안 침강은 나무를 바닷물에 잠기게 했고 그 결과 나무는 염분에 의해 죽게 된 것이다.

과학 연구에서 종종 그렇듯이, 태평양 북서 해안에서 지진이 자주 일어났다는 지질학자의 발견은 공공정책에 영향을 미쳤다. 공공 기관에서는 그의 연구로부터 얻은 정보를 바탕으로 건축 설계에 대한 규정을 개정하였다. 새로운 건물은 이전에 비해 50% 정도 더 센 지진을 견딜 수 있도록 설계되어야 했다.

과학 수업에서의 탐구

윤 선생님이 담당한 5학년 학급에서 학생들은 신이 나 있었다. 학생들은 선생님을 창가로 데리고 가서, 밖을 가리키며 말했다. "운동장의 나무에 대해 우리가 발견한 것이 있어요. 무엇이 잘못된 거죠?" 선생님은 학생들이 무엇을 염려하는지 알 수가 없었다. 그래서 "무엇을 말하는 건지 자세히 설명해 줄래?"라고 말했다.

학생들은 나란히 서 있는 세 그루의 나무를 가리켰다. 한 나무는 잎이 거의 다 떨어졌고, 다른 나무는 잎이 주로 누렇거나 초록 색깔을 띠고 있었다. 나머지 나무는 싱싱한 녹색 잎을 가지고 있었다. 학생들이 말했다. "왜 저 나무들은 서로 차이가 나지요? 비슷하게 보였었는데요. 그렇지 않나요?" 윤 선생님은 학생들의 질문에 답을 할 수 없었다.

윤 선생님은 교육과정에 식물에 대한 학습이 있다는 것을 알고 있었다. 그리고 이것은 자신들이 찾아낸 문제로 학생들이 식물의 성장을 탐구할 수 있는 좋은 기회라고 생각했다. 윤 선생님은 학생들의 탐구가 어떻게 진행될지 확신할 수는 없었지만, 학습 동기가 높을 것 같아 위험을 감수하기로 했다. 작년에 학생들은 씨앗이 서로 다른 조건에서 어떻게 성장하는지 탐구했었다. 선생님은 큰 종이를 칠판에 붙이고 모든 학생이 그것을 볼 수 있도록 했다. 그리고 말했다. "자, 그럼 이 세 나무가 왜 차이가 나는지에 대해 설명할 수 있는 생각의 목록을 만들어 봅시다."

<생각 모으기>
그것은 햇빛과 관련이 있다.
그것은 물이 너무 많아서 그렇다.
그것은 물이 충분하지 않아서 그렇다.
나무는 서로 비슷하게 보였는데 지금은 다르게 보인다.
그것은 계절 때문이다. 어떤 나무는 다른 나무에 비해 일찍 나뭇잎이 떨어진다.
운동장의 위치와 관계있다.
나무의 나이가 서로 다르다.
곤충이 나무를 먹는다.
한 나무가 다른 나무보다 나이가 오래되었다.

학생들이 자신들의 생각을 충분히 모았다고 생각했을 때, 윤 선생님은 이 목록 중 어떤 생각이 탐구 가능한 것인지 생각해 보도록 했다. 윤 선생님은 학생들에게 답이라고 생각하는 설명을 하나씩 선택하도록 했다. 그리고 같은 설명을 선택한 학생끼리 모둠을 만들도록 했다. '물 모둠', '계절 모둠', '곤충 모둠', '서로 다른 나이 모둠' 등이 만들어졌다. 윤 선생님은 모둠별로 자신들의 설명에 대한 증거를 찾을 수 있는지 알아보기 위해 간단한 탐구를 계획하고 실시하도록 했다. 학생들이 탐구 계획을 세울 때 윤 선생님은 차례로 각 모둠에 끼어들어 그들의 계획을 주의 깊게 들었다. 그리고 자신의 생각을 다른 친구에게 설명하게 하여 모둠의 탐구 계획을 좀 더 다듬도록 하였다.

이후 3주 동안 과학 시간에 각 모둠은 자신들의 계획대로 탐구를 수행했다. 학생들은 나무의 특성, 나무의 한살이, 그리고 나무 주변의 환경에 대한 정보를 모으기 위해 다양한 자료를 사용했다. 예를 들어 "서로 다른 나이" 모둠은 가장 빠르게 자신들의 답을 찾았다. 그들은 나무를 심었던 학교운영위원회의 한 사람에게 연락을 해서 나무를 구입했을 때의 서류를 구했다. 세 나무가 모두 동일한 종류이고 나이가 비슷하다는 것을 확인했다. 선생님은 탐구를 일찍 끝낸 모둠은 아직 진행 중인 다른 모둠에 함께 참여할 수 있도록 했다.

물 모둠은 자신들이 관찰할 수 있는 매 시간마다 나무 주변의 땅을 관찰하기로 했다. 학생들은 번갈아 가며 관찰하고 개인이 관찰한 것을 계속

돌아가며 기록하였다. 어떤 학생은 학교 주변에 살았기 때문에 방과 후에 그리고 주말에도 계속 관찰할 수 있었다. 관찰 자료가 일부 누락되기도 했지만 학생들은 학급 전체에 보고할 만큼 충분한 자료를 얻었다. "잎이 다 떨어진 나무는 거의 대부분 물이 고여 있었다. 가운데 있는 누런 잎의 나무는 물이 가끔 고여 있었다. 초록 잎의 나무는 건조한 땅에 있었고 물이 한 번도 고여 있지 않았다."

학생 중 한 명이 몇 달 전 어머니가 키우던 제라늄이 노란색으로 변하기 시작했다는 것을 상기했다. 어머니는 그 학생에게 제라늄에게 물을 너무 주어 그렇다고 말씀하셨다. 윤 선생님은 그 모둠에게 지역의 한 기관에서 발행한 '식물을 건강하게 키우기'라는 제목의 작은 안내책자를 주었다. 물 모둠은 그 책에서 식물의 뿌리가 물에 잠겨 있으면 뿌리가 주변으로부터 공기를 흡수하지 못해 죽을 수 있다는 것을 알았다. 자신들의 관찰과 안내책자에서 얻은 정보를 바탕으로 학생들은 잎이 다 떨어진 나무는 거의 물에 잠겨 있었고, 가운데 나무는 물에 조금 잠겨 있었다고 생각했다. 나머지 나무만 물에 잠기지 않아 '괜찮은 것'이라고 결론을 내렸다.

물 모둠은 그 원인에 대해 계속 탐구했다. 학생들은 학교 관리인이 하루에 세 번 잔디 급수장치를 작동시킨다는 것을 알았다. 관리인은 필요 이상으로 오랫동안 급수장치를 작동시켜 넘친 물이 잔디에서 나무 밑동으로 흘러갔다. 지면에 경사가 있었기 때문에 대부분의 물은 한쪽 끝에 모였다. 학생들은 탐구 결과를 학급에서 발표했다. 서로 다른 모둠의 발표가 이어지면서 학생들은 어떤 관찰과 정보는 세 나무가 서로 다른 이유를 잘 설명하지 못한다는 것을 알았다. 나무가 병에 걸렸을지 모른다는 모둠의 탐구는 자신들의 관찰과 일부분만 일치하였다. 학생들은 가장 합리적으로 보이고, 모든 관찰 사실과 잘 들어맞으며, 다른 자료로부터 알게 된 것과 일치하는 것은 물이 너무 많기 때문이라는 것을 알았다. 학생들은 자신들의 의문에 합리적인 답을 알아낸 것에 만족해했다. 윤 선생님의 제안으로 학생들은 학교 관리인에게 자신들이 알아낸 것에 대해 편지를 썼다. 관리인은 학급에 와서 학생들에게 감사를 표한 다음, 물주는 방식을 바꾸겠다고 말하고 실제로 그렇게 했다. 윤 선생님은 학생들에게 자신들의 설명이 맞는지 어떻게 알아낼 수 있을지 질문했다. 토론 후에 학생들은 내년까지 기다려 모든 나무가 다시 건강해 지는지 보아야 한다고 했다.

이듬해 같은 달에 학생들은 세 나무가 서로 차이가 나는지 관찰할 수 있었다. 세 나무 모두 초록색 잎을 가지게 되었다. 윤 선생님의 학생들은 이제 세 나무의 나뭇잎이 차이가 났던 이유에 대해 자신들의 설명이 맞는다는 것을 더욱 확신하게 되었다.

위의 두 사례의 공통점을 먼저 생각해 보자.

- 탐구는 어떻게 시작되었는가?
  - 지질학자는 나무가 죽은 것을 발견하고 그 이유에 대해 호기심을 느끼게 되었고, 학생들도 운동장의 세 나무를 관찰하여 차이점을 발견하고 그 이유를 궁금해 하게 되었다.

- 탐구 문제에 대하여 처음에 어떠한 설명을 하였는가?
  - 지질학자는 자신의 지식을 바탕으로 나무가 죽게 된 가능한 몇 가지 이유(화산 활동, 세균, 해안 침강)를 생각해 보았다. 학생들도 선생님과 함께 자신들의 지식을 바탕으로 세 나무가 서로 차이가 나는 이유에 대해 그럴 듯한 여러 생각을 수집하였다.

- 문제 해결을 위해 어떠한 방법을 사용했는가?
  - 지질학자는 탄소연대측정법을 사용하여 나무가 언제 죽었는지 조사하였고, 주변의 퇴적물을 조사하였다. 그리고 유사한 다른 사례에 대해 조사해 보았다. 물 모둠의 학생들은 일정한 시간 간격으로 운동장의 상태를 관찰했고, 학교 관리인이 물을 주는 방식을 관찰하였다. 그리고 유사한 사례와 식물 재배에 관한 안내책자를 참조하였다.

- 탐구 결과는 어떻게 발표하였는가?
  - 지질학자는 동료들의 심사를 거쳐 과학 학술지에 논문으로 발표하였고, 학생들은 학급에서 모든 친구들에게 발표하였고 친구들은 그 결과를 따져보았다. 또 학교 관리인에게도 자신들의 결과를 편지로 알렸다.

• 탐구 결과는 지역사회에 어떠한 영향을 주었는가?
  – 지질학자의 탐구 결과가 반영되어 건물의 설계 규정이 바뀌었고, 학생
    들의 탐구 결과가 반영되어 학교 관리인이 잔디에 물을 주는 방식이
    변화되었다.

• 탐구에서 제안된 설명은 어떻게 지지되었는가?
  – 일본 지진학자의 독립적인 연구와 지질학자의 후속 연구에 의해 지질
    학자는 자신의 설명을 더욱 뒷받침할 수 있게 되었다. 학생들은 이듬
    해 나무가 모두 초록색 잎을 가지게 된 것을 보고 자신들의 설명을 더
    욱 확신하게 되었다.

위와 같이 두 사례는 많은 공통점을 가지고 있다. 그러면 차이점은 무엇일
까? 지질학자는 자신의 연구 분야에서 탐구 문제를 찾은 반면에, 윤 선생님은
교육과정에 식물에 대한 학습이 있다는 것을 생각하고 나무의 상태에 대한 탐
구 활동을 진행하였다. 만일 학생들이 궁금해 하는 문제가 교육과정과 직접 관
련이 없었다면 윤 선생님은 그러한 탐구 활동을 수업에 도입하기 어려웠을 것
이다. 과학자의 탐구와 학생의 탐구에서 아마도 가장 큰 차이점은 학교에서의
탐구는 어떠한 '교육적인 목표'를 가진 활동이라는 점일 것이다. 특정한 '교육
목표'를 달성하기 위하여 학교에서의 과학 탐구는 매우 다양한 형태를 취할 수
있다. 윤 선생님의 사례에서와 같이 탐구 활동은 상당히 개방적인 형태로 학생
들의 주도 하에 진행될 수도 있지만, 학교에서의 많은 과학 탐구 활동은 이미
알려진 과학 지식을 얻을 수 있도록 교사에 의해 탐구 문제가 제기되고 자세한
방법이 안내되기도 한다.
우리가 학교 과학교육에서 추구하는 탐구도 과학자의 탐구 활동과 기본적
으로 비슷하지만 과학자들의 탐구 활동과 완전히 같을 수는 없다. 학교에서의
과학 탐구는 우리가 가지고 있는 교육 목표와 밀접하게 연계되어 있기 때문이
다.

과학을 왜 가르쳐야 할까?
– 과학교육의 목표를 생각해 보기

1. 여러분은 모든 학생이 과학을 꼭 배워야 한다고 생각하는가? 이에 대한 자신의 생각과 그렇게 생각하는 이유를 적어보자.

2. 아동에게 과학을 배워야 하는 이유를 설명하는 글을 모둠별로 협동하여 작성한다. (A4 용지 1장 정도의 분량으로 초등학교 3학년 학생이 이해할 수 있도록 쓴다.)

3. 초등학교 과학 교육과정에서 가장 중요한 목표는 무엇이 되어야 한다고 생각하는지 3가지 중요한 목표를 순서대로 나열한다.

4. 모둠에서 서로의 목표를 비교해 보고, 모둠에서 가장 중요하다고 생각하는 과학교육의 목표 5가지를 선정한다.

5. 전체 학급에서 모둠의 결과를 서로 비교해 본다.

다음은 2015년 개정된 우리나라 과학 교육과정에 제시된 과학과의 목표이다.

자연 현상과 사물에 대하여 호기심과 흥미를 가지고, 과학의 핵심 개념에 대한 이해와 탐구 능력의 함양을 통하여, 개인과 사회의 문제를 과학적이고 창의적으로 해결하기 위한 과학적 소양을 기른다.

가. 자연 현상에 대한 호기심과 흥미를 갖고, 문제를 과학적으로 해결하려는 태도를 기른다.

나. 자연 현상 및 일상생활의 문제를 과학적으로 탐구하는 능력을 기른다.

다. 자연 현상을 탐구하여 과학의 핵심 개념을 이해한다.

라. 과학과 기술 및 사회의 상호 관계를 인식하고, 이를 바탕으로 민주 시민으로서의 소양을 기른다.

마. 과학 학습의 즐거움과 과학의 유용성을 인식하여 평생 학습 능력을 기른다.

교육부 고시 제2015-74호 [별책 9]

'과학과 교육과정'에서

- 여러분이 중요하다고 생각한 과학교육의 목표와 교육과정에 제시되고 있는 목표는 유사한가? 같은 점과 다른 점을 토의해 보자.

- 교육과정의 목표 중 어느 목표가 가장 중요하다고 생각하는가? 왜 그렇게 생각하는가? 모둠과 학급 전체에서 토의해 보자.

과학을 잘 가르쳐야 하는 이유

과학은 주변 세계와 자신의 경험을 이해하도록 도와준다.

과학은 주변 세계에 대해 이해하려는 인간의 노력이다. 이해라는 것은 여러 상황이나 사물을 서로 연결하는 줄긋기 과정이다. 즉, 과거의 경험을 통해 새로운 경험에 의미를 부여한다. 그래서 과학은 21세기의 핵심 교과로 아이들이 주변 세계를 이해하는데 필수적이다. 아이들은 자신의 경험을 연결시켜 주변 세계를 이해하는 방식을 발달시켜야 하고, 정보를 수집하고 조직하는 방법이나 자신의 생각을 검증하는 방법을 배워야 한다. 아이들은 그래서 주변의 사물을 잘 이해하고 자신의 문제를 해결하는데 도움을 받을 수 있다.

과학은 그런 의미에서 기본적인 방식으로 인간의 삶을 향상시킬 수 있는 강력한 활동이다. 질병의 치료나 깨끗한 물을 공급하기 위한 기술, 환경에 대한 인간의 영향을 추적하기 위한 컴퓨터 모형 만들기 등 인간 활동에 산적해 있는 문제를 해결하는데 과학은 필수적이다. 과학은 삶의 질을 유지하고 향상시키는데 결정적인 요인이기 때문에 우리는 모든 아이들에게 과학을 잘 가르쳐야 한다.

과학은 언어, 논리 및 문제 해결력을 발달시킨다

과학은 또한 다른 교과와 마찬가지로 학습을 위한 기반을 제공할 수 있다. 생각과 증거 사이의 논리적 연관을 찾으며 과학적인 방법으로 친구와 함께 관찰하고 이야기하는 것을 배우는 학생은 다른 과목에서도 그러한 기능을 적용할 수 있다. 그래서 과학은 교실에서 언어, 논리 및 문제 해결 기능의 발달을 위한 기반을 제공할 것이다.

또한, 우리는 과학 지식과 방법을 적용하여 주변 세계를 통제하고 해석하며 체계적으로 증거를 조사할 수 있다. 과학 지식은 비판적으로 사고하고 생산적인 질문을 만들 수 있도록 한다. 그래서 과학은 민주 사회에서 비판적이고 참여하는 시민을 만들기 위한 자원이다. 민주 사회는 과학 정보가 요구되는 개인적인 결정이나 지역 사회 기반의 결정, 또는 국가적인 결정을 하도록 그 시민에게 요구하기 때문이다.

과학 지식과 방법은 비판적 민주시민의 자원이다.

과학은 직업인식에 필요하다.

과학을 기반으로 하는 미래 사회에서 과학적 소양은 더욱 중요해질 것이다. 특히, 어떤 학생에게 과학은 평생의 직업이나 부업이 될 것이다. 그러므로 우리 생활 전반에 걸친 직업에서 과학이 어떻게 관여하고 있는지 인식하는 것은 중요한 일이다.

과학교육은 '과학을 위한 교육'을 의미한다고 생각할 수 있지만, 위와 같은 이유에서 '과학을 통한 교육'이 되어야 한다. 그래서 과학교육의 목표는 경험적 지식을 제공하여 주변 세계의 과학적 측면을 이해할 수 있는 개념을 발달시키고, 과학적 방법을 적용하여 자신의 경험을 이해하고 삶의 문제를 해결할 수 있는 능력을 발달시키도록 하는 것이다. 과학 활동에 참여하는 것은 증거를 수집하고 사용하는 능력을 발달시키기 때문이다. 또한, 과학교육은 더 나아가 세상과 사물에 대한 올바른 태도와 인성을 발달시키고, 다른 사람과 의사소통하며 협력을 통해 합리적 판단을 내릴 수 있도록 하는 것이다. 아울러 과학교육을 통해 자신의 삶을 이끌어갈 직업적인 인식을 갖추도록 하는 것이다.

초등학교 과학의 폭넓은 목표는 개념, 탐구 기능 및 태도의 영역으로 설정되어 왔지만, 그러한 목표는 사실 상호의존적이다. 비록 그것이 별도로 서술되어 있더라도, 서로 복잡하게 얽혀있어 균형 있는 발달을 필요로 한다. 예를 들어, 과학적 이해를 발달시키려면 과학 탐구 기능을 올바르게 사용할 수 있어야 하고, 과학 탐구 기능의 발달은 과학 내용을 학습할 때 이루어지기 때문이다. 또한, 과학에 대한 태도나 과학적 태도도 과학적 지식이나 탐구 기능을 통해 형성된다.

어떤 사람들은 과학이 어렵기 때문에 초등 고학년이나 중등학교에서부터 과학을 가르쳐야 한다고 주장한다. 그러나 연구 결과에 의하면 비과학적인 '일상' 개념을 오래 가지고 있을수록 변화시키기 어렵고(Osborne & Freyberg, 1982, 1985), 과학에 대한 태도는 다른 교과목에 비해 일찍 형성되어 초등학교 고학년이 되면 선호도가 명확해진다고 한다(Ormerod & Duckworth, 1975). 또한 아주 어린 학생들은 자연 세계에 대해 성인보다 많은 호기심을 보이는 것이 일반적이다. 이러한 호기심은 자연을 탐색하고 탐구하기 위한 중요한 바탕이기 때문에, 초등학교에서부터 과학을 가르치는 것이 바람직하다. 그러나 초등학교에서의 과학교육은 "과학을 위한" 교육 보다는 전인적 발달을 이끌기 위해 "과학을 통한" 교육이 되어야 할 것이다.

과학수업이란 무엇인가?
– 자신의 처음 생각을 탐색하기

이 활동은 과학수업에 대한 자신의 생각을 탐색하기 위한 것이다. 이것은 나중에 자신의 생각이 어떻게 달라졌는지 알아볼 수 있는 좋은 지표가 될 수 있다. 강의가 끝난 후에 다시 이 문제에 대해 생각해 본다.

1. 다음 표에 제시된 각각의 주제에서 문제 상황으로 주어진 실마리를 주의 깊게 읽는다.
2. 각각의 주제에 대해 자신의 생각을 정리하여 기록한다.
3. 모둠의 다른 학생들과 각각의 주제에 대해 서로 의견을 나누고, 토론에서 얻은 생각과 느낌을 A4 용지 1장 분량에 요약한다.

과학을 가르치는 일에 대한 자신의 처음 생각을 탐색하기*

주제	실마리	자신의 처음 생각을 헤아리기
과학의 본성	칼 세이건(Carl Sagan)은 "과학은 단지 지식체계가 아니라, 그 이상으로 생각하는 방식"이라고 했다.	세이건의 말을 어떻게 생각하는가? 세이건의 말은 과학을 가르치는데 있어 무엇을 시사하는가? 과학에 대한 자신의 견해를 이야기해 보자.
모든 사람을 위한 과학	문제 학생이 많은 경우 '통합 학습'이라고 부르는 방식을 채택하는 것이 좋다. 그러한 총체적 접근방식은 학교에 관심이 없고 낙오하기 쉬운 학생들에게 보통 성공적인 것처럼 보인다.	학교에서 계속 실패하고 낙오하기 쉬운 문제 학생을 어떻게 가르쳐야 할까? 모든 학생이 과학을 배울 수 있다고 생각하는가?
과학교육의 목표	과학 수업의 중요한 목표는 과학적으로 소양 있는 사회를 만드는 것이다.	이것에 동의하는가? 과학 수업의 총체적 부분으로서 가치가 있는 다른 목표가 있는가?
과학 교육과정	경력이 많은 어떤 초등교사가 과학 교육과정은 잘 변하지 않는다고 말했다.	과학 교육과정은 무엇인가? 그것은 변하지 않는가? 혹은 세월에 따라 변해 왔는가? 꼭 그래야 하는가?
학습 이론	교생 실습 중에 한 교생이 전자석의 세기에 대한 실험 수업을 하였다. 실험 결과는 모둠별로 차이가 많아, 학생들은 전자석의 세기가 무엇의 영향을 받는지 알 수 없었다. 수업이 끝난 후 지도교사는 정답을 말해 주지 않았다고 교생을 나무랐다.	학생들에게 올바른 과학 지식을 전달해야 하는가? 또는 반드시 문제에 대한 정답을 가르쳐주지 않으면 안 되는가?

수업 모형	어떤 초임교사가 첫 주에 보통 수업과 다른 소집단 활동을 이용한 수업 모형을 사용하여 수업을 하였다. 학생들에게 전류계를 사용하여 회로에 흐르는 전류를 측정하도록 하였다. 분단마다 회로에 전류계를 연결하는 과정에서 소란이 일어났다.	일반적이지 않은 수업 모형은 예상 못한 문제를 일으키기 쉬운가? 초임 교사는 익숙해질 때까지 새로운 수업 모형을 피해야 하는가?
수업을 계획하기	수업 실습을 하고 있는 한 교생이 3시간 동안 한 시간 수업을 준비했는데 학생들이 수업 시간에 딴 짓을 한다고 화를 내었다. 그 교생은 학생들이 버릇없이 구는 것을 참을 수 없었다.	수업을 계획하는 일은 얼마나 중요한가? 이 교생은 기대가 너무 높지 않았는가? 자신은 그러한 상황을 어떻게 대처할 것인가?
평가하기	어떤 교사가 학생들에게 모둠 과제를 주고, 모둠에서 함께 제출한 보고서로 성적을 소집단별로 줄 계획이다.	이것은 좋은 생각일까? 왜 그런가? 자신의 수업에서 이와 같은 평가계획을 사용할 것인가?
수업 방안	보통 중·고등학교 과학 수업에서 흔히 사용하는 방법은 설명식 강의이다. 많은 교육자는 이것이 대부분의 학생에게 부적절한 방안이라고 주장하고, 다른 방안을 제안한다.	자신은 어떻게 생각하는가? 강의는 과학을 가르치는 효과적인 방법이 아닌가? 좀 더 많은 학생에게 영향을 줄 수 있는 다른 방안이 있는가? 그것은 무엇일까?
학급 운영과 촉진	학급에 따라서 뒷칠판이나 게시판, 벽면, 창틀, 복도 등을 여러 가지로 모습으로 꾸미거나 활용한다.	이와 같은 학급 환경 꾸미기를 보고 학급 운영에 대한 교사들의 견해에 대해 추리할 수 있는가? 학습을 촉진시키는지 살피려면 무엇을 비교해야 할까?
과학-기술-사회-환경(STSE)	어떤 교사가 과학 시간에 동물의 권리, 생명 윤리, 산아제한, 피임과 낙태 등과 같은 소재를 다룰 것이라고 말한다. 다른 교사는 "그것은 너무 논란이 많은 내용이라, 학부모들의 민원에 시달릴 걸"이라며 반대한다.	자신은 어떻게 생각하는가? 이러한 소재가 과학 교육과정의 일부가 되어야 하는가? 왜 그런가?
교육공학 기술	한 초등학교에서 과학 시간에 스마트폰을 이용하여 가상실험을 하고, 인터넷을 이용하여 '담벼락'에 자신들의 실험 결과를 올리도록 하였다.	이러한 생각을 어떻게 생각하는가? 과학 수업에서 실제로 실험을 하지 않고, 가상 프로그램을 사용하는 것이 좋은 방법이라고 생각하는가?

* 이 활동은 Jack Hassard(2005)의 'Exploring your Initial conceptions of science teaching'의 내용을 발췌 수정한 것이다.

과학을 가르치는 일은 무엇인가?

"노인은 아이에게 그림을 그리거나 이야기하는 법을 가르치지 않았다... 단지 그는 자신이 세상을 어떻게 보았는지, 어떻게 들었는지, 어떻게 생각을 단련시켰는지, 어떻게 우주에 자신의 영혼을 열어 놓았는지 이야기를 나누었다...." (Peter Reynolds, 1997)

사람들은 흔히 가르치는 일을 아이에게 곶감을 빼주듯 알고 있는 것을 전해주는 것으로 생각하기 쉽다. 그것은 눈만 있으면 세상을 볼 수 있을 것으로 생각하는 것과 비슷하다. 보는 일은 사실 눈보다는 두뇌가 더 중요한 영향을 끼친다. 그래서 선천적으로 맹인으로 태어난 사람은 나중에 시력을 찾게 되더라도 곧 일반 사람처럼 사물을 보기가 어렵다. 어떤 것을 볼 수 있는 마음의 준비가 되어 있지 못하면 볼 수 없는 것처럼, 어떤 것을 알고 이해하는 일도 사전에 준비가 되어 있지 않으면 그것이 불가능하기 때문이다.

예를 들어, 어린 아이에게 지구가 둥글다고 말해주면 아이가 지구를 공과 같은 모양으로 생각할 것이라고 기대하기 쉽다. 그러나 아이는 공과 같은 지구를 이해하지 못할 수 있다. 공과 같은 모양이라면 사람이 그 위에 서 있지 못하고 떨어지기 쉽기 때문이다. 그래서 아이는 공 대신에 납작하고 둥근

호떡과 같은 둥근 지구

호떡 모양의 지구를 상상하기 쉽다. 그러면 그 위에서 떨어지지 않고 사람이 걸을 수 있기 때문이다. 우리가 세상을 보고 인식할 수 있는 것은 세상을 바라볼

수 있는 개념을 가지고 있기 때문이다. 그런 의미에서 개념은 세상을 보는 안경과 같다. 그러한 개념이 없다면 어린 아이와 마찬가지로 지구가 공처럼 둥글다는 것을 알려주어도 제대로 알거나 이해하기 어렵다. 그러면 교사는 어떻게 가르쳐야 할까?

아이들에게 가르치려는 과학 내용을 조리 있게 설명하거나 과학 현상이나 경험을 제공한다면 아이는 그것으로부터 무엇인가 배우지 않겠는가? 그럼에도 불구하고 우리가 의도했던 학습이 일어나지 않았다면 그것은 도대체 어떻게 된 일인가?

아이들을 지도하는데 있어 가장 중요한 것은 오수벨(Ausubel, 1968)이 지적했던 것처럼 먼저 아이의 생각을 이해하고 그에 따라 가르치는 일이다. 그러면 수업 전 아이가 가지고 있는 생각이 학습에 어떻게 영향을 미치는지 살펴보자.

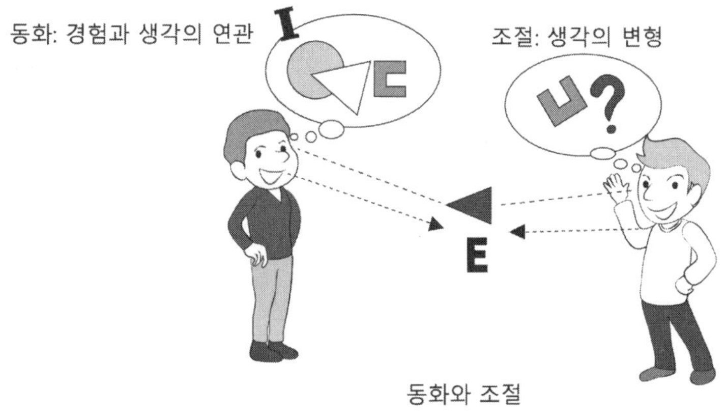

동화와 조절

우리가 외부에서 받아들인 어떤 정보를 인식하거나 이해하려면 머릿속에 이미 그것과 관련된 어떤 생각이 있어야 한다. 외부 정보를 얽어매기 위한 일종의 '얼거리(framework)' 역할을 하는 그것을 교육학에서는 흔히 도식(schema) 또는 인지구조(cognitive structure)라고 부른다. 그러한 얼거리는 어릴 때부터 경험을 통해 얻은 개념으로 구성되고 발달된다. 그래서 어떤 새로운 경험을 하는 경우에 아동은 지각된 어떤 유사성 때문에 머릿속에 있는 여러 생각(I) 중에서 어떤 생각을 다른 생각보다 우선하여 새로운 경험(E)에 연결시킨다. 이렇게 외부의 정보를 자신이 가지고 있는 생각이나 개념과 관련지어 이해하는 것을 동화(assimilation)라고 한다. 예를 들어, 위 그림에서 삼각형 개념(I)을 가지고 있는 경우 세모난 물체를 삼각형으로 인식하는 경우이다. 그러나 삼각형 개념을 가지고 있지 않다면 세모난 물체가 삼각형이라는 것을 알 수 없다.

새로운 경험을 어떤 생각에도 연결시킬 수 없다면 그것을 이해할 수 없지만, 많은 경우 새로운 경험을 연결시키기 위하여 비슷한 생각을 찾거나 자신의 생각을 새로운 경험에 맞추어 수정하게 된다. 이렇게 새로운 정보나 경험을 이해할 수 있도록 기존의 생각을 수정하는 과정을 조절(accommodation)이라고 한다. 그래서 일상생활을 통해 얻은 생각이나 개념은 새로운 경험이 축적되면서 계속해서 변화하게 된다. 그러한 생각이 새로운 경험의 이해에 도움이 되면, 그 생각은 좀 더 쓸모 있는 생각으로 강화되고, 폭넓은 적용 범위를 갖게 되며, 그렇지 않은 경우에는 생각이 수정되거나 폐기된다.

결국, 아이들이 획득한 개념은 피아제의 주장처럼 동화와 조절이라는 학습 과정을 통해 변화해 나간다. 어떤 경우에는 한 가지 개념이 두 가지 이상의 개념으로 분화되기도 하고, 둘 이상의 개념이 하나로 통합되기도 하는 경우가 일어날 수도 있다. 또한 기존의 생각이 폐기되는 경우에 그 경험은 기존의 다른 생각에 연결되거나 새로운 생각을 창안하는 것으로 이어질 수 있다. 이러한 과정을 통하여 아동은 자연 현상에 대하여 나름대로 여러 가지 순박한 개념(naive ideas)을 갖게 된다.

자연 세계를 설명하려는 아이들의 그러한 순박한 개념은 종종 과학자의 개념과 차이가 나는 경우가 대부분이다. 그래서 과학자의 견해와는 다르게 아이들은 순박하게 '딴생각'을 한다. 아이들의 그러한 딴생각을 다른 용어로는 대안 개념틀(alternative conception or framework)이나 선개념(preconception), 또는 오개념(misconception)이라고 부르기도 한다. 아이들의 딴생각은 대개 수업을 통해서 변하기 어렵다. 그러한 딴생각은 실제 경험에서 사용하는 유용한 개념으로 보통 일상적인 맥락에서 충분히 잘 맞아떨어지기 때문이다. 수업에서 그러한 아이들의 딴생각을 직접 적극적으로 다루지 않는다면, 아이들은 예를 들어, 수업 중에는 관성의 법칙(힘이 작용하지 않아도 물체는 계속 운동한다)을 암기해 말하지만, 교실 밖에서 행동할 때는 여전히 자신의 경험에 바탕을 둔 '물체가 움직이려면 힘이 필요하다'는 딴생각으로 되돌아간다. 그러한 아이들의 딴생각이 바뀌거나 대체되려면 우선 그것이 경험과 불일치하여 불만족스러운(dissatisfaction) 결과를 얻어야 한다. 그리고 불만족스러운 결과를 새롭게 이해할 수 있는(intelligible) 다른 새 개념이 있어야 하고, 그러한 새로운 개념이 그럴듯하고(plausible), 쓸모(useful) 있어야 딴생각을 새로운 개념으로 바꿀 수가 있다(Posner 등, 1982).

일반적으로 학교 수업에서 교사가 열심히 설명하고 가르쳐도 학생은 그것을 이해하지 못하거나 잘못 이해하는 경우가 다반사이다. 학생이 그것을 이해하지 못한다면 그것은 교사의 설명을 아이들이 자신의 경험이나 지식과 연결시키지 못하는 경우이다(Taber, 2009). 그와 같은 일이 일어나는 경우는 첫째로 학생이 그와 관련된 경험이나 지식을 갖고 있지 못하기 때문이다. 예를 들어, 아무런 준비가 없는 초등학생에게 빛의 회절 현상을 설명하는 것과 같다. 두 번째의 경우에는 학생이 그런 경험이나 지식이 있어도 그것이 연관이 있다는 것을 알지 못하기 때문이다. 예를 들어, 옴의 법칙을 알고 있어도 실제 전기회로 문제에서 그것을 이용하여 풀지 못하는 경우처럼 말이다. 이와 같은 경우에는 학생이 새로운 지식을 그것과 연결시킬 수 있는 선행조직자를 제공하거나, 새로운 상황에서 기존 지식을 활성화하여 그 연관성을 볼 수 있도록 도와주어야 한다. 줄긋기가 이루어지지 않으면 기계적으로 암기할 수밖에 없다.

대부분의 경우 교실에서 학생들은 교사의 설명을 이해했다고 말하지만, 실제로는 제대로 이해하는 경우가 매우 드물다. 이렇게 잘못 이해하는 경우는 그러한 교사의 설명을 학생 자신의 잘못된 생각에 연결시키기 때문이다(Taber, 2009). 예를 들어, 앞에서 언급한 것처럼 둥글다는 교사의 설명을 공 대신에 '호떡 같은 모양의 지구'라는 딴생각에 연관시키는 것이다. 이와 같은 경우에는 이러한 아이들의 딴생각을 바꾸지 않으면 제대로 이해시킬 수 없게 된다. 잘못 이해하는 또 다른 경우는 아이들의 생각이 잘못된 것이 아니라, 관계가 없는 것을 관계가 있는 것으로 이해하는 경우이다. 예를 들면, 사자가 괴혈병에 걸리지 않는 것을 초식동물을 잡아먹기 때문이라고 생각하는 것과 같다. 우리가 비타민 C를 섭취하는 것처럼 사자도 그럴 것이라고 생각하는 것이다. 그렇지만 사자의 경우에는 체내에서 비타민 C를 만든다. 이와 같이 학생들은 제시된 새로운 정보를 자신의 부적절한 믿음이나 직관적인 생각에 관련짓거나, 부적절한 비유나 언어적 실마리로 올바른 지식을 다른 것과 잘못 관련짓기 때문이다.

어느 날 4학년인 두 학생은 손전등을 사용하려고 불을 켜보았지만 전구에 불이 켜지지 않았다. 한결이는 그런 경우 사람들이 전구를 갈아 끼우는 것을 본 적이 있어, 그렇게 해 보았지만 전구에 불이 켜지지 않았다. 그래서 건전지를 새 것으로 바꾸면 되겠지 생각하고, 그렇게 했지만 손전등은 여전히 켜지지 않았다. 한결이는 계속 이렇게 저렇게 해보았지만, 손전등은 켜지지 않았고, '어떻게 해야 할지 정말로 모르겠다'고 생각했다. 반면에 보람이는 전구와 건전지가 새 것인데도 불이 켜지지 않는 것은 전기회로의 어느 곳이 끊겨 있기 때문이라고 생각했다. 얼마 전 과학 시간에 닫힌회로에 대해 공부했기 때문이다. 보람이는 전류가 흐르는 길을 따라가면서 손전등을 살펴보았다. 건전지의 극이 닿는 부분에 오래된 건전지에서 나온 것처럼 보이는 하얀 침전물이 달라붙어 있었다. 그것 때문에 건전지가 전기회로에 연결되지 않아서 불이 켜지지 않는 것처럼 보였다. 보람이는 그래서 그것을 긁어냈고 전구에 불이 켜졌다.

위 글에서 보람이는 어떻게 고장난 손전등을 고칠 수 있었을까? 한결이와 보람이가 알고 있는 것은 어떻게 다른가? 한결이가 기억하고 있는 지식과 달리, 보람이가 갖고 있는 지식은 융통성이 있고, 새로운 사태에 응용될 수 있었다. 그런 의미에서 한결이는 전기회로에 대한 이해가 부족했고, 보람이는 그에 대한 이해를 보여주었다. 이해는 일반적으로 사실, 개념, 생각이나 절차 등을 새로운 상황과 관련지을 때 우리가 하는 일을 가리킨다. 이해는 다음과 같은 여러 가지를 가능하게 한다(Newton, 2000).

- 세상이 왜 그런지에 대한 호기심을 만족시키고, 세상과 관련짓도록 아동을 도와준다.

- 새로운 정보와 연결될 수 있는 얼개를 제공하기 때문에, 아동이 새로운 자료를 학습하도록 도와준다.

- 좀 더 오래 기억하고 쉽게 회상하여 학습한 것을 이용 가능하게 만든다.

- 아동의 수행을 좀 더 융통성 있게 만든다. 새로운 상황에서 생산적으로 사고하고, 문제를 해결하며, 새로운 방법을 찾기 쉽게 한다.

- 잘 조직되지 않았거나 의심스러운 정보를 다루도록 도와준다.

이해는 이와 같이 단순히 기억하는 것보다 더 많은 일을 하기 때문에 과학 수업의 중요한 목표가 된다. 이해는 본질적으로 지적인 연관을 맺는 능력으로, 인간의 기본 능력이지만 아이들은 항상 우리가 원하는 관계만을 맺는 것은 아니다. 그런 의미에서 과학을 가르친다는 것은 학생이 줄긋기를 잘 할 수 있도록 도와주는 것이다. 그렇지만 먼저 공부하기를 좋아하는 분위기를 만드는 일이 매우 중요하다. 자신의 학생과 친해지는 일도 교실에서 학생들이 공부하는 방법에 영향을 주는 많은 요인을 알 수 있게 한다. 아울러 교사는 학생들이 이미 그 주제에 대해 가지고 있는 딴생각을 바꿀 수 있도록 도와주어야 한다. 학습자가 자기 스스로 지식을 만들고, 그러한 지식을 바탕으로 의미를 발달시키도록 해야 한다. 따라서 그러한 딴생각을 탐색할 기회를 학생들에게 주어 자신의 처음 생각을 바꾸고 새로운 생각을 만들도록 해야 한다.

과학을 가르치기 위한 교사의 역할 중 중요한 세 가지는 아이들이 관찰하고 탐구할 수 있는 기회를 제공하여 과학 활동을 경험하게 하는 것과 올바르게 질문하여 아이들의 이해나 과학 활동을 돕는 일, 그리고 아이들이 자신들의 생각을 토의하고 의사소통하도록 도와주는 일이다(Harlen, 2001).

관찰은 직접 정보를 수집하는 중요한 수단이지만, 이론 의존적인 특성을 가지고 있다. 우리는 주어진 정보에 선택적으로 주목하기 때문에, 관찰은 단지 사물이나 현상을 주의 깊게 살펴보는 것과는 다르다. 따라서 어떤 목적이나 문제를 가지고 있지 않다면 그것과 관련된 중요한 정보를 놓치기 쉽다. 그런 의미에서 교사는 탐구 활동과 관련하여 세부사항 주목하기, 유사점과 차이점 알아내기, 순서 확인하기, 규칙성과 관계 찾기 등과 같은 것을 관찰 과정에서 지도할 필요가 있다. 아울러 탐구를 자극하거나 지식을 확장하도록 할 때, 또는 결론을 도출하거나 해석할 때 관찰을 사용하도록 지도해야 한다. 그러한 관찰을 자극할 수 있는 한 가지 방안은 질문을 던지는 것이다. 넓은 범주의 질문은 아이들 스스로 결정하여 관찰할 수 있도록 하는 반면에, 좁은 범주의 질문은 아이들이 놓치기 쉬운 부분을 관찰하는데 도움이 될 수 있다.

교사가 학생에게 질문하는 방식은 학생이 개념을 이해하는지 단지 정보를 회상하는지 결정하는데 있어 핵심이다. 끝이 열린 질문은 아이들의 사고를 일깨우며, 비판적 사고를 증진시키며, 학생이 생각하는 것을 교사가 알게 한다. 아이들의 생각을 일단 안다면, 여러분은 아이들이 그것을 검증해 보도록 격려할 수 있다. 닫힌 질문은 단지 '예'나 '아니오'라는 단순한 반응을 요구하거나 짧게 대답하도록 한다. 열린 질문은 아이들의 이해를 검사하거나 토론의 결론을 내린다. 이런 질문은 또한 대화를 멈추게 할 수 있고 긴 침묵을 만들어낼 수 있다.

올바른 질문을 던지는 것과 마찬가지로 중요한 것은 교사가 아이들의 대답에 반응하는 방식이다. 예를 들어, 교사가 "다른 질문은?", "잘 알았어요?", 또는 "됐어요?"라고 말한다면, 아이들에게 다른 질문은 하지 말고, 추가적인 토의는 없다고 말하는 것과 같다. 교사는 아이들이 말하는 것에 관심을 가지고 있다는 것을 드러내야 한다.

질문을 하는 경우 처음에는 개별 학생보다는 전체 학급에 초점을 맞추어 그 학생이 당황하거나 따돌림을 당하지 않도록 한다. 그리고 질문은 긍정적이고, 직접적이며, 애정을 갖고, 건설적인 도움이 되도록 해야 한다. 아이들의 반응이 과제에서 벗어나거나 주제와 관련된 것이 아니라도, "그것 참 재미있는 걸", "나도 그런 것이 좋아", 또는 "나중에 그것에 대해 얘기해 볼까?" 등과 같이 대응하는 것이 좋다. 또한, 아이들의 반응에 대해 확실하게 판단이 서지 않거나, 단지 그 과정에 아이들을 참여시키는 것을 바란다면, 아이들에게 다시 되물어보는 질문을 던지는 것이 좋다. 탐구 바탕의 학습 환경은 정답이 없는 좀 더 개인 중심적이고, 활동을 요구하는 과정 중심적인 질문을 강조해야 한다. 소집단 토의나 전체 학급 토의에서 끝이 열린 질문을 던지고, 대화를 시작하기 위해 시각적인 표상 조직자를 사용하는 것도 바람직하다.

많은 연구자는 전체 학급이나 소집단 상황에서 교사와 학생이 함께 과학 개념을 토의하는 일의 중요성을 연구해 왔다. 예를 들어, 갈라스(Gallas, 1995)는 '과학을 이야기하기'를 실행하여 과학을 가르치는 방식을 변화시킬 수 있고, 교사의 역할을 바꿀 수 있다고 했다. 과학 교실은 자기 자신의 언어와 사고방식을 가지고 과학적 담화를 하기 위한 장소이다. 그래서 아이들이 학습하는 과정에서 과학 언어에 대해 토의할 때, 그러한 토의는 과학 개념에 대한 아이들의 이해를 증진시키고, 추가적인 사고를 일깨운다. 그래서 교사는 아이들이 기록하고, 그리거나 만드는 것을 도와주며, 아이들의 토의를 격려하여 의사소통의 발달을 도와주어야 한다.

아이들은 이미 세상에 대해 직접 배우려는 타고난 욕구를 가지고 있다. 그래서 과학 공부를 좋아할 수 있도록 의미 있는 기회를 제공하는 것이 중요하다. 탐색하고 발견하려는 아이들의 열망은 타고난 것이지만, 세상을 관찰하고 경험하면서 아이들은 자연스럽게 딴생각을 발달시키기 쉽다. 예를 들어, 달은 단지 밤에만 볼 수 있다고 생각하거나 여름에 태양과 지구 사이의 거리가 가장 짧다고 생각할 수 있다. 교사는 주변 세계에 대한 아이들의 호기심을 고무시키기 위해 직접 해보는 활동을 제공해서 아이들이 자신들의 딴생각을 점검하고, 자신의 믿음을 바꾸며, 자신들의 견해를 수정하도록 할 수 있다. 아이들이 이러한 도전에 부딪쳐서 문제를 해결하는 것을 배우게 되면, 아이들은 그 과정을 실세계 상황에서 적용할 수 있게 된다.

다시 말해 구성주의적 관점에서 아이들은 자기 자신의 학습에 책임이 있지만, 교사는 학습에 필요한 여건과 도구를 제공할 수 있어야 한다. 교사는 안내자로서 아이들이 학습 활동에 서로 참여하고, 궁극적으로 과학 학습에 성공할 것이라고 기대하는 학습 공동체를 수립하는 것이다. 그러기 위해 교사는 다음과 같은 8가지 차원의 효능감을 가지고 있어야 한다(Ashton, 1984). 그것은 교사 자신이 공부를 의미 있고 중요한 것으로 보아야 하고, 학생이 발전하는 것을 기대해야 하며, 학생의 학습에 대한 책임감을 갖고 그 성과를 기꺼이 조사하려는 태도를 가지는 것을 의미한다. 또한, 학생의 학습을 위해 계획을 세우고, 그 목적을 설정하며, 그것을 성취하기 위한 방안을 모색해야 한다. 아울러 가르치는 일, 자기 자신, 그리고 학생들에 대해 좋은 감정을 가져야 하며, 학생들의 학습에 영향을 줄 수 있다고 자신의 통제 능력을 믿을 수 있어야 한다. 또한, 목적을 성취하기 위하여 학생과 함께 공동 모험을 감행하며, 목적과 방안에 대한 결정을 할 때 학생을 참여시켜 민주적으로 의사결정을 할 수 있어야 한다는 것을 뜻한다.

과학 학습과 구성주의*

1960년 및 70년대에 이루어졌던 과학 교육과정 개혁의 바탕은 순박한 경험주의에 기초한 인식론과 피아제(Piaget)의 인지 발달의 단계 모형이었다. 이것을 바탕으로 지식의 구조와 발견 학습(discovery learning)을 강조한 브루너(Bruner)의 영향은 과학교육에서 과정을 중시하는 탐구 학습(inquiry learning)의 유행을 불러일으켰다. 그러나 현대 과학 철학과 인식론의 발달로 경험주의와 실증주의를 포함한 전통적 인식론의 한계와 문제점이 드러나게 되었다. 또한, 인지 심리학 분야에서의 발달은 인지 발달의 사고 모형으로서 형식 논리와 발달 단계라는 두 개념이 심각한 문제가 있고, 학습은 인지 기능의 일반적 수준보다는 학습 내용과 관련된 특정한 능력과 학습자의 사전 경험이나 지식에 상당히 의존한다(Driver & Easley, 1978)는 것을 보여주었다. 이와 같은 배경에서 1980년대 이후로 과학교육에서는 구성주의(constructivism)라는 새로운 흐름이 나타나게 되었다.

(1) 현대의 인식론과 과학 학습

경험주의자는 대체로 지식이 단지 사실의 객관적 관찰과 귀납적 논리를 통해 증명되고, 과학은 객관적 관찰과 귀납적 논리와 같은 과학적 방법에 의해 '진리'를 향해 발전한다고 생각한다. 또한, 귀납적 논리의 오류를 지적하는 논리 실증주의자는 그에 대한 대안으로 가설과 일반화에 대한 근원을 알 수 없다고 남겨둔 채로 그 대신에 가설을 실험에 의해 검증하는 가설 연역적인 방법을 과학적 방법이라고 주장한다. 그러나 이와 같은 경험주의나 실증주의는 과학철학적 관점의 여러 측면에서 비판을 받고 있다(Chalmers, 1982).

예를 들어, 귀납적 추론에서는 이미 관찰된 사례뿐만 아니라 관찰되지 않은 가능한 모든 사례를 포함하는 포괄적이고 일반적인 결론을 끌어내려고 하기 때문에 그 결론은 개연적이고, 따라서 아직 수집되지 않은 관찰 자료 중에는 일반화를 반증하는 관찰 자료가 포함될 가능성이 항상 존재한다는 것이다. 또한, 귀납적 방법 대신에 포퍼(Popper)의 반증주의와 같은 가설 연역적인 방법을 사용하는 경우에도 실험에 의한 반증 증거로서 객관적인 관찰을 가정하고 있지만, 관찰은 실제로 관찰자의 지식, 신념, 기대 등에 따라 달라지므로 객관성을 주장하기 어렵다. 아동에게 현미경 사용을 가르쳐 보았던 교사는 이와 같은 관찰의 이론 의존성을 알 것이다. 가령 양파 세포의 그림을 본 적이 없는 아동은 교사의 지시에 따라 양파 껍질을 얇게 벗겨서 현미경 관찰을 하지만, 벽돌을 쌓아 놓은 듯한 세포의 모양보다는 대개는 받침 유리와 덮개 유리 사이의 공기 방울을 그리는 경우가 흔하다. 만일 양파 세포를 관찰하기 전에 아동이 교과서에서 양파 세포를 보았다면 그림을 그렇게 그리지 않았을 것이다. 우리는 빛이 눈동자에 부딪치는 것만으로는 사물을 볼 수 없다. 우리의 감각에는 주목할 수 있는 것보다 항상 더 많은 양의 정보가 존재하지만, 우리는 한꺼번에 모든 것을 관찰할 수 없기 때문에 그 일부를 선택해야 하고, 따라서 그 선택 과정을 길잡아 주기 위해 우리가 보고 있는 것에 대한 배경 지식이 필요하다. 그리고 가설이 실험에 의해서 결정적으로 반증된다는 것을 지지하는 역사적 사례도 거의 없다. 오히려 실험에 영향을 주는 이론 선택은 과학적 방법과 같은 절차의 규칙을 따르기보다는 종종 능숙한 판단을 사용하는 과학자의 관심이나 신념에 의해 영향을 받는다는 것이다(Millar, 1988). 과학 지식의 과학사적 발달 과정과 과학자의 실제적인 과학 활동을 분석했던 현대의 과학사가나 과학 사회학자는 과학 지식을 절대적 진리라고 보기보다는 과학 지식의 잠정적이고 가설적인 특성을 받아들이고, 개인적 또는 사회적 구성물로서 과학 지식을 바라본다.

교육적 상황에서도 과학의 귀납적인 관점에 의해 모형화된 발견 학습은 또한 교사의 의도대로 학생들이 '발견'하지 못하기 때문에 부딪치는 실제적인 어려움이 보고되어 그 문제점이 드러나게 되었다(Atkinson & Delamont, 1977; Solomon, 1980; Harris & Taylor, 1983). 일반화된 형태의 유용한 지식은 객관적이고 자세한 관찰로부터 단순히 나타나는 것이 아니다. 따라서 이런 문제는 교사의 능력 부족에서 파생되기보다는 그와 같은 접근 방식에 깔려있는 가정들이 잘못되었기 때문이다(Wellington, 1981; Driver, 1983). 마찬가지로 수업에서 가설 연역적인 접근 방식도 문제가 있다. '어려운' 실험에서 얻은 모호한 결과에 부딪치면 교사는 실험의 '일차적인 권위'보다는 교과서의 '이차적인 권위'에 의존하는 경향이 있다(Millar, 1985; 1987)는 것이 알려졌다. 이것은 학교 수업에서 사용된 장비와 실험의 정교성 및 본성으로 인해 이미 확립된 이론이 철저하게 검증될 수 없다는 것을 뜻할 수도 있다(Koertge, 1969).

일반적으로 과학사가, 과학철학자, 과학 사회학자는 과학이 방법을 가지고 있는지, 또는 그렇다면 그것이 무엇인지 대해서 일치된 견해를 거의 갖고 있지 않지만, 경험주의와 실증주의가 전통적으로 가정하는 과학 지식의 객관성이나 절대성 및 과학적 방법의 보편성은 인정하지 않는다. 따라서 과학적 탐구가 어떤 규칙을 따르는 것이라고 할 수는 없지만, 과학적 탐구에서 탐구자는 관찰 대상을 결정하고, 어떤 관찰에 주목할 것인지 선택하며, 해석하고, 추론을 끌어내며, 실험 결과로부터 결론을 내리고, 실험을 다시 반복하는데 있어 필요한 기능을 사용한다(Collins, 1985). 이와 같은 모든 것에 대한 결정은 일련의 규칙에 의해 정확하게 정의될 수 있는 것이 아니며, '머릿속에' 일련의 규칙을 직관적으로 갖고 있어 그와 같이 결정하도록 길잡아 주는 것으로 볼 수도 없다. 그 방법에 대해 과학자가 갖고 있는 지식의 많은 부분은 암묵적이며, 과학을 하는 것은 공예를 연마하는 것과 같다(Polanyi, 1958; Ravetz, 1971)고 한다. 이와 같이 과학 지식의 주관성 및 상대성, 지식의 종류와 형태에 따른 과학적 방법의 특수성을 강조하는 현대의 인식론은 과학 지식이 발견되는 것으로 보는 전통적인 인식론과는 달리 과학 지식이 과학자나 과학자 집단에 의해 구성된다고 본다. 이것은 과학 학습에서 경험주의와 실증주의가 과학 지식의 논리적 개념 구조를 가정하고 그것의 체계적인 검증이나 발견을 통한 교수법을 시사하는 것과는 다르게 학습자, 학습 내용 및 학습 환경 사이의 상호작용에 의한, 의미의 재구성을 통한 교수법을 시사한다.

(2) 현대의 심리학과 과학 학습

실증주의 인식론에 바탕을 둔 행동주의 심리학은 의식의 심리적 상태보다는 관찰 가능한 행동에만 주목함으로써 인지적 요인을 간과하고 복잡한 인간 행동을 너무 단순하게 조작적으로 취급하려는 오류를 범했다. 예를 들어, 지식이 자극과 반응의 연합에 의해 나타나는 행동으로 환원된다는 행동주의의 가정은 지식과 행동의 불일치 등 여러 가지 양상을 고려하지 못한 무리한 논리라는 것이 드러났다. 이에 대한 대안으로 나타난 인지 심리학은 인간이 어떻게 인식하는지, 어떻게 지식을 획득하고 이용하는 지에 관심을 갖는다. 특히, 피아제의 발달 심리학은 인간의 인지 발달 과정을 밝힘으로써 인지 심리학의 발달에 큰 공헌을 했지만, 세 가지 중요한 약점을 가지고 있었다. 첫째는 발달 모형에서 핵심적 역할을 하는 형식적 논리가 실제로 인지의 기초가 아니라는 것(Cheng & Holyoak, 1985)이다. Cheng과 Holyoak는 인지 발달의 기초로서 추론의 상황과 목적이 포함된 실용적인 추론 얼개(pragmtic reasoning schemas)를 가정한다. 둘째는 전반적인 발달 단계의 존재를 지지하는 증거가 거의 없다는 것이다. 예를 들어, 같은 또래 집단에서도 개인에 따라 발달 단계의 수준이 차이가 있고, 학습 과제에 따라 발달 수준보다는 과제에 대한 친숙도가 더 중요한 요인으로 작용한다는 것은 전반적인 발달 단계의 존재에 문제를 제기하는 것이다. 셋째로 생각은 상황과 무관한 것이 아니라 그 형태와 표현을 결정짓는 어떤 상황 속에서 일어난다는 것이다. 따라서 발달의 형식적 구조 이론은 이와 같은 상황적 요인을 수용하기 어렵다는 인식이 확산되어 왔다. 특히, 인지 발달에서 영역 특정적인 지식 바탕의 역할에 대한 연구는 이것을 분명하게 드러냈다.

유의미 학습(meaningful learning) 이론을 주장한 오수벨(Ausubel, 1968)은 선행 지식이 그와 관련된 새로운 내용의 학습에 결정적인 영향을 준다는 것을 인지하고 유의미 학습의 조건을 밝혔다. 또한, 개인적 구성 이론(personal construct theory)을 주장한 켈리(Kelly, 1977)는 임상적 연구를 통해 개인은 자신의 능동적인 경험을 통해서 개인적 구성물(personal constructs)을 획득하고 그것을 바탕으로 자신에게 체계적이고 내적으로 일관된 개념틀을 구성한다는 견해를 주장했다. 이와 같은 상황 속에서 1970년대 말부터 시작된 과학 개념의 오인에 대한 연구는 과학을 가르치는 일이 단순히 예전에 몰랐던 정보를 제공하는 것이 아니라는 것을 인식시켰다. 성인뿐만 아니라 아동들도 이미 세계가 어떻게 돌아가는 지에 대해 대개는 오개념이지만 순진하고 직관적인 개념틀을 다양하게 지니고 있고, 이와 같은 개념틀은 수업에 의해 쉽게 변화되지 않는다는 것이다. 이러한 연구들은 세상에 대한 한 개인의 기존 지식이 '정신 모형'이나 이론 속으로 조직되어, 새로운 정보를 동화하기 위한 배경을 제공하면서 반복된 수정을 겪는다는 것을 보여 주었다. 또한, 동일한 현상에 대해서도 일치되지 않는 여러 모형이 한 개인 속에 공존할 수 있고, 서로 다른 상황에 따라 다른 모형이 활성화된다는 사실을 밝혔다. 따라서 과학적인 이해의 발달은 개인의 개념적 영역 속에 있는 이와 같은 부적절한 이론들의 연속적인 변화에 의해 점차로 올바른 이론으로 접근해 간다는 것이다. 즉, 어린 아동도 과학자와 마찬가지로 자신의 세계를 이해하려고 노력하며 적어도 과학자들과 비슷한 유형의 이론들을 계속적으로 구성한다(Carey, 1985)는 것이다.

(3) 과학 교육에서의 구성주의 학습과 지도

구성주의의 핵심은 인간 지식, 그 중에서도 특히 과학 지식, 그리고 그 기원 및 과학 지식을 정당화하는 절차에 대한 한 견해이다. 이와 같은 구성주의는 기본적으로 두 가지 중요한 줄기를 갖고 있다. 첫째는 아동의 학습을 세상에 대한 아동 자신의 활동으로부터 일어나는 개인적이고, 개별적이며, 지적인 구성 과정으로 보는 피아제의 설명으로부터 유래하는 심리학적 구성주의이다. 이와 같은 심리학적 구성주의는 다시 피아제의 좀더 개인적이고 주관적인 관점으로부터 발달된 폰 글래서스펠트(von Glasersfeld)의 연구에서 볼 수 있는 급진적 구성주의(radical constructivism)와 각 개인의 인지적 구성에 대한 언어 집단의 중요성을 강조하는 비고트스키(Vygotsky)와 그 추종자들로부터 발달된 사회적 구성주의(social constructivism)로 나뉘어진다. 둘째 줄기는 두르크하임(Durkheim)으로부터 유래하여 문화사회학자와 과학사회학자에 의해 발달된 사회학적 구성주의(sociological constructivism)이다. 이와 같은 사회학적 전통은 과학 지식이 사회적으로 구성되고 옹호된다고 주장하며, 과학자 집단의 과학 구성에 대한 상황과 역학 관계를 조사한다. 사회학적 구성주의에서는 피아제, 비고트스키와는 대조적으로 믿음 구성 과정에서 개인적이고 심리적인 얼개를 무시하고, 개인의 믿음을 결정한다고 주장되는 개인 외적인(extraindividual) 사회적 상황에 초점을 맞춘다.

(* 장병기, 1996, 강원과학 17호 발췌, 143-151)

생각해 보기 과제

(1) 사고의 기본 모형으로서 형식 논리가 갖는 문제점은 무엇인가? 예를 들어, 논리는 어떤 사람의 주장에서 참과 거짓을 명확하게 밝힐 수 있는가? 인간은 논리적으로 사고하는가? 등에 대해 어떻게 생각하는가?

(2) 인지 발달에 있어 '발달 단계론'은 어떤 문제점을 갖고 있는가? 예를 들어, 여러분은 어떤 발달 단계에 있는가? 구체적 발달 단계인가? 아니면 형식적 발달 단계인가? 어떤 사람이 형식적 발달 단계에 있다면, 그 사람은 모든 사고에 있어 형식적 조작이 가능한가? 여기에 대해 여러분은 어떻게 생각하는가?

(3) 덜렁이는 자기 학급에서 안경을 쓴 학생들의 시력을 조사했다. 학생들의 시력은 모두 0.3이하이었다. 따라서 덜렁이는 '안경을 쓴 학생은 눈이 나쁘다'고 주장하였다. 이러한 주장은 논리적으로 타당한가? 왜 그런가? 또, 덜렁이는 다른 반의 어떤 학생의 시력을 조사해 보았더니 시력이 0.2이었다. 덜렁이는 그 학생이 안경을 쓴다고 생각했다. 이러한 덜렁이의 생각은 논리적으로 타당한가? 왜 그런가?

(4) 위 글에서 줄친 부분이 의미하는 것을 생각해 보자. 예를 들어, '말을 탄 사람의 모습'을 난생 처음으로 본 외계인은 자신이 본 생명체를 어떻게 설명할까?

(5) 학습이 이루어지는 두 가지 중요한 원천은 무엇인가? 다시 말해, 환경과의 상호작용에서 두 가지 서로 다른 상호작용은 어떤 것이 있을까? 우리는 어떻게 우리가 알고 있는 개념에 의미를 붙였는가? 예를 들어, 어떻게 개미가 '곤충'이라고 생각했는가?

(6) 어떤 학생이 오개념을 갖고 있는지 아니면 명칭을 잘못 알고 있는지 어떻게 구별할 수 있는가?

과학을 어떻게 가르칠까?
– 수업을 참관하고 분석하기

　자신이 받은 과학 수업을 돌이켜 보거나 서로 다른 과학 수업을 참관하면서, 각 수업의 교사는 다음에 제시한 세 '교사상' 중에서 어느 교사에 더 가까운지 살펴본다(수업을 녹화해 두었다가 나중에 들어보면서 점검할 수도 있다). 자신의 수업 활동을 성찰하는데도 세 '교사상'의 특징을 참고할 수 있다.

교사 A의 특징(학생 중심형)

- 아이들에게 주도권을 준다.
- 생산적인 질문을 하도록 돕는다.
- 독자적으로 활동하고 자율적이 되도록 격려한다.
- 아이들에게 과학 정보나 실마리를 주는 것을 삼간다.
- '직접 해보는(hands-on)' 탐구를 위해 동기를 유발하는 자료를 제공한다.

교사 B의 특징(교사 중심형)

- 보여주고 시범을 보인다.
- 과학적 어휘를 수업에 의도적으로 끌어들인다.
- 탐구를 지시함으로써 목적이 없는 활동을 금한다.
- 교사에 의해 제공된 '일의 얼개' 내에서 내용을 분명하게 전달한다.
- 주로 산물에 대해 생각하고, 그것을 생산하기 위한 분명한 과제를 제공한다.

교사 C의 특징(상호작용형)

- 대화를 시작함으로써 생각을 끌어낸다.
- 아이들의 딴생각에 대해 미리 계획한다.
- 새로운 개념을 적용하는 방식을 제공한다.
- 이해를 협상하고 자신의 지식을 재구성하도록 아이들을 돕는다.
- 예상하고, 설명하며, 자신의 증거 사용을 정당화하도록 아이들을 도전시킨다.

1. 참관에 앞서 관찰 계획을 세우고, 각 교사의 수업에 대한 특징을 어떻게 서술하면 좋은지 모둠별로 토의한다.
2. 어떤 교사상이 과학교사로서 바람직한지 의견을 말하고, 그에 대한 이유를 전체 학급에서 토의한다.
3. 이 활동을 통해 자신이 알아낸 것을 간략한 보고서로 작성하여 제출한다.

다른 교사의 과학 수업을 참관하거나 자신의 수업을 비디오로 녹화하여 스스로 점검하는 경우 다음과 같은 관점을 참고로 점검표(체크리스트)와 관찰노트를 작성하는 것이 효과적일 수 있다. 평가 혹은 분석의 기준은 수업에 따라 추가하거나 생략할 수 있으며 수업에 대한 점수화보다는 전체적으로 미흡한 측면과 바람직한 주요 측면을 파악하는 것이 중요하다. 아울러 미흡한 측면에 대해서는 가능한 대안을 생각해 보고 메모하도록 한다.

수업 평가 기준		평가		관찰 내용 (평가근거)	미흡한 경우 대안
		적절	미흡		
교사의 지도	• 준비한 자료와 활동이 학생들의 수준에 적절하고 흥미로운가?				
	• 적절한 발문을 통해 학생의 과학적 사고와 질문, 토론을 불러일으키는가?				
	• 시각적 자료와 테크놀로지를 효과적으로 사용하는가?				
	• 학생들의 사전 개념이나 이해도를 점검하고 수업 후 변화를 평가하는가?				
학생 활동 및 참여 측면	• 학생들 스스로 현상을 관찰하고 관찰 자료(데이터)를 수집하는가?				
	• 학생들 스스로 자료를 해석하거나 결론을 도출하는가?				
	• 개별 혹은 소집단별 협동 활동에 적극적으로 참여하는가?				
상호 작용 측면	• 교사가 학생 반응을 위하여 충분한 시간을 주는가?				
	• 교사가 학생의 답을 존중하고 긍정적 피드백을 제공하는가?				
	• 학생 상호 간에도 활발한 의사소통이 진행되는가?				
실험 수업의 경우	• 실험 기구의 사용 방법을 학생들이 숙지하고 있는가?				
	• 실험 안전에 관한 지도가 이루어졌는가?				
	• 실험을 통해 확인하거나 해결하고자 하는 문제가 명확히 제시되었는가?				
	• 실험 재료는 충분하게 준비되었는가?				
	• 실험 후 폐기물이나 기구 정리가 적절히 이루어졌는가?				
	• 실험 결과에 대한 학생들의 해석과 토론이 진행되었는가?				

다음은 교생실습 기간에 이루어진 예비 초등교사의 수업을 참관하고 나서 그 수업에 대한 생각을 적은 글이다.

실험 수업의 성공은 무엇을 중요하게 여겨야 하는가?

산소 발생 실험과 이산화탄소 발생 실험 수업을 참관하였다. 두 수업은 지도 교사가 다르지만 사용한 실험 장치도 유사하고 전개 방식도 유사한 점이 많다. 산소 발생 실험을 한 교사는 산소가 잘 발생되어서 수업을 성공적이라고 인식하였고, 이산화탄소 발생 실험을 한 교사는 기대보다 이산화탄소가 잘 발생하지 않아서 수업이 다소 실패한 것으로 생각하는 것 같았다. 그러나 두 수업 모두 실험 시간이 충분하지 않았고, 아이들이 정해진 것 이외에 무언가를 할 수 있는 여지는 별로 없었다.

산소 발생 실험은 산소 발생 장치를 꾸미기 위해 교사가 하나씩 단계적으로 실험 장치 꾸미는 방법을 설명해 가며 학생들이 따라서 장치를 꾸미도록 하였다. 실험기구가 제대로 준비되어 있는지 하나씩 확인하고, 실험기구의 명칭(예: 핀치클램프)을 설명하였다. 그리고 실험에 사용되는 이산화망간과 묽은 과산화수소수의 일반적인 성질과 쓰임새를 설명하였다. 그런 다음 실험 안전에 관한 유의사항을 다함께 읽었다. 그 다음은 장치꾸미기를 5단계까지 차례대로 설명하였다. (1) 삼각플라스크에 이산화망간을 넣고 고무마개에 유리관 끼우기 (2) 깔때기에 고무관 끼우기 (3) 핀치클램프 끼우기 (4) 고무관과 유리관 연결하기 (5) 집기병에 물을 담고 거꾸로 넣기의 순이었다. 그리고 다시 교사는 기체 수집방법에 수상치환, 하방치환, 상방치환이 있다고 설명하였다. 여기까지 40분의 수업 중 30분 이상이 소요된 것 같았다. 마지막으로 깔때기에 묽은 과산화수소를 넣고 핀치클램프를 열어 산소가 발생되도록 하였다. 유리관에서 뽀글뽀글 방울이 나오기 시작했으나, 집기병에 반조차 모으지 못한 모둠이 많았다. 시간이 부족했지만 실험을 종료하고 정리해야 하는 상황이었다. 교사는 산소의 색과 냄새를 관찰하라고 했다. 그리고 실험 관찰 책에 결과를 정리해서 써 넣으라고 하였다. 아이들은 매우 바빴다. 실험관찰에 결과를 써야 하고, 실험기구도 빨리 정리해야 했다.

수업이 끝나고 나오면서 교사에게 물었다. "오늘 수업 어때요?", "다른 반은 산소가 발생되지 않았다고 하는데 그래도 산소가 발생되어 너무 잘 된 것 같아요."하며 밝게 웃으며 만족한 표정을 지었다.

이산화탄소 발생 실험은 교사가 먼저 동기유발을 위해 금붕어를 탄산음료에 넣으면 마비되는 것을 보여주는 것으로 시작되었다. 교사는 '이산화탄소 발생장치를 꾸며 이산화탄소를 모을 수 있다'는 학습목표를 제시하였다. 그리고 실험기구 이름을 알려주었다. 지난 번 산소발생 실험과 거의 같은 실험기구들이므로 명칭을 괄호 넣기 식으로 제시하였다. 그 다음은 약품에 대한 주의사항을 알려주었다. 묽은 염산의 위험을 알리기 위해 염산에 의해 피부가 상한 흉측한 얼굴 모습이 담긴 사진을 보여주었다. 그리고 실험 시 주의사항을 함께 읽었다. 다음으로 오늘 실험에 해당하는 동영상을 보고 나서 별도로 준비한 학습지의 괄호 넣기를 하였다. 학습지에는 실험장치 꾸미는 순서가 정리되어 있었다. 아마도 아이들이 실험 순서를 잘 알 수 있도록 동영상을 주의 깊게 보기를 원했기 때문일 것이다. 아이들은 괄호 안의 답을 의논하느라 잠시 소란스러워졌다. 그 이후에 교사가 답을 말해주었다. 여기까지 수업의 약 25분이 소요되었다. 실험이 시작되고 아이들은 수조에 물을 받고 고무관을 끼우며 실험 준비를 하였다. 지난번 산소 발생 실험 때보다는 다소 능숙해진 모습이었다.

그런데 기체가 발생하기는 하는데 지난번 산소처럼 활발하게 발생하지는 않았다. 교사는 아이들에게 왜 기체가 잘 나오지 않는지 생각해 보라고 하였다. 아마도 교사는 수업이 실패했다고 생각했는지 모른다. 그리고 곧 이제 그만 모으라고 하였다. 여기까지 수업의 약 35분이 경과되었다. 교사는 실험이 잘 안되었고 다시 재 실험을 할 거라고 이야기 하였다. "오늘 선생님이 일부러 반응이 잘 안되게 한 것이어요. 실험이 잘 안될 수도 있고 그러면 원인을 생각하고 다시 해 보아야 하겠죠?" 교사는 수업을 마무리했다.

나는 두 실험 수업을 보며 첫 번째 수업의 교사는 산소가 잘 발생되어 실험 수업이 성공하였다고 생각하고, 두 번째 교사는 이산화탄소가 활발하게 발생되지 않아 실패한 것으로 생각한다는 것을 느꼈다. 의도했던 현상만 잘 보이면 실험 수업은 성공한 것인가? 그렇다고 쉽게 답하기는 어려울 것이다. 그러나 알게 모르게 우리는 원하던 현상이 확실하게 나타나서 아이들에게 보여주기만 하면 성공했다고 생각하고 있는 것이 아닐까?

내가 보기에 두 수업 모두 학생들이 실험을 한 것은 모두 10분 정도 밖에 되지 않는다. 실험하기 전에 교사들이 실험 방법을 설명하고 안전에 대한 주의를 주는 것이 잘못되었다거나 불필요하다고 나는 생각하지는 않는다. 그러나 두 수업 모두에서 아이들은 뽀글뽀글 나오는 기체를 신기하게 바라볼 시간이 너무도 부족했다. 그리고 그 기체가 무엇일지, 어떻게 전혀 다른 두 개의 물질이 만나 기체를 만들어 내는지 신기하고 궁금해 하며 자신의 생각이나 느낌을 이야기할 수 없었다.

아이들이 어떤 현상, 도구, 교사 혹은 다른 학생과 상호작용하게 하는 것이 무언가를 생각하게 하고 학습하게 하는 데 반드시 필요한 선결요건이 아닐까?

- 위와 같은 실험 수업에서 교사–학생, 학생–학생 사이의 보다 활발한 상호작용이 일어나도록 하기 위해서는 어떻게 해야 할까?

과학을 어떻게 가르칠까?

과학 수업에서 학생이 교사의 질문에 올바르게 대답하더라도, 학생은 자신의 이해를 실세계 문제에 적용할 수 없고, 그 현상에 대한 과학적 설명을 믿지 않을지 모른다. 이것은 학생이 스스로 그 의미를 적극적으로 구성하지 않았기 때문일 것이다. 구성주의 교육자는 지식이 학생에 의해 흡수되기보다는 오히려 구성되어야 한다고 믿는다. 지식을 재구성하려면 학생들은 일상 현상을 설명하는데 있어 자신의 잘못된 개념이 통하지 않는다는 사실에 맞부딪쳐야 한다. 그러면 어떻게 그렇게 할 수 있을까? 학습에 대한 구성주의적 관점은 가르치는데 있어 다음과 같은 사항을 반영해야 한다고 시사한다.

(1) 학습자가 이미 알고 있고 이해하며 할 수 있는 것을 바탕으로 가르치는 일을 시작해야 한다. 교사는 학습자에 대해 많은 것을 알아내야 하고, 수업은 교사나 과학자의 견해보다는 오히려 학습자의 생각으로 시작되어야 한다. 따라서 교사는 학습자가 자신의 생각을 분명하게 인식하고 성찰할 수 있도록 도와주어야 한다.

(2) 학습자는 교사의 안내에 따라 자기 스스로 지식을 구성해야 한다. 교사는 정답을 직접 제공하지 않고, 적절한 해결책을 어떻게 발견할 수 있는지 직접 제시하지 않는다. 판단을 결정하는 책임은 학습자에게 맡긴다. 따라서 교사는 학습자가 개념적 갈등을 유발할 수 있도록 자극해야 한다.

(3) 학습자들은 대화를 통해 서로 의사소통해야 한다. 그러한 의사소통을 통해 다른 사람도 가치 있는 다른 생각을 가질 수 있고, 차이가 있을 수 있다는 것을 학습자가 인식하도록 한다. 과학적 견해에 비추어 생각의 유용성을 평가하도록 한다.

(4) 전체 학습 환경의 초점은 비록 집단 활동의 상황이라도 각각의 개별적인 학습자이다. 교사는 토의나 발표와 같은 모둠 활동을 통해 생각을 재조직할 수 있는 기회를 학습자에게 제공해야 한다.

(5) 가르치는 일은 모든 학습자에 대한 끊임없는 개별적 평가와 적절한 행
동을 통한 반응들로 구성된다. 그러한 반응은 대부분 질문의 형태로 되
어 있다. 질문은 학습자가 자신의 생각을 명확하게 하는 것을 도와주고,
학습자의 이해가 어느 정도인지 드러내며, 학습자가 좀 더 주의 깊게 생
각하고 행동하도록 도전시킨다.

학습에 대한 전통적 관점과 구성주의적 관점 비교

준거	전통적 관점	구성주의적 관점
교사의 역할	지식을 전수하는 역할	학생이 자신의 의미를 구성하도록 경험 제공과 학습 촉진
학생의 역할	지식을 수동적으로 받아들임	의미를 능동적으로 구성
수업전 학생 상태	백지 상태 또는 쉽게 대체될 수 있는 개념을 가지고 있는 상태	선행 경험에 기초한, 쉽게 변하지 않는 개념을 가지고 있는 상태
학습 조건	외부적인 학습 상황 : 교사, 교실, 교과서, 실험	외부적인 학습 상황 및 학생의 기존 개념과 선행 경험
학습에 대한 관점	백지 상태의 학생에게 지식 전수	기존 개념을 바꾸거나 수정하는 과정
지식 형성의 관점	외부 조건에 의해 결정되며 학습자와는 무관	각 개인의 내적 작용에 의한 지식형성

구성주의적 수업은 전통적인 강의식 모형인 교사 주도적인 수업과 대조
를 이룬다. 위의 표는 전통적 관점과 구성주의적 관점을 학습과 관련하여 비
교한 것이다. 학습자의 특성에 대한 구성주의적 연구 결과를 바탕으로 발전
된 수업 모형 중에는 순환학습 모형이 있다. 순환학습은 '탐색(Exploration)
⇨ 이해(Invention: 창안) ⇨ 적용(Discovery: 발견)'이라는 일종의 학습주기
(Learning Cycle)를 이용한 수업모형이다(Karplus & Thier, 1967). 이러한
수업모형은 점점 그 단계를 세분화하여 5E, 7E 순환학습으로 발전되었다. 각
단계의 이름이 영어 E로 시작되기 때문에 그와 같은 이름이 붙여졌다. 7E 순
환학습의 각 단계를 살펴보면 다음과 같다(Eisenkraft, 2003).

순환학습 모형은 Piget의 인지발달 이론과 Karplus & Atkin(1962)의 연구를 기초로 70년대 초반 버클리 대학에서 실시된 The Science Curriculum Improvement Study (SCIS)에서 교수 학습 모형으로 처음 제시되었다.

1) **터놓기** 단계는 학생이 자신의 딴생각을 드러내서 생각을 분명하게 밝히는 단계를 말한다. 개념만화나 발산적 질문 등을 이용하여 학습 주제나 주어진 현상에 대해 자신의 생각을 터놓고 연결 짓도록 한다.

2) **빠지기** 단계는 학생의 호기심을 유발시켜 과제에 몰두하게 하는 단계를 말한다. 예를 들어, 과학 마술이나 POE(예상−관찰−설명) 시범 과제 등을 통해 학생의 관심을 끌어내거나 인지적 갈등을 일으켜서, 주제에 대해 생각하도록 사고를 자극한다.

3) **살피기** 단계는 자신의 생각을 검증하기 위해 증거를 찾도록 하는 단계이다. 이 단계에서 학생은 생각과 증거를 서로 관련짓는다. 관찰을 통해 가설을 만들고, 관찰 결과나 측정값을 기록하며, 알아낸 것을 조직하고, 의사소통을 통해 공유한다.

4) **꾸미기** 단계는 기존 생각에서 벗어나 새로운 개념이나 법칙을 도입하여 설명하게 하거나 자료를 분석하여 규칙성을 찾도록 하는 단계이다. 따라서 교사는 탐색 결과를 증거를 가지고 설명할 수 있도록 도와주는 질문을 해야 한다.

5) **다듬기** 단계는 학습한 내용을 내면화하는 기회를 제공하는 단계를 말한다. 학생은 학습한 내용을 바탕으로 다양한 방법으로 자신의 이해를 표현하고, 추가적인 활동에서 자신의 생각을 확고하게 다듬는다. 그래서 자신의 이해를 여러 가지 방식으로 변형시키거나 통합할 수 있도록 한다. 개념도 그리기나 표상조직자를 이용하여 학습 내용을 요약하게 할 수 있다.

6) **따지기** 단계는 자신의 생각을 분석하여 드러내고 평가함으로써 자신의 학습이나 생각을 성찰을 통해 점검하는 단계이다. 다양한 형성평가 과제는 학생들의 생각을 점검하는데 도움이 될 수 있다.

7) **써먹기** 단계는 학습한 내용을 주어진 상황에서 벗어나 다른 영역이나 새로운 상황에 적용하고 전이하는 단계를 말한다. 학생은 이 단계를 통해 통합된 일관성을 찾고, 학습한 내용의 쓸모를 발견하게 된다. 학습 내용을 적용할 수 있는 여러 가지 활동을 제시할 수 있다. 예를 들어, 과학 놀이나 마술, 설계나 공작과 같은 만들기 활동, 전시회, 발명품 고안하기

등을 이용할 수 있다.

이들 단계는 고정되어 있거나 명확하게 구별되어 있다기보다는 주어진 수업 상황에 따라 융통성 있게 운영될 수 있다. 예를 들어, 터놓기와 빠지기 단계가 통합되어 실시될 수도 있고, 살피기와 꾸미기 단계도 보통 한 활동에서 이루어 질 수 있으며, 써먹기 단계를 먼저 실시하고 따지기 단계를 나중으로 미룰 수도 있다. 또한, 모든 단계를 1시간의 수업에서 실시해야 하는 것도 아니다. 수업 주제의 난이도에 따라 단계별로 시간을 적절하게 제공할 수 있다. 어떤 경우에는 살피기와 꾸미기 단계를 반복적으로 수행해야 할 필요도 생길 수 있다. 7E 순환학습 모형의 단계를 요약하면 다음 표와 같다.

7E 순환학습 모형

단계	주안점
터놓기 Elicit	개념 만화, 발산적 질문 등을 이용하여 학생의 딴생각을 드러나게 하여 자신의 생각을 분명하게 한다.
빠지기 Engage	POE 시범 등을 이용하여 인지적 갈등을 일으키거나 학생의 딴생각을 자극하는 동기유발로 학습과제에 몰두하도록 한다.
살피기 Explore	자신의 생각을 검증할 수 있는 여러 관련 현상이나 자료를 조사하고 증거를 찾아보도록 한다.
꾸미기 Explain	탐색 결과에 대한 생각을 서로 나누고, 규칙성을 찾거나 개념을 도입하여 설명을 꾸며 보도록 한다.
다듬기 Elaborate	개념 이해나 기능을 다양한 과제를 통해 도전시키고, 학습 내용을 내면화하는 기회(표현)를 제공하여 자신의 생각을 다지도록 한다.
따지기 Evaluate	다양한 형성평가 과제를 통하여 자신의 생각을 따져보고 점검하여 마음속에 새기도록 한다.
써먹기 Extend	학습한 내용을 다른 상황이나 영역에 써먹고 적용하도록 하여 학습의 전이가 일어나도록 한다.

* 이들 7E 순환학습의 단계는 '텃밭 살구 다 땄에!'를 연상하면 기억하기가 용이하다.

7E보다 간단한 5E 수업 모형도 널리 이용된다. 다음 표는 5E와 7E 수업 모형의 단계를 관련지어 보여준다. 다른 문헌에서 5E의 단계를 지칭할 때 흔히 사용되는 용어도 옆 칸에 함께 제시하였다.

학습주기와 5E 및 7E 순환학습 모형의 관계

순환학습 (Karplus & Their, 1967)	5E 순환학습 (Bybee, 1997)		7E 순환학습 (Eisenkraft, 2003)
탐색 (Exploration)	빠지기 (Engage)	참여 단계	터놓기(Elicit)
			빠지기(Engage)
	살피기 (Explore)	탐색 단계	살피기(Explore)
창안(Invention): 이해	꾸미기 (Explain)	설명 단계	꾸미기(Explain)
발견(Discovery): 적용	다듬기 (Elaborate)	정교화 단계	다듬기(Elaborate)
	따지기 (Evaluate)	평가 단계	따지기(Evaluate)
			써먹기(Extend)

카플라스(Bob Karplus)는 1950-60년대의 교육과정 개발 운동의 하나인 과학 교육과정 증진연구(SCIS: Science curriculum Improvement Study)의 책임자로서 초등학교 과학교육과정을 만드는 프로젝트를 수행했는데 이 SCIS 프로그램 안에 학습 주기(learning cycle)라는 개념을 정립해 넣었다. 많은 교수 학습 모형이 개발되어 왔지만 학생의 추론 기능의 발달을 강조하는 대부분의 모형은 순환학습과 비슷한 활동과 단계를 가지고 있다. 초기의 3단계 순환학습 모형은 5E, 7E 등 여러 형태로 변형되어 왔다.

순환학습에서 실험실 활동은 개념을 증명하기보다는 오히려 개념을 도입하기 위해 사용된다. 그래서 탐색 단계(E)는 개념을 도입하기 위해 학생 활동을 효과적으로 활용한다. 이해 단계(I)는 개념을 확인하거나 이름을 붙이기 위한 것이며 토의 형식이 적절할 것이다. 적용 단계(A)는 개념을 강화하거나 확장하기 위한 것으로 실험 활동, 시범, 독서, 문제해결 등 다양한 형식의 활동이 이용될 수 있다.

아이들의 생각, 탐구 기능, 태도 등을 발달시키기 위해 아이들이 어떤 경험을 해야 하는지 교사가 결정하려고 할 때, 서로 다른 나이 수준이나 단계에 있는 아이들의 학습 방식을 고려해야 한다. 일반적으로 아이들은 나이에 따라 주변 세계에 대해 다르게 이해하기 쉽다. 어린 아이는 보통 자신의 제한된 세계에 초점이 맞추어지기 쉽기 때문에, 아이들의 생각이나 이해가 적절한 경험에 맞추어 수정되고 확장될 수 있도록 해야 한다. 매우 어린 아이는 행동하지 않고 생각하기 어려울 수 있다. 따라서 아이가 갖게 되는 생각을 증거를 통해 뒷받침할 수 있도록 비판적으로 탐색할 수 있는 기회를 제공해 주는 것이 중요하다. 탐구 기능은 생각과 무관하게 가르칠 수 없고, 생각은 탐구 기능이 없이 저절로 얻어질 수 없다는 것을 이해할 필요가 있다. 따라서 학습 활동은 생각, 탐구 기능 및 태도가 함께 발달될 수 있도록 이루어져야 한다. 단지 실험과 같은 실제적인 활동을 한다고 효과적인 과학 수업이라고 할 수 없다. 그러한 활동은 아이들의 경험과 생각을 위한 수단이고, 아이들의 사고는 의사소통과 토의를 통해 증진될 수 있다. 교사는 아이들과의 학습 공동체에서 학습 방법을 본보기로 보여주면서, 실제적인 학습이 일어나도록 디딤돌이나 도움을 제공할 필요가 있다.

- '햇빛은 여러 가지 색의 빛으로 이루어져 있다.'는 것을 가르치기 위한 과학 수업을 5E 모형에 맞게 계획해 보자.

- 모둠별로 수업 계획을 발표하고 수업의 흐름과 단계가 적절한지 토의해 보자.

- 수업 모형은 교사에게 어떤 점에서 도움이 되는지 자신의 생각을 발표해 보자.

전기회로

● **꼬마전구에 불을 켜려면 전지를 어떻게 연결해야 할까?**

'전구에 불켜기' 실험을 하기 위해 한결이는 꼬마전구를 전지에 그림과 같이 연결하였지만, 전구에 불이 켜지지 않았다. 이것을 보고 있던 세 학생은 다음과 같이 말했다. 어느 학생의 의견이 옳은가? 다른 학생의 경우 전구에 불이 켜지지 않는 이유는 무엇인지 이야기해 보자.

초등학생들은 그림과 같이 전지의 두 극에 전선이 연결되어 있으면 전류가 흐를 수 있어 전구에 불이 켜질 수 있다고 생각하기 쉽다. 그렇지만 실제로 전구에 불이 켜지지 않는 여러 상황이 일어날 수 있다. 여러분은 어떤 경우에 전구에 불이 켜지지 않는다고 생각하는가? 가능한 경우를 몇 가지나 생각할 수 있는가?

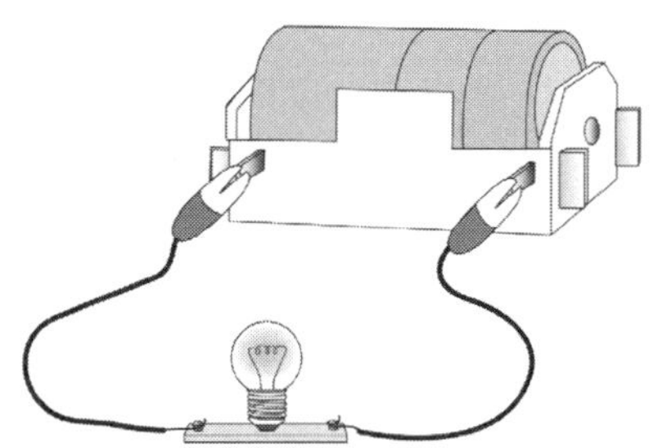

전기회로에 대한 내 생각 찾기

전기회로에 사용되는 전지, 전구, 전선, 스위치에 대한 다음과 진술을 읽어보고 자신의 생각과 일치하면, ○ 표에, 일치하지 않으면 × 표에, 잘 모르겠으면 △ 표에 표시하고, 그렇게 생각하는 이유를 빈 칸에 적어보자. 그러한 진술이 맞는지 확인하려면 어떻게 해야 하는지 토의해 보자.

진술	내 생각 (○ × △)	그렇게 생각하는 이유는?
전압이 일정한 전지에서 나오는 전류의 세기는 일정하다.	○ × △	
전지의 전압은 오래 사용할수록 작아진다.	○ × △	
꼬마전구에 연결된 전선이 길어지면 전구의 밝기가 약해진다.	○ × △	
저항이 작은 전구일수록 더 밝다.	○ × △	
스위치는 전지의 양극 바로 옆에 있어야 전지에서 나오는 전류를 끊을 수 있다.	○ × △	

전구에 불이 켜지려면 전선을 어떻게 연결해야 할까?
– 예상을 통해 자신의 생각을 확인하고 점검하는 활동

1. 다음에 제시된 그림을 보고 전구에 불이 켜질지 예상해 보자. 회로 그림 아래 칸에 전구에 불이 켜지는 경우에는 ○표를, 불이 켜지지 않는 경우에는 X표를 한다. 또한 X표를 한 경우에 그 전구에 불이 켜지도록 하려면 어떻게 해야 하는지 회로 그림 칸에 다시 그림을 그려 보시오.

2. 이제 두 명이 짝이 되어 활동한다. 어떻게 연결해야 불이 켜진다고 생각하는지 자신의 생각을 정리해서 옆 사람에게 설명한다.

3. 계속해서 두 명이 짝이 되어 꼬마전구와 전지를 사용하여 자신의 예상처럼 만들면 불이 켜지는지 검사한다. 표 마지막 줄에 실험 결과 불이 켜진 것은 ○표를, 불이 켜지지 않은 것은 X표를 한다.

회로						
예상하기 (O, X)						
확인하기 (O, X)						

4. 불이 켜지지 않는 것은 어떻게 해야 불이 켜지는지 실험해 보고, 다음 그림 칸에 불이 켜지
   는 전구 연결 그림을 그려보시오.

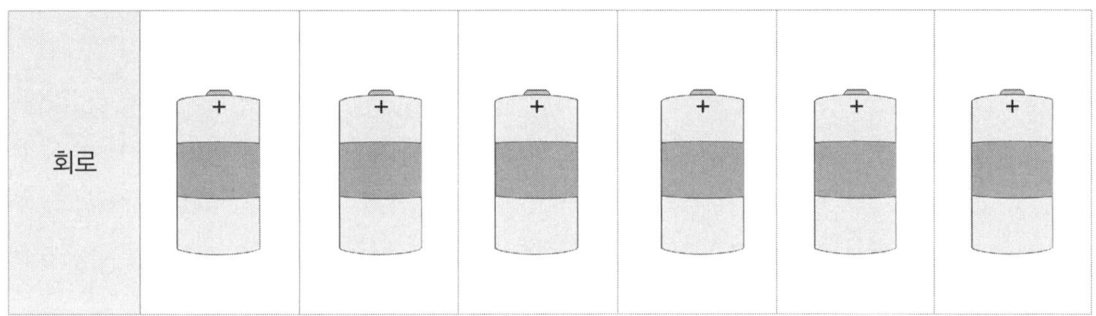

5. 전구에 불이 켜진 회로를 자세히 관찰하고 불이 켜진 회로의 공통점은 무엇인지 서로 이야
   기한다.

6. 위의 활동을 바탕으로 전구의 필라멘트가 전
   구의 아래 부분에 어떻게 연결되었는지 추리
   하여 전구의 속 모습을 오른쪽 그림에 그린다.

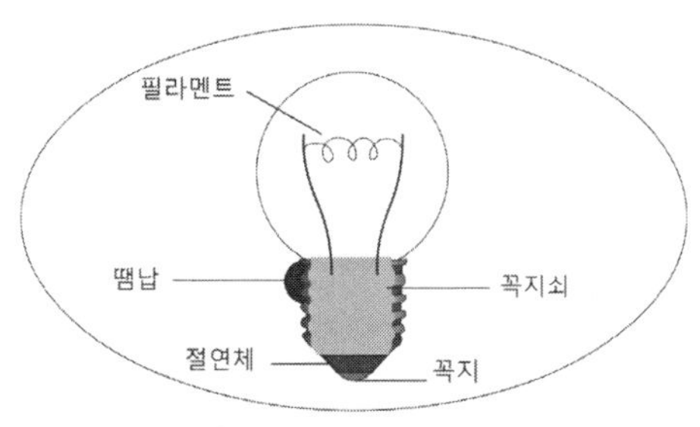

7. 모둠별로 꼬마전구를 분해하여 꼬마전구 속의 필라멘트가 전구 밑부분에 어떻게 연결되었
   는지 실제로 확인해 보고 그와 같은 구조로 되어 있는 이유를 설명해 본다.
   (주의: 손에 장갑을 낀 다음 전구의 유리가 깨지지 않게 유리를 붙잡고, 전구의 밑부분을
   살살 돌려서 유리와 밑부분이 서로 분리되도록 한다. 깨진 유리에 다치지 않도록 특히 조심
   한다.)

학생의 생각을 알아내기

앞의 탐구 활동을 통해 여러분은 꼬마전구의 구조를 알았을 것이다. 꼬마전구에 불이 켜지기 위해서는 전지, 전선 및 꼬마전구가 닫힌회로가 되도록 연결해야 한다. 닫힌회로와 열린회로의 개념은 초등 과학에서 학습해야 할 가장 기초적인 개념이다. 다음은 전기회로에 관한 수업의 한 장면이다.

먼저 교사는 학생들에게 전지 하나와 전선 2개, 소켓 달린 꼬마전구를 이용해 불이 켜지는 방법을 찾아보라고 하였다. 교사는 학생들에게 힌트를 주기 위해서 다음과 같이 말했다.

"여러분이 해야 하는 것은 전기가 흐를 수 있는 회로를 만드는 일이에요. 회로는 전기가 흐르는 일종의 길과 같은 것으로, 전지의 한 극에서 다른 극으로 이어져 있어야 해요."

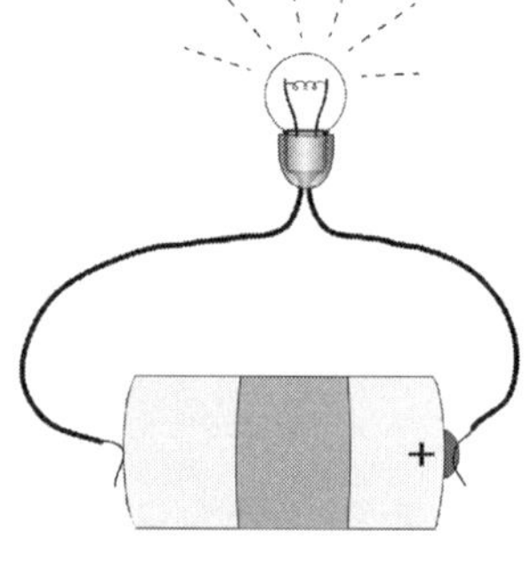

학생들이 오른쪽 그림과 같이 모두 전구에 불을 켜는 데 성공하자 교사는 학생들이 닫혀 있는 전기회로의 의미를 이해했는지 점검하기 위해 다음과 같은 과제를 제시했다.

"그림과 같이 전선 하나를 전지에 연결하고 꼬마전구를 전선에 대면 불이 켜질 것이라고 생각하나요? 왜 불이 켜질 것이라고 생각하나요? 혹은 왜 불이 켜지지 않을 것이라고 생각하나요?"

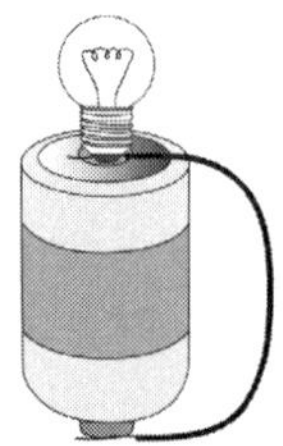

놀랍게도 32명의 학생 중 28명이 전구에 불이 켜질 것이라고 틀리게 답을 했다. 학생들이 제시된 그림을 자세히 보지 않았을 가능성이 있다고 생각한 교사는 그림 하나를 추가해서 문제를 다음과 같이 바꾸었다.

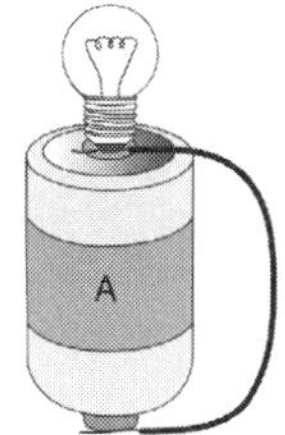
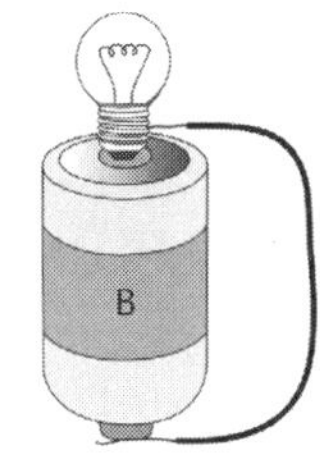

이와 같이 수정된 문제를 제시했을 때 많은 학생은 답을 B라고 바꾸었지만, 여전히 반 정도의 학생은 A의 경우에도 불이 들어올 것이라고 생각했다.

- A 회로와 B 회로의 차이점은 무엇인가? 전지와 전구 기호를 이용한 전기 회로도를 그린 다음, 두 회로의 차이점을 서술해 보시오.

- 위의 사례에서 많은 학생이 A 회로에 불이 켜질 것이라고 생각한 이유는 무엇일까? 그렇지만 A 회로에서 전구에 불이 켜지지 않은 이유는 무엇일까?

- 제시된 과제는 '닫힌회로'가 되었다는 의미가 무엇인지를 학생들이 이해했는지 보여준다. 그렇지만 A 회로에 불이 켜질 것이라고 생각하는 학생들은 여전히 A 회로가 닫힌회로라고 생각하기 쉽다. 그러면 이러한 학생들을 어떻게 지도해야 좋을까?

일반적으로 학생들은 전지가 없으면 불이 켜지지 않으므로, 전지의 두 극에 전선이 연결되어 있는지에만 주목하기 쉽다. 어떤 학생은 단지 전지와 전구가 연결되기만 하면 불이 켜진다고 생각하기도 한다. 학생들은 학교에서 교사의 말을 그대로 받아들이는 것이 아니다. 수업 전에 이미 여러 가지 경험을 통해 자신의 생각을 가지고 있고, 교사의 말을 그러한 자신의 경험이나 생각과 연결하여 해석하고 이해하기 때문이다. 예를 들어, 어떤 학생은 전구에 불이 켜지는 것을 보고 전구를 수도관에 붙어있는 수도꼭지처럼 생각할 수 있다. 수도꼭지를 틀면 물이 나오는 것처럼, 회로에 연결된 전구에서 빛이 나온다고 보기 쉽다. 이와 같이 제한된 경험을 바탕으로 현상을 추론하는 경우 앞의 사례에 나온 교사의 말처럼 전지와 전선이 닫힌회로가 되어 전류가 흐르면 그 회로에 연결된 전구에 당연히 불이 켜질 것이라고 생각할 수 있다.

학생들은 수업 전에도 자신의 경험과 생각을 연결하고 있다.

전기회로에서 전류의 세기는 어떻게 될까?
– 자신의 생각을 알아보기

오른쪽 그림은 꼬마전구를 전지에 연결한 간단한 전기회로를 보여준다. 이 회로에서 스위치를 닫으면 전구에 왜 불이 켜지는지 가능한 한 구체적이고 자세하게 전지와 전구 모두에 대한 자신의 생각을 다른 학생에게 설명하고 서로 비교해 본다.

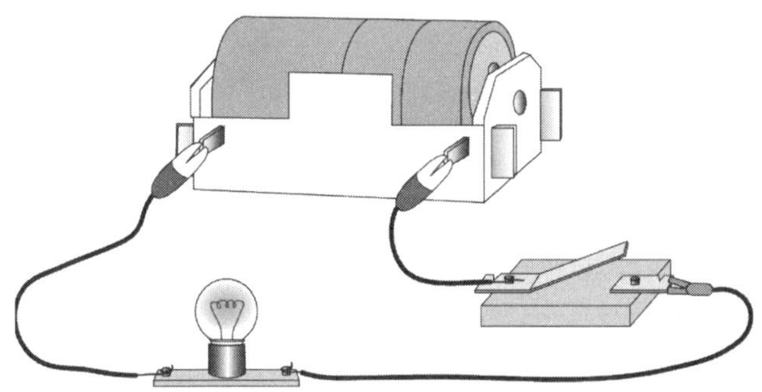

1. 스위치를 닫았을 때 전류는 어떤 방향으로 흐르는지 전선에 전류의 방향을 화살표로 표시하고 왜 그렇게 흐르는지 설명한다.

2. 전구에 불이 켜질 때, 전구 양 쪽에 있는 전선 중에서 전류의 세기가 큰 것은 어느 것일까? 그렇게 생각하는 이유는 무엇인가?

3. 스위치가 달린 전선과 그렇지 않은 전선의 위치를 서로 바꾸면 어떤 차이가 생기는가? 그렇게 생각하는 이유는 무엇인가?

4. 전구를 더 어둡게 또는 밝게 하려면 회로를 어떻게 바꾸어야 할까? 그렇게 하면 전구의 밝기가 왜 변하는지 설명하시오.

5. 이 회로의 스위치를 계속 닫고 있으면, 전지는 결국 닳아버린다. 전지는 왜 닳아버리게 되는지 설명하시오.

※ 전기회로에 대한 다음 그림 중에서 전류에 대한 여러분의 생각을 가장 잘 설명하고 있는 것
  을 고르시오.

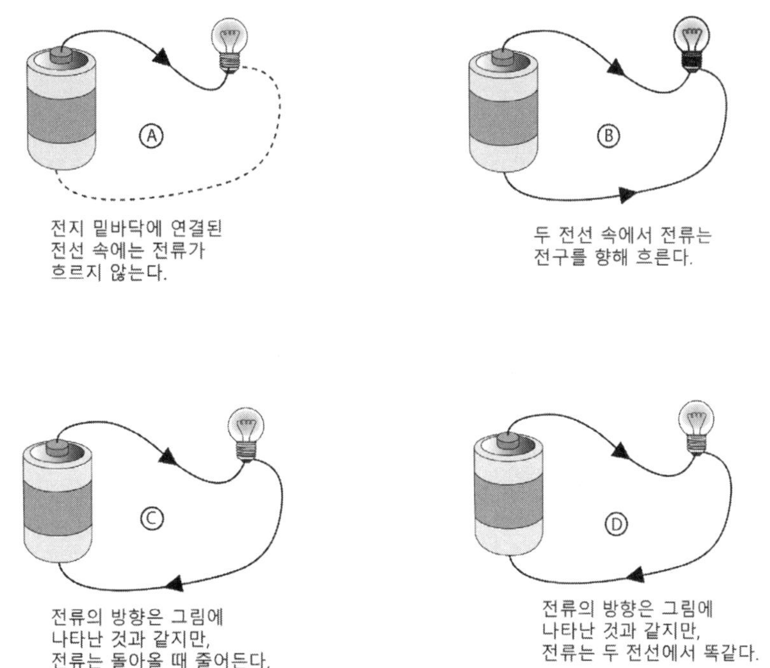

1. 전체적으로 A, B, C, D를 선택한 학생의 비율이 얼마가 되는지 조사하시오.

2. 모둠별로 초등학생을 대상으로 이러한 설문지를 이용하여 아동의 생각을 직접 조사해 보는
   활동을 계획하고 수행하시오.

3. 모둠 활동의 결과를 종합하여 여러분의 결과와 비교해 보시오.

4. 이러한 활동으로 무엇을 알 수 있는지 토의해 보시오. (예를 들어, 조사 결과가 학년 수준
   이나 성, 학교 또는 지역에 따라 차이가 있는 것처럼 보이는가?)

학생의 딴생각을 이해하기

전기회로에 대한 내용은 초·중등학교에서 이미 학습을 했지만, 앞 절의 수업 활동에서 알 수 있는 것처럼 여전히 매우 이해하기 힘든 소재이다. 보통 과학 시간에 수업 내용에 대해 교사의 설명을 듣거나 학습지를 풀고, 또한 관찰과 같은 여러 가지 실제적 활동을 하거나 실험을 수행한다. 그러면 과학을 공부했다고 말할 수 있는가? 그러한 수업을 통해 아동은 신기하거나 재미있는 것을 보고 무엇인가 느꼈겠지만, 실제로 의미 있는 학습이 이루어지지 않는 경우가 많다. 그것은 일상생활에서 자신이 알고 있는 것과 다른 신비한 것으로, 결코 이해되지 않는 것이기 때문에 곧 잊어버리게 된다. 어떻게 이와 같은 일이 일어나는가?

레오 리오니(Leo Lionni, 1910-1999): 네덜란드 암스테르담에서 태어난 네덜란드의 동화작가이자 일러스트레이터이다.

아동용 그림 동화 '물고기는 물고기야!'(레오 리오니)에는 다음과 같은 그림이 있다.

물고기는 물고기야(Lionni, 1970)

연못에서 물고기와 올챙이가 함께 생활하다가 올챙이는 개구리가 되어 물 밖으로 나가 여기 저기 돌아다니며 세상 구경을 한다. 다시 연못 속에 돌아온 개구리는 물고기에게 자신이 보았던 새, 소, 사람 등에 대해 이야기를 해준다. 개구리가 이야기를 하는 동안 물고기는 위의 그림과 같은 상상을 한다. 커다란 날개와 깃털이 달린 물고기, 두 개의 뿔과 젖통이 달린 얼룩무늬 물고기, 옷을 차려입고 서서 걷는 물고기가 바로 물고기 마음속에 있는 새, 소, 사람의 모습이다.

교직 경험이 없는 사람은 가르칠 때 흔히 아동이나 학습자를 빈 항아리나 백지로 간주하기 쉽다. 그래서 자신이 알고 있는 것을 그 빈 항아리에 붓거나 백지 위에 써주면 아동이 이해할 것이라고 생각한다. 그러나 아동은 빈 항아리나 백지가 아니며, 그들 나름대로 세상에 대해 어떤 생각이 있고, 그러한 생각은 학습에 영향을 준다. 그런 의미에서 물고기 이야기는 학습 원리의 핵심을 보여주는 비유이다. 보통 사람은 사물의 본질을 잘못 파악하려고 할 때 흔히 마음을 비우라고 충고한다. 그렇지만 이 이야기는 마음을 비우면 결코 세상을 파악할 수 없다는 것을 알려준다. 즉, 새로운 어떤 것을 이해하기 위해서는 그 전에 가지고 있던 지식과 경험이 필요하다는 것이다. 사람이 이렇게 제각기 자신의 지식과 경험을 바탕으로 세상을 이해하고, 새로운 지식을 나름대로 만들어간다는 생각을 구성주의(constructivism)라고 한다.

따라서 어린 아동도 경험을 통해 전기에 대해 나름대로의 생각을 가지고 있다. 보통 아동은 전류나 전압, 또는 전기 에너지를 구별하지 않고 '전기'라는 말을 사용하고, 전기라고 부르는 일종의 물질로서 전류를 생각하기 쉽다. 그래서 흔히 아동은 전류가 전구에 의해 타버리거나 닳아버린다고 간주한다. 대개 아동은 전류가 전지의 두 극에서 나와 전구에서 충돌할 때 전구에 불이 켜진다고 생각하거나(전류 충돌 모형), 전류가 전기회로를 돌 때 전구에서 전류를 소모하기 때문에 전류가 줄어든다고 생각하기 쉽다(전류 소모 모형).

새로운 지식을 이해하기 위해서 이전의 경험과 지식이 사용된다.

학생들은 전류에 대한 다양한 딴 생각을 가지고 있다.

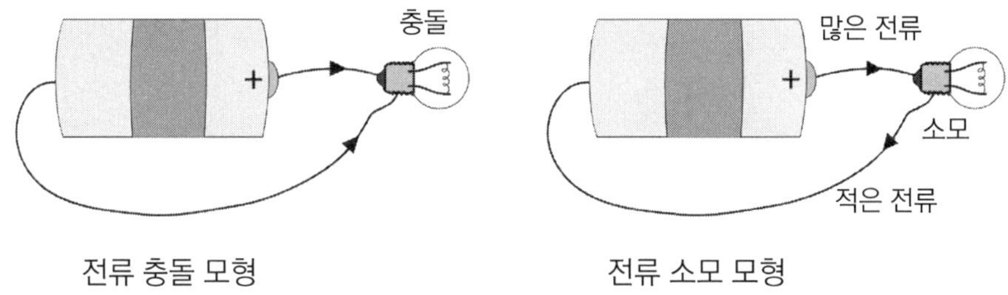

전류 충돌 모형   전류 소모 모형

　좀 더 어린 아동은 전지를 물을 공급하는 수도처럼 생각하여 전지의 극(특히, +극)에 전구를 대거나 전선 하나를 전구에 연결해도 전구에 전류가 공급되어 불이 켜진다고 생각하기 쉽다(전류 단극 모형). 많은 아동은 전지의 두 극에 전선이 연결되어 닫힌회로가 될 때 전류가 흐른다고 생각하나, 전구의 구조를 잘 이해하지 못하여 두 전선이 전구와 닿으면 무조건 전구에 불이 켜진다고 생각하는 경향이 있다(전류 양극 모형). 흔히 전기나 전류를 물질처럼 생각하는 아동은 전지에서 전류나 전기를 공급한다는 것을 알지만, 전기회로의 구성과 관계없이 전지에서는 일정한 양의 전류나 전기를 공급할 것이라고 생각한다. 또한 공급처인 전지에서 멀어질수록 전지의 세기나 힘이 약해진다고 생각하는 경향이 있다.

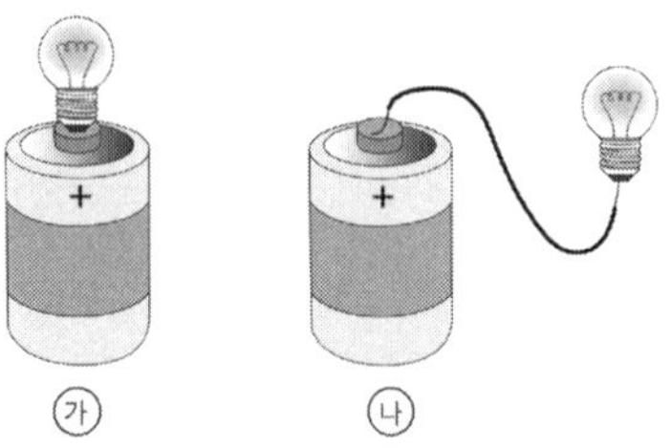

전류 단극 모형

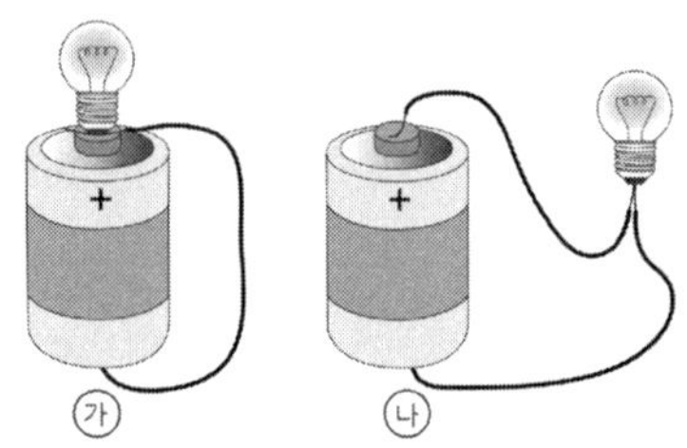

전류 양극 모형

교사가 수업을 시작할 때 수업 소재와 관련하여 학생의 생각이 무엇인지 알아내는 것이 매우 중요하다. 학생의 생각을 알아내기 위해서는 무엇보다도 우선 학생이 틀린 답을 말할까봐 두려워하지 않도록 해야 한다. 그러기 위해서는 학생들이 자신의 생각을 자유롭게 말할 수 있는 호의적인 분위기를 만들어야 한다. 학생들이 자신의 생각을 두려움 없이 표현할 수 있다면, 학생의 생각을 끌어낼 수 있는 질문이나 그림 그리기, 토론 등의 활동을 통해 학생들의 생각을 알아낼 수 있다.

과학적 생각과는 차이가 나는 학생들의 '딴생각'은 일반적으로 제한된 경험에 의해, 또는 논리보다는 지각의 영향으로, 오로지 한 가지 특징에만 집중하고 다른 것은 무시함으로써 초래되기 쉽다. 또한 잘못된 추론이나 과정 기능의 사용이나 특정한 상황에만 국한하여 사고하거나 낱말의 뜻을 오해하여 생길 수도 있다(Harlen, 2001).

그러한 학생의 생각을 바꾸거나 확장시키기 위해서 교사는 인지적 갈등을 일으킬 수 있는 폭넓은 경험을 제공할 수도 있고, 자신의 생각과 다른 생각이 있다는 것을 깨닫게 도와줄 수도 있다. 더욱 중요한 것은 그러한 생각을 뒷받침하는 증거를 찾도록 하는 것이다. 그리고 그러한 증거를 해석할 수 있도록 디딤돌을 마련해 주어야 한다. 학생이 자신의 생각을 과학적인 생각으로 발전시킬 수 있도록 도와주려면 적절한 시기에, 적절한 방법으로 학생의 적절한 경험과 관련하여 과학적 개념을 도입할 수 있는 기회를 만드는 것이 중요하다.

어떤 물질에 전기가 통할까?
– 자신의 생각을 그려보기

쇠막대와 플라스틱 막대를 이용하여 다음과 같은 전기회로를 만들었다. 각각의 전기회로에 있는 전구에 불이 켜지는지 말하고 왜 그렇게 생각하는지 설명한다.

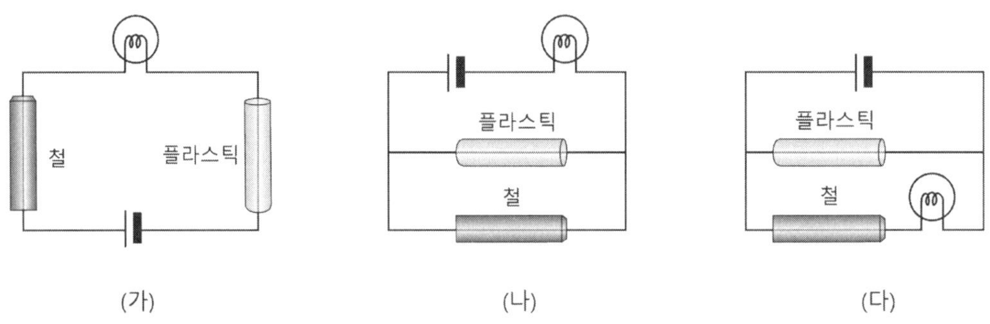

1. (가) 전구는 불이 (켜진다, 켜지지 않는다). 그렇게 생각하는 이유를 설명한다.

2. (나) 전구는 불이 (켜진다, 켜지지 않는다). 그렇게 생각하는 이유를 설명한다.

3. (다) 전구는 불이 (켜진다, 켜지지 않는다). 그렇게 생각하는 이유를 설명한다.

4. 모둠별로 전기가 통하는 물질인지 아닌지 확인할 수 있는 도구를 만들어보고, 다음과 같은 물질이 전기가 통하는지 확인해 보자.
   샤프심, 알루미늄 호일, 십 원짜리 동전, 칼, 풍선, 클립, 핀, 못, 이쑤시개, 물

5. 도체와 부도체가 무슨 뜻인지 그림을 통해서 그 특징을 알기 쉽게 설명해 보시오.

※ 전기와 관련된 다음 낱말을 카드로 만들고 이것을 중심으로 개념도를 그려보자. 그리고 개념도가 나타내는 내용을 모둠별로 토의해 본다.

핵심 개념: 전기에너지, 전류, 전압, 저항, 전기회로, 직렬, 병렬, 닫힌회로, 열린회로, 옴의 법칙

[개념도 그리는 방법]

1. 한쪽에다가 잘 알지 못하거나 다른 것들과 관계가 없다고 생각하는 것을 따로 모아 놓는다.

2. 그 다음 남은 카드를 이해한 방식으로 정리하고 관련이 있는 것처럼 생각되는 것은 되도록 가깝게 놓는다.

3. 카드의 정리가 만족스러우면 종이 위에 붙인다.

4. 관련이 있는 것끼리 선으로 그려 잇는다.

5. 선 위에다가 개념 사이의 관계를 서술한다.

6. 만약 따로 모아 놓았던 카드를 완성된 개념도에 덧붙이고 싶다면 덧붙인 다음에 선을 긋고 그 관계를 서술한다.

그림을 그려보기

　　자신의 생각을 그림으로 표현하는 일은 창의적인 활동 중의 하나이다. 그림을 그리는 것은 우리의 생각을 구체화하거나 사물의 특징을 파악하는데 도움이 된다. 학생들에게 사물에 대한 그림을 그리게 하면 언어로 잘 드러나지 않은 생각도 파악할 수 있다. 또한, 잘 조직된 그림이나 만화는 개념이나 이론에 대한 우리의 이해를 도와줄 수 있다. 특히, 어떤 생각이나 지식 또는 개념을 표현하기 위하여 시각적 기호를 사용하는 의사소통 도구를 표상 조직자(graphic organizer)라고 한다. 예를 들어, 우리 주변의 물질은 크게 전기가 잘 통하는 도체와 전기가 통하지 않는 부도체로 구분할 수 있는데, 실험을 해보면 어떤 경우에는 전기가 통하지만, 또 다른 경우에는 전기가 통하지 않아 엄밀하게 그것을 구분하기 어렵다는 것을 알 수 있다. 우리는 이것을 집합 관계를 나타내는 벤다이어그램으로 오른쪽 그림과 같이 나타낼 수 있다.

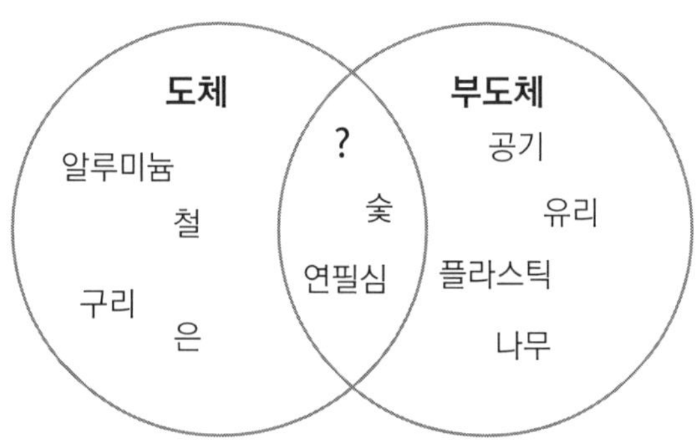

도체와 부도체에 대한 벤다이어그램

벤다이어그램은 유용한 표상조직자 중 하나이다.

- 도체와 부도체 사이에 걸쳐 있는 부분을 무엇이라고 하면 좋을까?

개념도는 특히 과학교육에서 많이 사용하는 표상조직자이다.

　　개념도(concept map)는 또 다른 표상 조직자의 예로 개념 사이의 관계를 보여준다. 개념도에서 동그라미는 개념을 뜻하고, 동그라미를 연결하는 선은 두 개념이 관련되어 있다는 것을 보여준다. 연결선 위에 있는 서술된 글은 그 관계를 보여준다. 아래 개념도에서 점선으로 그린 동그라미는 그 개념에 대한 예시를 나타낸다.

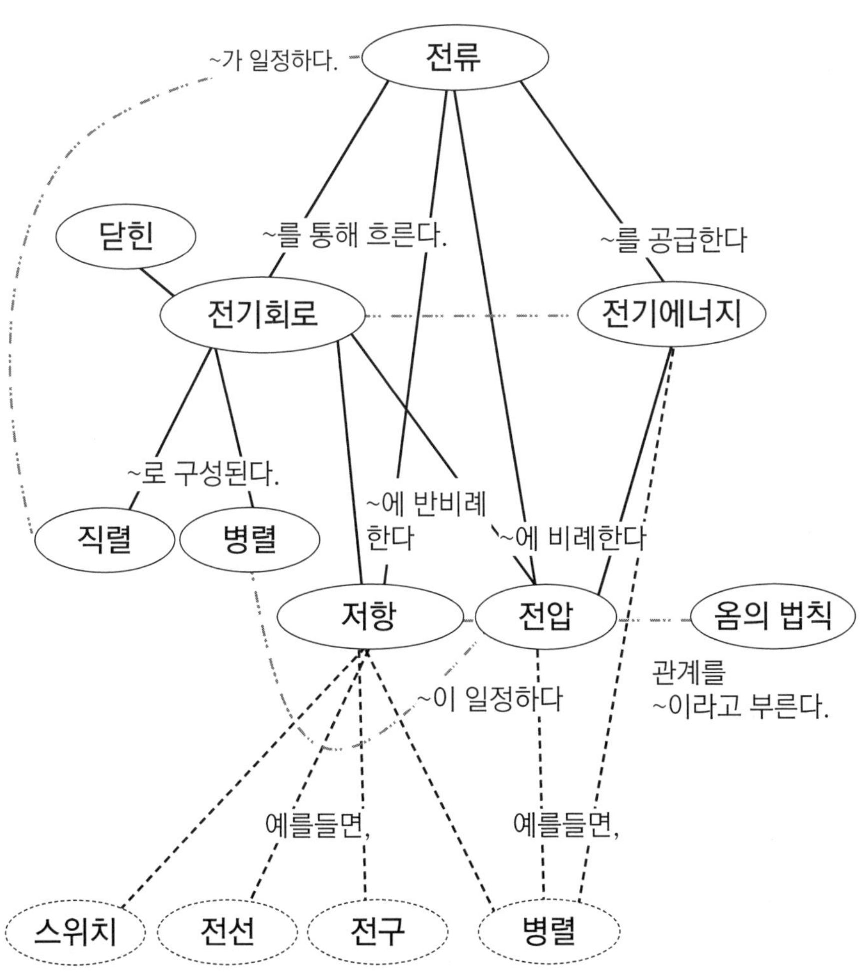
전류
~가 일정하다.
닫힌
~를 통해 흐른다.
~를 공급한다
전기회로
전기에너지
~로 구성된다.
직렬
병렬
~에 반비례
한다
~에 비례한다
저항
전압
옴의 법칙
~이 일정하다
관계를
~이라고 부른다.
예를들면,
예를들면,
스위치
전선
전구
병렬

개념도를 통해 학생들이 개념 간의 연결과 큰 주제의 구조를 이해하고 있는지 알 수 있다. 개념 간의 관계 및 큰 주제의 구조를 학생들이 어떻게 이해하고 있는지 알기 위해서 에세이를 쓰도록 할 수 있지만 이것은 많은 시간이 필요하고 학생의 글쓰기 능력으로 인해 진정한 평가가 어렵기도 하다. 개념도는 에세이보다 빠르게 실행하고 평가할 수 있다. 개념도는 다음과 같이 다양한 목적으로 활용될 수 있다.

- 주제나 핵심 개념들에 대한 학생들의 이해 조사

- 학생들이 수업의 목적을 이해하고 있는지 확인

- 학생들이 여러 주제들을 관련시키는지를 확인

- 수업 전후 학생의 이해 변화 확인

- 토론의 증진

- 교사의 수업 계획

좋은 평가 도구는 좋은 교수 학습 도구이다. 개념도 그리기는 학생의 학습을 돕는다. 모둠별 개념도 구성은 토론을 촉진한다. 학생들은 개념도를 완성하고 서로의 것을 비교할 수 있고 유사점과 차이점을 토론할 수 있다. 개념도는 또한 학생의 생각에 새로운 개념을 연결시킬 때 도움을 줄 수 있다. 잘 알려진 개념을 사용하여 개념도를 만든 후 새로운 개념을 소개하고 토론한 후 어떻게 개념도에 덧붙일 수 있는지를 생각해 볼 수 있다.

교사도 수업을 계획할 때 개념도를 활용할 수 있다. 개념 제시 순서를 결정하고 강조될 관계를 확인하기 위해서 교사가 개념도를 그려보는 것이 도움이 된다.

개념도 점수 매기기

개념도에 점수를 매기냐 아니냐는 개념도 이용 목적에 따라 달라진다. 만약 개념도가 형성 평가를 위해 사용된다면 점수 매기기는 도움이 되지 않을 것이다. 점수 매기기는 개념도가 총괄 평가에 사용될 때 좀 더 의미 있게 된다. Novak과 Gowin(1984)에 의한 개념도 점수 매기기 기준은 다음과 같다. 단, 이 기준은 오직 위계적 개념도에만 적용된다.

① **연관(Relationships)**

–개념들의 연관 즉, 개념들 사이의 관계를 서술하는 명제가 타당하면 1점

② **위계 관계(Hierarchy)**

–개념들의 위계적 관계 즉 하위개념과 상위개념의 관계가 타당하면 각 위계 단계마다 5점

③ **교차연결(Cross links)**

–한 개념의 위계 관계와 다른 개념의 위계 관계를 맺는 교차연결이 타당하고 유의미하면 10점

–교차연결은 타당하지만 각 위계 관계의 통합을 보이지 못하면 2점

④ **실례(Examples)**

–실례로 보여주는 사건과 대상이 타당하면 각 1점

전지를 어떻게 연결하면 좋을까?
– 가상실험 해보기

1. 콜로라도 대학(Colorado University, Boulder)의 가상실험 누리방(PhET simulation website)에 접속한다(http://phet.colorado.edu/ko/). '시늉내기(simulation)'는 자바(https://www.java.com)나 플래시로 만들어져 있어 컴퓨터에 해당 응용 프로그램이 설치되어 있어야 한다. 크롬(Chrome)은 자바를 사용하지 못하므로 익스플로러(Internet Explorer)를 사용하도록 한다. 일부 프로그램은 태블릿이나 크롬북에서도 실행된다.

2. ▶ 시뮬레이션을 즐겨보세요 (Play with Sims) 단추를 누른다. 왼쪽에 있는 내용 목록에서 '물리학(Physics)'이라는 낱말을 찾아 누른다. 그리고 '전기, 자기와 회로(Electricity, Magnets, and Circuits)'라는 하위 목록을 누른다.

3. '회로 제작 키트(DC)'를 찾아 누른다. 실행하기(▶) 단추를 누르거나 '내려받기' 단추를 눌러 내려 받은 다음 시늉내기를 실행시킨다.

4. 회로 제작 키트(DC) 창 오른쪽에 있는 도구함을 이용하여 오른쪽 그림과 같이 두 전지를 꼬마전구에 연결한 회로를 만든다. '도와주세요!' 단추를 누르면 도움말이 나타난다.

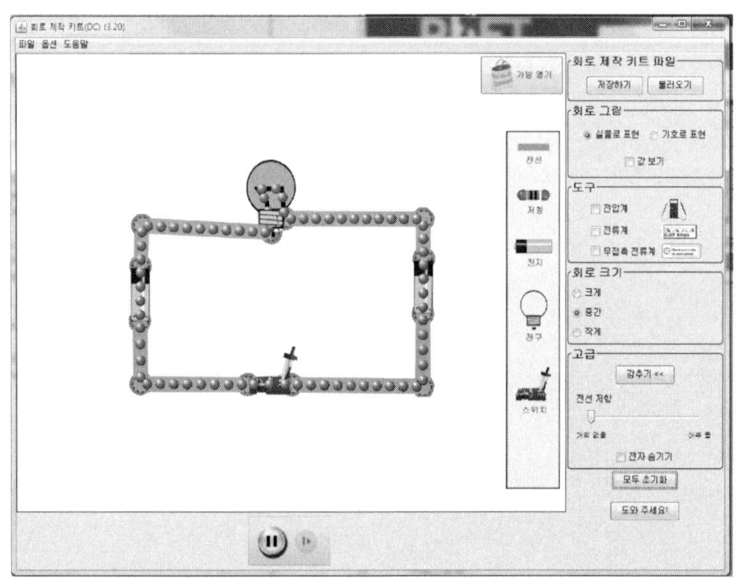

(1) 위 회로에서 두 전지는 직렬로 연결되었는가? 병렬로 연결되었는가? 그렇게 생각하는 이유는 무엇인가?

(2) 위 회로의 스위치를 닫으면 전구에 불이 켜질까? 어떻게 될지 예상해 보고, 회로의 스위치를 닫아보자. 왜 그런 일이 일어나는지 설명해 보자.

(3) '회로 그림' 상자에서 '기호로 표현'을 선택(◉)하면, 전기회로도가 나타난다. 전지의 양(+)극은 어느 쪽인지 살펴보고 실물과 기호의 특징을 서술해 보자.

(4) 다음 (가)와 같은 전기회로도에서 두 전지의 연결은 직렬인지 병렬인지 설명해 보자.

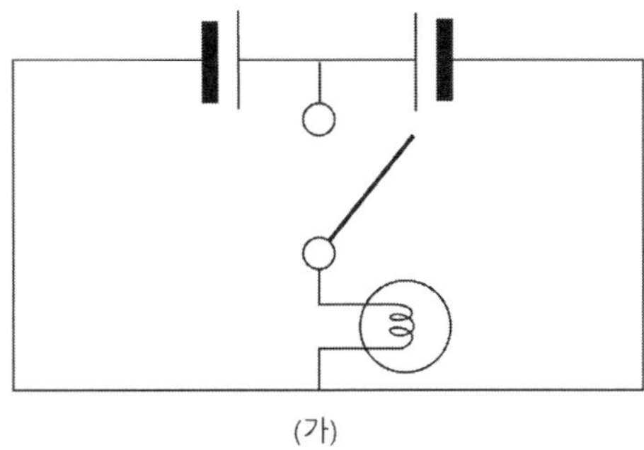

(가)

(5) '회로 제작 키트(DC)'의 회로를 (가)와 같이 만들고, 이 (가) 회로의 스위치를 닫으면 꼬마전구는 어떻게 될지 예상해 보자.

(6) 실제로 회로의 스위치를 닫아보고, 왜 그런 일이 일어나는지 설명해 보자.

(7) 전선 속에 그려진 파란 구슬은 무엇인지 말하고, 어떻게 움직이는지 서술해 보자.

(8) '회로 제작 키트(DC)'에서 전지 3개와 꼬마전구 1개, 스위치 1개를 여러 가지 방법으로 연결해 보고, 각각의 경우에 전구의 밝기가 어떻게 되는지 조사해 보자.

(9) 실험실에서 실제로 실험해 보고, '가상실험' 결과와 어떤 점에서 차이가 나는지 비교해 보자.

가상실험을 이용하기

미국 콜라라도 대학(PhET: Physics Education Technology project)에서 자바(Java)나 플래시(Flash)를 이용하여 제작한 가상실험 프로그램(sims)은 학습자와 상호작용할 수 있는 시늉내기(interactive simulations)로 컴퓨터뿐만 아니라, 스마트폰이나 태블릿에서도 이용할 수 있다. 이를 위해 현재 기존 프로그램을 HTML5를 기반으로 한 프로그램으로 변환하고 있다. 일부 프로그램은 한글 번역도 제공된다. 다음과 같이 시늉내기 실행 단추 오른쪽 밑에 바탕 프로그램 그림꼴(icon)이 표시되어 있다.

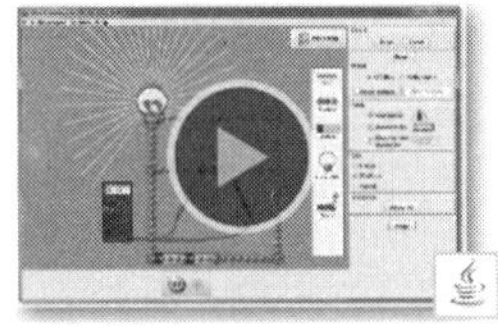

자바 프로그램

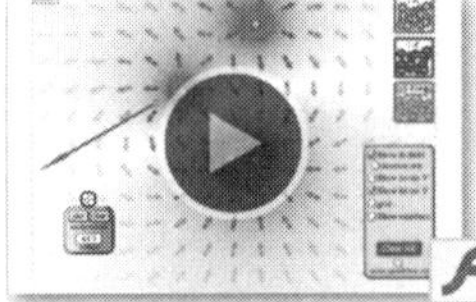

플래시 프로그램

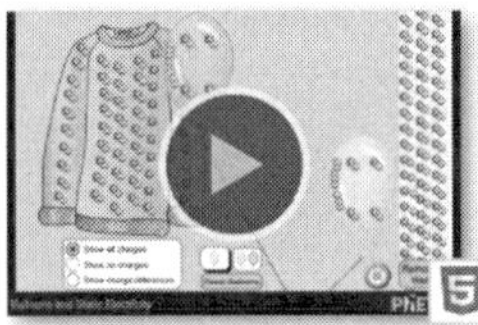

HTML5 프로그램

'회로 제작 키트(DC)' 시늉내기를 실행하면 아래 왼쪽 그림과 같은 창이 나타난다. 창 오른쪽 날개에 위치한 '고급' 상자에 있는 '보기' 단추를 누르면 '전선 저항'과 '전자 숨기기' 조정 기능이 표시된다. '전선 저항' 밑에 있는 슬라이드를 오른쪽으로 이동시키면 전선의 저항이 커지게 된다. 또한 '전자 숨기기'를 선택(☑)하면 전선 속에 표시된 파란 구슬이 사라져버린다. 전선 속에 표시된 파란 구슬은 음전하를 가진 전자를 나타낸다. 전기회로를 만들면 아래 오른쪽 그림과 같이 실물 모양의 회로가 표시된다.

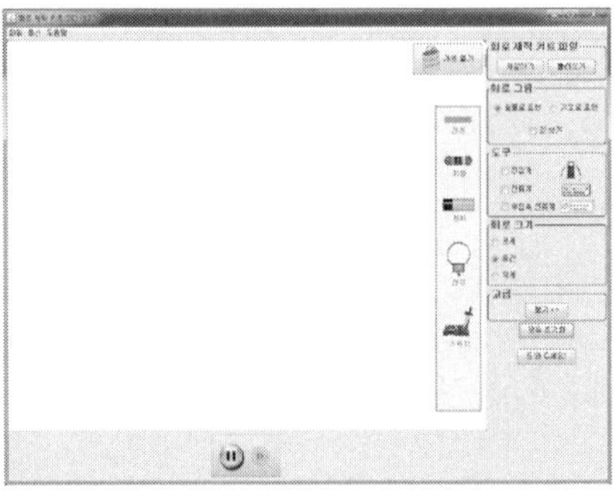

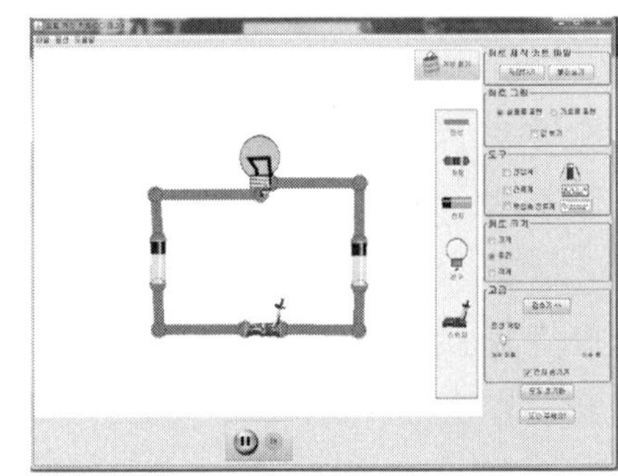

이렇게 만든 전기회로는 '회로 제작 키트 파일' 상자의 '저장하기' 단추를 누르면 파일로 저장할 수 있고, 저장된 파일은 나중에 다시 '불러오기' 단추를 사용하여 불러올 수 있다. 따라서 이러한 기능을 이용하면 교사가 미리 원하는 전기회로를 만들어 학생들에게 제공하여 가상실험을 수행하도록 할 수도 있다. 앞 쪽의 4의 (4) 활동에서 만든 전기회로에서 스위치를 닫으면 다음 그림과 같이 전구에 불이 켜지고, 전선 속에서 파란 구슬이 움직이는 것을 관찰할 수 있다. 이 파란 구슬은 전지의 음(-)극에서 나와서 양(+)극으로 다시 들어가는 것으로 보아 전자라는 것을 알 수 있다.

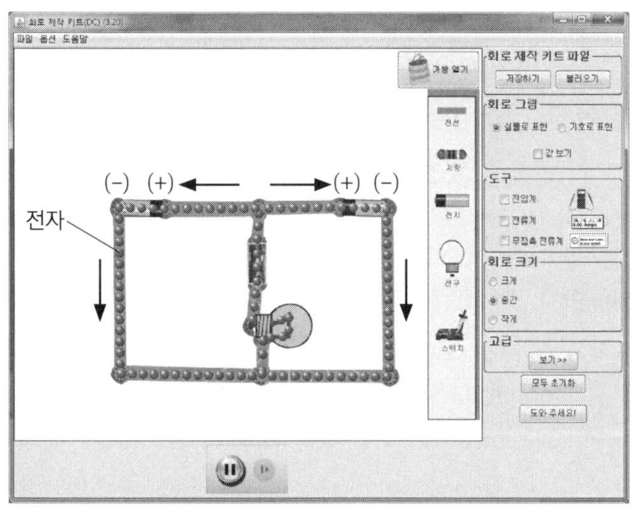

그림의 회로에서 건전지는 병렬로 연결되어 있다.

전기회로를 따라 움직이는 이 전자는 계속 순환하면서 사라지지 않는다는 것을 주목한다. 회로에 흐르는 전류는 이 전자의 움직임과는 반대 방향으로 흐르고, 전지의 양극에서 음극으로 흐르는 것으로 간주한다. 일반적으로 초등학생은 전지의 직렬 또는 병렬연결을 단지 전지가 일렬로 되어 있는지, 옆으로 나란하게 되어 있는지 모양만 보고 판단하기 쉽다. 초등학생의 경우 위와 같은 회로는 전지가 직렬로 마주보고 있어 전류가 흐르지 않는다고 생각하기 쉽지만, 실제로는 두 전지가 병렬로 연결되어 위와 같이 전구에 불이 켜지는 것을 관찰할 수 있다.

또한, 제시된 전기 부품 중에서 저항, 전지, 전구 등을 선택하여 마우스의 오른쪽을 누르면 해당 부품의 특성, 예를 들어 저항이나 전압 등의 값을 바꾸거나 좌우를 바꿀 수 있다. '회로 그림' 상자의 '값보기'를 선택하면 회로에 있는 전기 부품의 값이 모두 표시된다. 아울러, '도구' 상자 속에 들어있는 '전압계', '전류계', '무접촉 전류계'를 선택하면, 회로 구성판에 해당 측정 도구가 나타난다.

다음 그림과 같이 '전류계'는 측정하려는 부품과 직렬로 연결해야 하고, '전압계'는 측정하려는 부품과 병렬로 연결해야 한다. '무접촉 전류계'는 전기회로에 직접 연결하는 대신에 전선 위로 전류계를 가져가면 전선에 흐르는 전류의 세기가 표시된다.

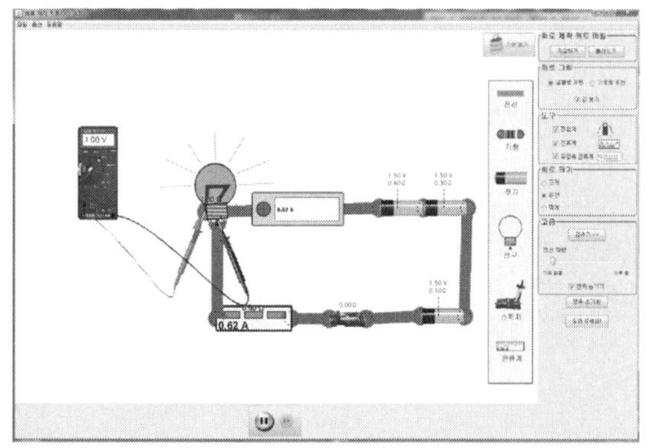

이 시늉내기에서 전지는 기본적으로 내부저항이 0Ω, 전압은 9.0V로, 전지와 전구는 저항이 10.0Ω으로 설정되어 있다. 그렇지만 위 그림과 같이 전지나 전구의 내부 값을 바꾸어 주면, 전지의 기전력과 단자전압의 차이를 이해시키는데 사용할 수 있다. 또한, 전선에 저항 값을 주어 실제 회로와 유사하게 전기회로를 바꿀 수 있다. 이러한 가상 회로와 실제 회로를 비교하여 회로에서 일어나는 현상을 학생들이 좀 더 깊이 이해하도록 도와줄 수 있다. 초등학생의 경우에는 다양한 방식으로 회로를 만들어서 시험해 보도록 함으로써, 기본적인 개념을 습득하는데 도움을 줄 수 있다.

이 회로 제작 키트를 이용하여 활동 3의 도체 확인 회로를 다음 그림과 같이 만들 수 있다. 창 오른쪽 위에 있는 '가방 열기'를 누르면 지폐, 클립, 동전,

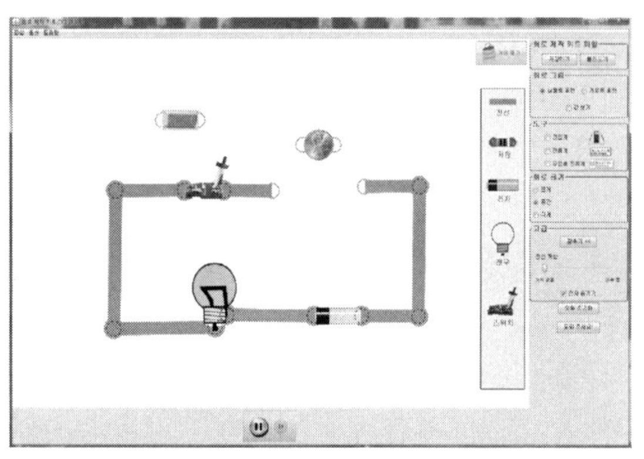

지우개, 연필심, 손, 개 등의 물체가 있는 창이 열리고, 시험해 보고 싶은 물체를 누르면 그림과 같이 회로 구성판에 해당 물체가 나타나서 전기가 통하는 물체인지 알아볼 수 있다.

전지에서 어떤 일이 일어나는지 살펴보려면 '전기, 자기와 회로'라는 하위 목록에서, '전지 전압(Battery Voltage)'이나 '전지-저항 회로(Battery Resistor Circuit)' 시늉내기를 실행하여 탐색하도록 한다.

전지전압 시늉내기 탐색하기

- '전지 전압' 시늉내기를 실행하고 '전지 보기(Show Battery)'를 선택한다.

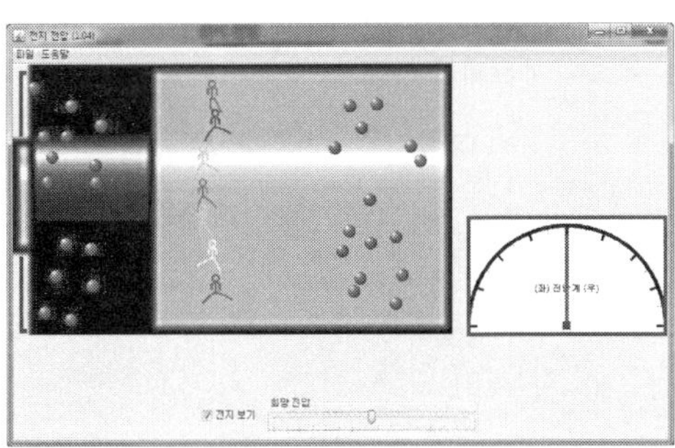

- '희망 전압' 조정 막대(슬라이드)를 왼쪽으로 조금 이동시키면, 어떤 일이 일어나는지 관찰한다. 파란 공이 많이 있는 곳은 어느 쪽인가?

- '희망 전압' 조정 막대를 오른쪽으로 조금 이동시키면 어떤 일이 일어나는가?

- '희망 전압' 조정 막대를 한 가운데 놓으면 어떻게 되는가? 파란 공은 무엇을 나타내는 것이라고 생각하는가?

- '희망 전압' 조정 막대를 최대로 왼쪽으로 밀어놓으면, 어떤 일이 일어나는가? 전지의 양쪽 끝을 구성하는 물질은 전극이라고 부른다. 양전하로 대전된 전지의 양(+)극은 어느 쪽인가? 왜 그 쪽이 양극인지 설명해 보자.

- '희망 전압' 조정 막대를 오른쪽으로 다시 밀어놓으면, 어떤 일이 일어나는가? 음전하로 대전된 전지의 음(-)극은 어느 쪽인가? 왜 그 쪽이 음극인지 설명해 보자.

전압(V)은 원래 단위 전하(C) 당 제공할 수 있는 에너지(J)를 뜻하고, 1.5V는 1C의 전하에 1.5J의 에너지를 제공할 수 있다는 것을 나타낸다. 위의 가상실험에서 알 수 있는 것처럼 보통 전지에서는 전자가 이동하여 전지의 두 극에 전하 분포가 다르게 되고, 그로 인해 전위차가 생기게 된다.

5

직렬로 연결된 두 꼬마전구는 어느 것이 밝은가?
– 자신의 생각을 검증하기

1. 보람이, 한결이, 고은이 중에서 어느 학생의 의견에 동의하는가? 자신의 생각과 일치하는 학생이 없다면 본인의 생각은 무엇인가?

2. 의견이 같은 두 사람이 짝이 되어 활동한다. 이 현상에 대한 자신들의 가설을 세우고 그 가설을 검증할 수 있는 실험을 계획해 보자. 실험 방법을 고안하고 다음의 빈 칸에 그림을 그려 설명해 본다. 또한, 자신의 가설이 맞는다면 어떤 실험 결과가 나와야 하는지 예상하여 서술한다.

가설	
실험 방법	
예상 실험결과	

3. 두 사람이 짝이 되어 계획한 실험을 실제로 해보고, 얻은 실험 결과를 토의하여 탐구 문제에 대한 최종 결론을 내린다.

가설이란?

- 다음 중 가설에 해당하거나 가설에 대한 적절한 설명이라고 생각되는 것을 모두 고르시오.

> A. 가설은 잠정적인 설명이다.
>
> B. 가설은 테스트 될 수 있는 것이다.
>
> C. 가설은 탐구 가능한 질문이다.
>
> D. 가설은 결과가 어떻게 될지 예상하는 것이다.
>
> E. 가설을 통해 예상을 할 수 있다.
>
> F. 가설은 이론이 되고 결국은 법칙이 된다.
>
> G. 가설은 탐구를 안내하고 어떤 데이터를 주목할 것인지 결정하게 한다.
>
> H. 가설을 세우는 것은 창의성과 상상을 필요로 한다.
>
> I. 가설은 "만약~이면, 그러면~"과 같은 형태여야 한다.

- 여러분 자신의 말로 '가설'이 무엇인지 정의하는 문장을 써 보시오.

- 앞에서 언급한 세 학생 한결이, 고은이, 보람이의 생각 중에서 가설이라고 말하기 어려운 것은? 그렇게 생각하는 이유는 무엇인가?

가설 검증하기

흔히 학생들은 어떤 문제에 대한 검증되지 않은 잠정적인 답을 가설이라고 생각하는 경향이 있다. 그래서 가설을 종종 예상과 같은 말로 사용하기도 한다. 그러나 가설과 예상은 엄밀한 의미에서 동의어가 아니다. 일반적으로 '예상'이라는 용어는 어떤 일이 일어날지 서술하는 것이고, '가설'이라는 용어는 어떤 일이 왜 일어나는지 설명하는 것이다. 일상적으로는 서술과 설명이 같은 말로 통용되기도 하지만, 과학적인 의미에서 서술은 현상을 묘사하는 것이고, 설명은 현상의 원인을 밝히는 것이다.

직렬로 연결된 두 꼬마전구의 예를 살펴보자. 왜 한 전구가 다른 전구보다 더 밝게 빛나는가? 이 문제에 대한 여러 가지 답을 제시할 수 있지만, 먼저 세 학생의 생각을 살펴보자. 보람이의 경우 '전구 ㉮가 ㉯보다 전지에 가까이 있어' 밝은 것이라고 설명했다. 보람이의 생각은 얼핏 가설처럼 보이지만 엄밀한 의미에서 가설이라고 말하기 어렵다. 보람이는 ㉮ 전구가 더 밝은 이유를 설명한 것이기보다는 ㉮ 전구 주변의 특징을 서술한 것이기 때문이다. 보람이의 생각이 가설이 되려면 전구가 전지에 가까이 있으면 왜 밝게 되는지 그 이유를 근거 있게 설명해야 한다. 만일 '전구를 전지에 가까이 놓으면 밝게 빛난다'면 그것은 하나의 법칙은 될 수 있지만, 가설이라고 말할 수 없다. 그러므로 보람이의 생각은 가설이라기보다는 규칙성을 찾기 위한 것이다.

그렇다면 전지의 (+)극에서 나온 전류가 소모되어 ㉯ 전구가 어두워지는 것이라는 한결이의 생각은 어떨까? 전류는 (+)극에서 나와 (−)극으로 흐르므로, 전류가 먼저 ㉮ 전구를 밝히는데 사용되고, 남은 전류가 ㉯ 전구에서 사용되기 때문이라는 것이다. 이러한 설명은 현상 자체에서 드러나는 것이 아니라 그 원인을 지적했다는 의미에서 가설이라고 볼 수 있다. 그렇다면 고은이의 생각은 어떤가? '전구가 오래되면 어두워진다'는 것은 하나의 사실이다. 이 사실이 맞는다면, ㉯ 전구는 오래 된 것이고, ㉮ 전구는 새 것이기 때문에 ㉮ 전구가 ㉯ 전구보다 밝게 빛난다고 말할 수 있다. 다시 말해, 두 전구가 똑같은 것이 아니기 때문에 그렇다고 말할 수 있다. 그런 의미에서 고은이의 생각은 현상을 설명한다는 의미에서 일단 가설이라고 볼 수 있다. 하지만 전구가 오래되면 왜 어두워지는지 그 원인을 설명할 수 없다면, 진정한 의미에서 가설이라고 보기는 어렵다.

가설의 또 다른 중요한 특징은 검증 가능성이다. 검증 가능성은 서로 다른 관찰자가 구체적인 경험을 통해 검사할 수 있어야 한다는 뜻이다. 예를 들어, 전구 ㉮가 ㉯보다 밝게 빛나는 이유가 '지구에서 만든 것이 아니어서'라든지 '귀신이 붙어서'라고 설명하는 것은 쉽게 검사할 수 있는 가설이 아니다. 자신은 그것을 알 수 있는데 다른 사람은 그것을 확인할 수 없다면 가설이라고 말하기 어렵다. 가설이 옳은지 검사하기 위해서는 먼저 그러한 가설이 맞는다면 예상될 수 있는 사실을 추리해야 한다. 예를 들어, 전지에서 나온 전류가 소모되어 전구가 어두워지는 것이라면, 두 전구의 위치를 바꾸면 뒤에 있는 전구(㉯의 위치)가 어두워질 것이라는 것을 예상할 수 있다. 그러면 실험을 통해 그러한 예상이 맞는지 틀리는지 확인할 수 있다. 전구의 위치를 바꾸어 검사할 수 있다는 의미에서는 앞의 세 학생의 생각은 가설의 특징을 갖는다.

그래서 주어진 현상이 일어나는 이유를 가설로 설명할 수 있으면, 그와 같은 가설로 예상할 수 있는 사실을 찾아야 한다. 그러한 가설과 예상으로 이루어진 문장을 시험명제라고 한다. 시험명제를 만들 수 있다면, 가설을 검증하는 실험을 구체적으로 설계할 수 있다. 위의 예에서 시험명제는 '전지에서 나온 전류가 소모되어 전구가 어두워지는 것(가설)이라면, 두 전구의 위치를 바꾸면 뒤에 있는 전구(㉯의 위치)가 어두워질 것(예상)이다.'는 것이다. 그러면 실험을 통해 시험명제가 맞는지 틀리는지 확인할 수 있다. 보통 예상이 맞으면 가설이 옳다고 생각하고, 예상이 틀리면 가설이 잘못된 것이라고 판단을 내리지만, 다른 가설의 가능성이나 다른 시험명제, 또는 실험 조건 등을 고려하여 판단을 내려야 한다.

- **고은이의 생각을 확인하기 위한 시험명제를 만들어보자.**

또한 가설은 반증될 수 있어야 한다. 어떠한 결과가 나와도 반증될 수 없다면 좋은 가설이라고 볼 수 없다. 어떤 가설이 옳다면 그에 따른 예상 결과가 나와야 하고, 다른 가설로는 그러한 예상이 나올 수 없어야 한다. 예를 들어, 한결이와 고은이 가설처럼 서로 배타적이어야 한다. 한결이 가설이 맞는다면, 전구의 위치를 바꾸었을 때 뒤에 있는 전구(㉯의 위치)가 어두워져야 한다. 만일 그 전구가 어두워지지 않고, 마찬가지로 밝게 빛난다면 한결이 가설은 틀렸다고 말할 수 있다. 그러한 결과는 고은이 가설로 예상할 수 있는 것이기 때문이다. 그러나 한결이 예상처럼 뒤에 있는 전구가 어두워졌다면, 고은이 가설은 틀

'가설'은 검증가능해야 한다.

'가설'은 반증가능해야 한다.

렸다는 것을 보여준다.

예를 들어, 다음과 같이 실험을 하면 어떤 일이 일어나야 할까 예상해보자.

두 꼬마전구를 그림과 같이 따로 전지 하나에 연결하고 스위치를 닫는다면 두 전구의 밝기는 각각 어떻게 될까? 그 결과는 다음과 같은 3가지 중 하나가 될 것이다.

(1) 전구 ㉮와 ㉯의 밝기가 똑같다.

(2) 전구 ㉮가 ㉯보다 더 밝다.

(3) 전구 ㉯가 ㉮보다 더 밝다.

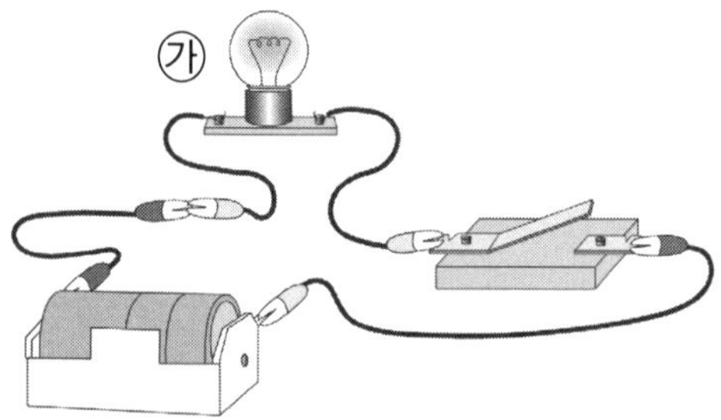

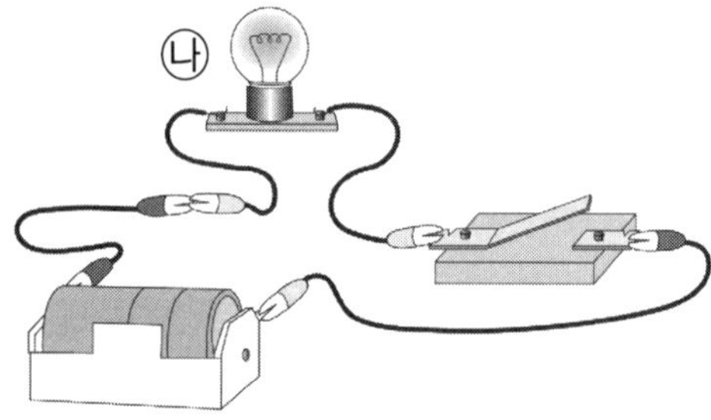

- 각각의 실험 결과는 보람이, 한결이, 고은이 중에서 어느 사람의 생각을 지지한다고 생각하는가?
- 실제로 실험을 해보고 누구의 생각이 맞는지 토의해 보자.

고은이는 자신의 생각이 옳다는 것을 보여주기 위해 두 전구를 따로 전지에 연결해 볼 것을 제안했다. 그러면 마찬가지로 수명이 다 된 전구 ㉯가 전구 ㉮보다 어두울 것이기 때문이다. 그러나 두 전구를 각각 전지에 연결했더니, 이번엔 두 전구의 불빛이 전보다 훨씬 밝아졌고, 전구 ㉯가 전구 ㉮보다 밝게 빛났다. 이것을 보고 고은이는 무척 당황을 했다. 그래서 전구 ㉮에 사용된 전지가 다 쓴 전지가 아닐까 의심을 했다. 고은이는 자신의 생각이 틀렸다고 생각하기보다는 무언가 실험에 잘못이 있는 것 같았다. 고은이는 이것을 어떻게 해석해야 할까? 우리는 실험 결과를 해석하기 전에 먼저 증거라고 생각하는 그 결과가 정말로 타당하고 신뢰할 수 있는 증거인지 살펴보아야 한다.

과학은 비교를 통해 아는 과정이고, 비교는 공정하게 이루어져야 한다. 누가 더 빠른지 비교하려면 도착점뿐만 아니라 출발점이 같아야 달린 시간을 측정하여 빠르기를 알 수 있다. 출발점이 다르다면 시간만 비교해서는 빠르기를 알 수가 없다. 증거의 타당성은 바로 이러한 '공정한 검사(fair test)'와 관련이 되어 있다. 비교를 하려면 검사가 공정해야 하는데, 실험에 사용된 전지, 전선, 스위치 등이 다르다면 그것은 공정하지 못할 수 있다. 예를 들어, 위의 실험에서 고은이의 말처럼 전구 ㉮에 사용된 전지가 다 쓴 전지라면, 그것 때문에 전구 ㉮의 불빛이 ㉯보다 어두워졌을지 모르기 때문이다. 아니면 전구 ㉮에 사용된 전선이 ㉯의 경우보다 가늘었거나 스위치의 접촉이 좋지 않았는지도 모른다. 그래서 실험 설계가 잘못되어 있다면 그러한 실험에서 얻은 결과로 가설이 참인지 거짓인지 밝힐 수 없기 때문이다. 그러면 무엇을 일정하게 유지하고 무엇을 변화시켜야 하는가? 그렇게 하려면 결과에 영향을 줄 수 있는 모든 원인을 알아야 한다. 그러나 이 말은 그 자체로 모순이 있다. 결과에 영향을 주는 원인을 안다면 그것을 알아보기 위해 검사할 필요가 없고, 그 원인을 모른다면 올바르게 비교하기가 어렵기 때문이다. 그렇지만 우리는 가능한 한 최선을 다해서 변인을 통제하여 공정하게 하려고 해야 한다.

실험결과를 비교하기 전에 '공정한 검사'였는지 살펴보아야 한다.

6

전구의 밝기는 무엇과 관계가 있을까?
– 실험 결과를 해석하기

고은이는 '전구가 오래되면 어두워지는 것'이라고 생각하고, 두 전구의 위치를 바꾸어 보는 경우와 각 전구를 전지에 따로 연결해 보는 실험을 생각했다. 실제로 실험을 해 보았더니 고은이의 예상처럼 ㉯ 전구가 항상 ㉮ 전구보다 어두웠다. 고은이는 이러한 실험 결과를 어떻게 해석해야 할까?

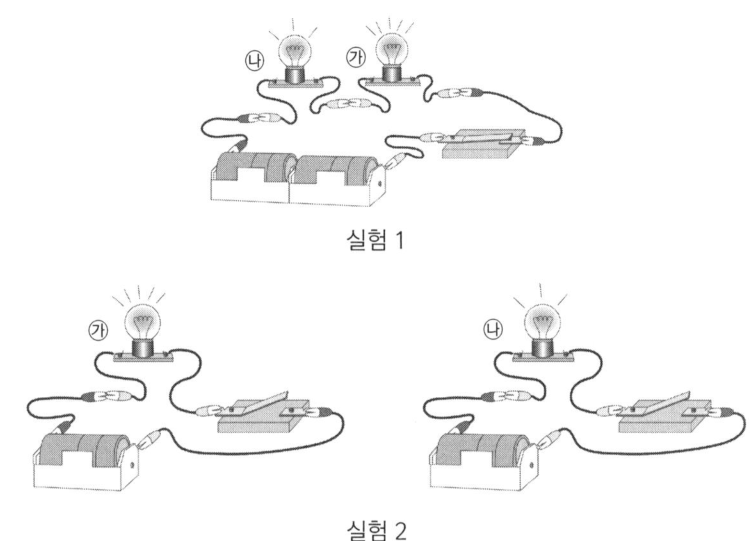

1. 실험 1과 2에 대한 고은이의 시험명제를 각각 진술해 보시오.

   • 실험 1의 시험명제:

   • 실험 2의 시험명제:

2. 이와 같은 실험 결과를 바탕으로 고은이의 가설은 옳다고 생각할 수 있는가? 그렇게 생각하는 이유는 무엇인가?

3. 이와 같은 실험 결과를 고은이의 가설 이외에 다른 가설이나 원인으로 설명할 수 있는가? 자신의 생각을 구체적으로 서술해 보시오.

전구의 저항과 밝기

1. 콜로라도 대학의 가상실험 누리방에서 '회로 제작 키트(DC)' 시늉내기를 실행시켜서 다음과
   같은 회로를 만든다.

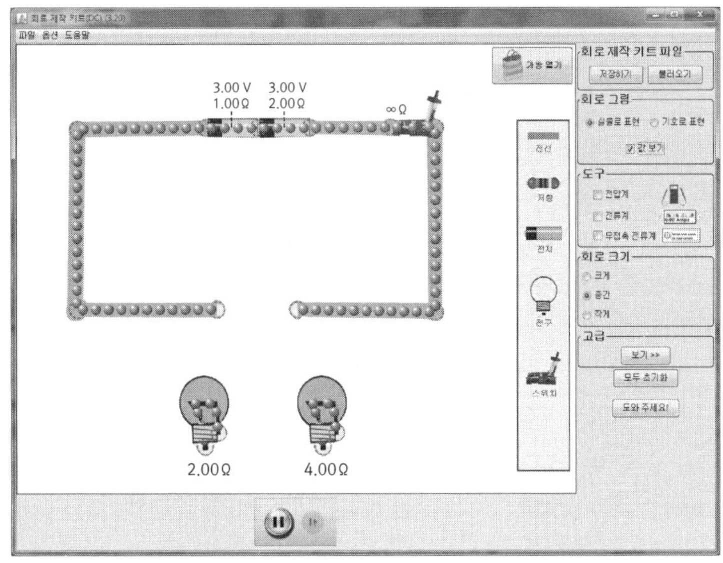

2. 전지를 선택한 다음 마우스 오른쪽 단추를 눌러 두 전지의 전압을 3.0V로 바꾼다. 또한 전
   지와 전구의 저항도 각각 위의 그림과 같이 바꾼다.

   (1) 저항인 2Ω인 전구와 저항이 4Ω인 전구를 각각 위 회로에 연결하고 스위치를 닫으면
       어떤 전구의 밝기가 더 밝을 것이라고 생각하는가? 그렇게 생각하는 이유를 설명해 보
       시오.

   (2) 각 전구를 위 회로에 연결하고 전구에 걸린 전압과 전류의 세기를 측정해 보시오.

   (3) 전구의 밝기는 일반적으로 전구에 걸린 전압과 전류의 곱인 전력의 크기에 비례한다.
       2Ω인 전구와 4Ω인 전구에 공급된 전력의 크기를 구하고, 어느 전구가 더 밝은지 토의
       해 보시오.

   (4) 두 전구를 병렬로 연결한 회로를 만들어 2Ω인 전구와 4Ω인 전구의 밝기를 비교해 보
       시오. 각각의 전구를 전지에 따로 연결했을 때와 차이가 있는가? 어떻게 그와 같은 일
       이 일어나는지 설명하시오.

실험 결과를 해석하기

실험 1에 대한 고은이의 시험명제와 실험 결과로부터 우리는 다음과 같이 추리할 수 있다.

> ☐ 시험명제: 전구 ㉯가 오래된 전구라면(A), 두 전구의 위치를 바꾸어도 전구 ㉮가 ㉯보다 더 밝을 것(B)이다.
>
> ☐ 실험 결과: 전구 ㉮가 ㉯보다 더 밝다(B).
>
> ☐ 추리하기: 따라서 전구 ㉯는 오래된 전구이다(A).

논리학에서는 이와 같은 추리를 잘못된 추리라고 말한다. 어떤 명제(A→B)가 참이라도, 그 역명제(B→A)는 반드시 참은 아니기 때문이다. A가 B가 될 때, B를 보고 A라고 추리하는 것을 논리학에서는 후건 긍정의 오류라고 한다. 예를 들어, 곤충은 다리가 6개이지만, 다리가 6개라고 무조건 곤충이라고 추리할 수는 없다. 과학자를 포함한 많은 사람은 흔히 그렇게 잘못 추리하기 쉽다. 그렇게 추리한 경우 늘 그것이 잘못될 수 있다는 것을 염두에 두어야 한다. 그래서 그와 같은 결과를 다르게 해석할 수 있는지 따져보는 것이 매우 중요하다. 다르게 해석할 수 없다면 일단 그것을 받아들이지만, 다른 증거가 나타나서 생각을 바꾸어야 할지 모른다는 것을 늘 감수해야 한다.

예상한 결과가 나왔어도 가설이 반드시 옳다고 할 수는 없다.

- 실험 2에 대한 고은이의 시험명제와 실험 결과로부터 고은이의 가설이 옳다고 말할 수 있는가? 그렇게 생각하는 이유는 무엇인가?

그러면 전구가 전류를 소모한다는 한결이의 가설은 위와 같은 실험 결과를 어떻게 해석해야 할까? 실험 1에 대한 한결이의 시험명제와 실험 결과로부터 우리는 다음과 같이 추리할 수 있다.

> ☐ 시험명제: 전구가 전류를 소모하여 전류가 약해진다면(A), 두 전구의 위치를 바꾸면 전구 ㉯가 ㉮보다 더 밝을 것(B)이다.
>
> ☐ 실험결과: 전구 ㉯가 ㉮보다 더 어둡다($\overline{B}$).
>
> ☐ 추리: 따라서 전구가 전류를 소모하는 것이 아니다($\overline{A}$).

논리학에서는 이와 같은 추리를 올바른 추리라고 말한다. 어떤 명제(A→B)가 참이라면, 그 대우명제($\overline{B}$→$\overline{A}$)는 반드시 참이기 때문이다. 예를 들어, 다리가 8개인 거미는 다리가 6개가 아니므로 곤충이라고 말할 수 없다고 추리할 수 있다. 그러나 과학자를 비롯해서 많은 사람은 보통 이렇게 추리하려고 하지 않는다. 자신의 생각을 쉽게 바꾸려고 하지 않기 때문이다. 예를 들어, 앞의 수업 활동에서 자신의 생각과 다르게 나온 실험 결과를 보고 고은이가 생각한 것처럼 그러한 실험 결과가 잘못 되었을지도 모르기 때문이다. 아니면 무언가 다른 이유가 있었을지도 모르기 때문이다.

일반적으로 논리학은 어떤 것을 추리할 때 확증하기보다는 반증하는 것을 선호한다. 그렇지만 실제적인 경우에 문제와 관련된 많은 조건이나 가정이 있기 때문에 확증과 반증 모두 단정적으로 결론을 내리기 어렵다. 더구나 많은 경우 관찰은 관찰자가 가지고 있는 이론에 따라 달라질 수도 있기 때문이다. 예를 들어, 고은이는 실험 2에서 ㉯ 전구가 오래되어 어두운 것이라고 생각할 수 있지만, 전구의 문제가 아니라 ㉯ 전구에 사용된 전지가 오래된 것일 수도 있다. 두 전구를 병렬로 전지에 연결했을 때는 실험 결과가 달라질 수 있기 때문이다.

보통 같은 종류의 전구는 저항이 비슷하여 직렬로 연결한 경우 밝기가 같지만, 경우에 따라서 같은 종류의 전구라도 저항이 처음부터 다르거나 사용 기간에 따라 전구의 저항이 달라지는 경우도 생길 수 있다. 또한 사용하는 전지에 따라 전구에 걸리는 전압이 변할 수 있다. 그것을 모르는 경우 주어진 현상을 다르게 이해할 수 있다. 그래서 자신의 생각을 직접 확인하는 방법을 찾는 일은 과학에서 매우 중요하다. 자신의 경험을 통해 확인되지 않은 생각은 쉽게 믿을 수 없기 때문이다.

그러면 실험 결과를 해석하도록 어떻게 도울 수 있을까? 일반적으로 실험 결과가 시험명제에 의한 예상과 일치한다면, 일단 가설이 맞는다고 결론을 내리는 것은 합리적이다. 그러나 앞에서 설명한 고은이의 사례처럼 그것이 다른 추가적인 시험명제에 의해서도 예상과 일치하는지 확인해 보도록 지도하는 것이 바람직하다. 또는 같은 결과를 다른 가설로도 설명할 수 있는지 토의해 보도록 학생들을 지도해야 할 것이다. 만일 실험 결과가 시험명제에 의한 예상과 불일치한다면, 무조건 가설이 틀리다고 결론을 내리기에 앞서 실험과 관련된 조건이나 가정이 타당한지 따져 보도록 해야 할 것이다. 그리고 실험 결과의 타당성과 신뢰성을 확보하기 위해 반복 실험이나 다른 검증 방법을 생각해 보도록 하는 것이 좋다.

앞의 활동을 예시로 과학 탐구의 과정을 그림으로 나타내면 다음과 같다.

문제 찾기: "직렬로 연결된 같은 두 전구의 밝기가 왜 다른가?"

가설세우기: "전류가 소모된 것일까?" 또는 "오래된 전구일까?"

시험명제 만들기:
- 소모 가설: "전구가 전류를 소모한다면, 두 전구의 위치를 바꾸면 밝기가 달라질 것이다."
- 수명 가설: "전구가 오래되어 어두워진 것이면, 두 전구의 위치를 바꾸어도 밝기는 그대로 일 것이다."

증거 수집하기:
"두 전구의 위치를 바꾸어도 전구의 밝기는 변하지 않는다."

증거 평가하기:
- 예상과 다른 결과가 나와 소모 가설을 지지하지 않는다.(부정적 증거)
- 예상과 일치하는 결과가 나와 수명 가설을 지지한다.(긍정적 증거)

다른 가설로는 동일한 결과를 예상할 수 없다면 긍정적 증거로 판단한다. ⇨ 가설은 잠정적으로 지지된다.

관찰 자료가 타당하다면 부정적 증거로 판단한다. ⇨ 가설은 잠정적으로 폐지된다.

과학 탐구의 과정

학생들은 보통 시험명제를 만들 때 자신의 가설로 예상할 수 있는 것만 고려하기 쉽다. 그러나 다른 가설로도 그러한 예상을 할 수 있다면 어느 가설이 맞는지 확인하기가 어렵다. 따라서 어떤 가설이 옳다면 그에 대응되는 예상이 필요하고, 다른 가설로는 그러한 예상이 나올 수 없어야 한다. 그러한 가설을 결정적 가설이라고 한다. 특히, 이러한 조건은 시험명제를 만들고, 실험을 설계할 때 매우 중요하다. 아울러 증거로서 실험 결과를 얻는 것뿐만 아니라, 결과의 의미를 해석하고 토의하는 것이 중요하다. 실험 결과가 탐구 문제에 대해 무엇을 시사하는지 드러내야 한다. 수행 방법을 고찰하여 수집된 증거가 타당한 것인지, 증거에 대한 다른 해석의 여지가 없는지 따져보아야 한다. 일반적으로 전구의 밝기는 전구에 걸린 전압과 전류의 세기와 관계가 있지만, 전구의 효율도 문제가 된다. 아울러 전구의 저항은 전류의 세기에 따라 달라지기도 하고, 오래 사용한 전구는 필라멘트가 가늘어져 저항이 증가하기도 한다.

과학 탐구는 경험을 통해 현상에 대한 자신의 생각을 확인해 보려는 활동으로 매우 복잡하지만, 핵심이 되는 것은 창안(invention)과 검증(justification)의 측면이다. 그래서 탐구를 수행하려면 먼저 적절한 문제를 인식하고, 창안의 과정을 통해 그에 대한 바람직한 가설을 만드는 것이 중요하다. 가설을 만들 때 중요한 것은 그것이 경험을 통해 검증될 수 있는 것이야 한다는 것이다. 그리고 검증의 과정을 통해 증거가 될 수 있는 관찰 자료를 바탕으로 그것이 가설과 일치하는 것인지/불일치하는 것인지, 또는 다른 가설로도 관찰 자료를 설명할 수 있는지/관찰 자료가 잘못된 것인지 추리해 보아야 한다.

다음 그림은 이러한 과학 탐구의 두 측면을 보여준다.

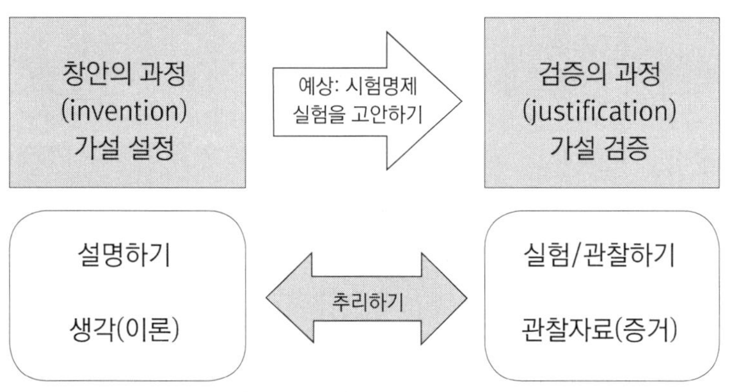

과학 탐구의 두 측면

7

전기회로에서는 어떤 일이 일어나는 것일까?
– 비유로 설명하기

1. 콜로라도 대학의 가상실험 누리방 '전기, 자기와 회로'에서 '전지–저항 회로(Battery-Resistance Circuit)'라는 시늉내기를 찾아 실행시킨다.

2. 시늉내기 창의 제어판에서 '원자 보기', '전압 계산 보기', '전지 내부 보기' 단추를 선택하면 전기회로에 어떤 일이 일어나는지 살펴본다.

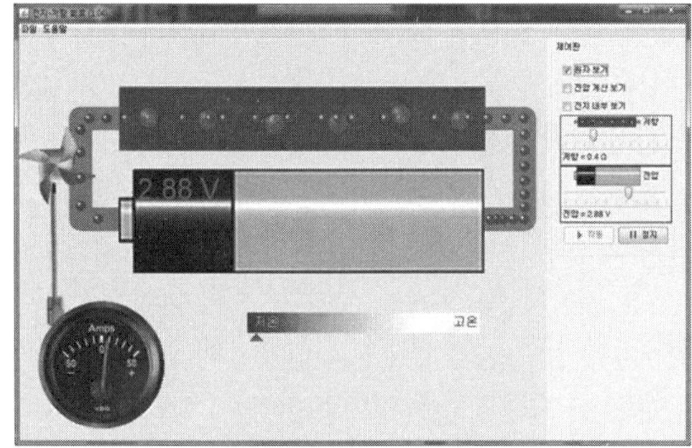

   (1) 회로를 따라 움직이는 파란 구슬은 음전하인가? 양전하인가? 그것을 어떻게 알았는가?

   (2) 저항 속에 있는 초록 구슬은 무엇을 나타내는가? 초록 구슬은 어떤 역할을 하는 것일까?

   (3) 저항을 증가시킬 때 전기회로에 어떤 일이 일어나는지 서술한다.

   (4) 전지의 전압을 증가시킬 때 전기회로에 어떤 일이 일어나는지 서술한다.

3. 긴 줄을 이용하여 전기회로에서 일어나는 일을 다음과 같이 표현해 보자. 여러 명이 원형으로 된 긴 줄을 잡고 돌려본다.

   (1) 그림과 같이 모둠별로 원형으로 둘러 선 다음에, 한 사람은 양 손으로 줄을 당겨 한 방향으로 이동시킨다.

   (2) 다른 한 사람은 줄을 가볍게 움켜쥐어, 줄이 겨우 지나갈 수 있도록 한다.

(3) 나머지 사람들은 줄이 잘 통과할 수 있도록 손가락으로 구멍을 만들어 줄이 지나가도록 한다.

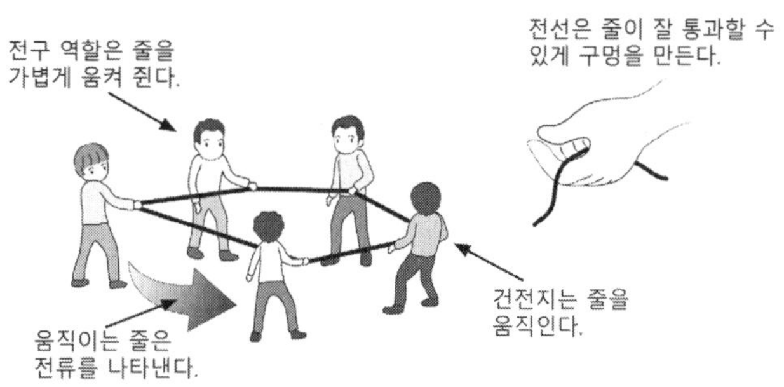

(4) 전기회로의 다음 요소는 이 활동에서 무엇으로 표현되는가?

건전지	
전선	줄이 통과하는 손
전구(저항)	
전류	

(5) 다음 내용에 해당되는 것이 실제 전기회로에서는 어떤 현상을 나타내는지 표의 빈 칸에 써 보자.

전류	줄은 항상 있지만 '건전지' 역을 맡은 사람이 움직일 때에만 움직인다.	
	줄의 모든 부분은 동시에 같은 속력으로 움직이기 시작한다.	
	건전지를 떠난 줄은 그대로 건전지로 돌아온다. 그것은 중간에 소모되지 않는다.	
에너지	건전지 역을 맡은 사람이 줄을 계속 움직이면 그는 에너지를 소모하고 피곤해 질 것이다.	
	전구 역을 맡은 사람은 줄을 꼭 잡게 되면 손이 뜨거워질 것이며 다른 사람은 줄의 이동을 방해하고 있지 않으므로 실제로 열을 거의 느끼지 않는다.	
	모두가 줄을 꼭 잡으면 줄이 움직이지 않을 것이다.	
저항	전구 역을 맡은 사람이 줄을 얼마나 꼭 잡는가에 따라 줄의 이동속도가 달라진다.	
	줄은 항상 있지만 '건전지' 역을 맡은 사람이 움직일 때에만 움직인다.	

비유 만들기

우리는 추상적인 생각이나 현상의 요점을 전달하기 위해 흔히 시각적 또는 언어적 은유나 비유를 사용한다. 예를 들어, '내 마음은 호수'처럼 이라는 표현처럼 비유는 어떤 현상이나 생각을 우리가 잘 알고 있는 다른 것에 비추어 표현한다. 과학자나 교사도 추상적인 과학 개념을 발달시키거나 설명하려고 할 때 종종 비유(analogy)를 사용한다(Ault, 1998). 예를 들어, 과학적 개념으로서 '파동'은 종종 물결에 비유된다. 이러한 비유는 넓은 의미에서 모형의 일종으로 '물결'은 '파동'에 대한 모형이라고도 볼 수 있다. 비유는 어떤 면에서 비슷한 두 가지 사이의 비교를 포함한다. 우리가 알고 있는 친숙한 영역인 비유물(analog), 예를 들어 물결을 이용하여 이해하거나 설명하려는 목표물(target), 예를 들어 '파동'의 속성을 드러낸다. 그래서 비유는 비유물과 목표물 사이의 유사성을 비교한다(Hesse, 1966). 둘 다 각각의 속성을 가지고 있는 비유물과 목표물은 다음 그림과 같이 구조적으로 공통된 또는 유사한 속성이 존재한다.

예를 들어, 물결과 파동은 진동, 진폭, 진동수, 파장 등과 같은 속성을 공유한다. 따라서 물결과 파동을 비교하는 과정에서 친숙한 영역인 물에서 친숙하지 않은 영역인 빛으로 생각이 전이될 수 있다. 비유는 추상적인 정보나 개념을 좀 더 구체적이고 상상 가능한 형태로 표현할 수 있기 때문에 과학 수업에서 많이 활용되고 있다. 특히 모형 개발이나 사용에서 비유의 사용과 역할을 이해시키는 일은 매우 중요한 일이다. 그러나 비유를 사용할 때 공유 속성과 비공유 속성을 혼동하면 올바른 전이 과정이 일어나지 않아 목표물을 잘못 이해하게 된다. 따라서 이러한 잘못을 방지하기 위해서는 비유가 성립되지 않는 비공유 속성도 함께 지적할 필요가 있다.

비유는 친숙하지 않은 것을 친숙한 것을 통해 이해하기 위해 사용한다.

비유물과 목표물 사이에는 같은 점도 있지만 다른 점도 있다.

비유를 효과적으로 학습에 사용하기 위해서는 복잡한 것보다는 간단한 비유물이 좋고, 학생들에게 친숙한 것으로 유사성이 분명하게 드러나는 것이 좋다. 그러나 교사에게는 유사성이 분명하지만, 학생에게는 그렇지 못할 수 있다는 것을 염두에 두어야 한다. 그래서 교사는 학생이 먼저 그 비유에 대해 잘 알고, 그 비유에서 어떤 면을 주목해야 할지 알도록 해야 한다. 또한 비공유 속성으로 인해 비유물이 목표물을 온전히 그대로 표상하지 못한다는 것을 유념해야 한다.

- 앞에서 한 활동 '전지-저항 회로' 시늉내기나 줄 돌리기 활동도 '전기회로'에 대한 비유물이다. 각각의 비유물에서 실제 전기회로를 표현하지 못하는 것이 어떤 점인지 이야기해 보자.

비유는 시각자료나 언어, 또는 모형 등을 통해서도 가능하지만, 학생 자신이 신체 활동을 통해 참여할 수도 있다. 예를 들어, 앞에서 수행한 줄 돌리기 활동과 같이 학생들이 비유물에 대해 가상적인 역할을 담당하여 직접 신체적이고 감각적인 활동을 할 수 있다. 역할놀이는 학생들이 어떤 사건이나 현상과 관련된 특정 인물이나 구성 요소 등의 가상적인 역할을 맡아 서로 상호작용하면서 학습하는 활동을 말한다(김경순 등, 2009). 대개 교사는 모의재판과 같은 '모의 상황극(simulation role play)'을 '역할놀이'로 연상한다. 학생들이 자신이 아닌 어떤 다른 인물의 역할을 맡아 그 사람의 입장에서 말하거나 행동하도록 하는 '모의 상황극'도 일종의 역할놀이이지만, 인물이 아닌 어떤 환경 요소, 물체, 물질 등의 역할을 맡아 행동하는 '비유 활동'도 일종의 역할놀이라고 할 수 있다. 어떤 현상을 구성하고 있는 요소들의 특성 및 변화 과정을 학생들이 신체적이고 감각적인 활동으로 표현해 보는 활동을 '역할놀이 비유활동(analogy role-play, role-playing analogy)'이라고 부른다. 역할놀이 비유활동은 과학 개념이 지닌 주요 요소W의 특성을 직접 체험할 수 있는 기회를 제공하여 추상적인 과학 개념을 구체적으로 인식하도록 하는데 도움을 주고 과학 개념 이해를 효과적으로 향상시킬 수 있다.

과학자들은 전기회로에서 도체인 전선 속에는 전자나 원자핵과 같이 전하를 띤 입자들이 존재한다고 생각한다. '전지-저항 회로' 시늉내기에서는 이것을 보여주기 위해 파란 구슬은 음전하를 가진 전자를, 초록 구슬은 양전하를 가진 원자를 나타낸다. 전지에서 전기분해에 의해 전자를 음극에 많이 이동시키면 전하 분포에 균형이 깨지고 전위차가 생긴다. 이때 닫힌회로가 구성되면 전

지의 음극은 전압에 의해 전선 속
에 있는 전자들을 양극으로 밀어내
어 회로를 이동하도록 한다. 회로
에서 전하가 이동하는 것을 전류가
흐른다고 한다. 예전에 과학자들은
오른쪽 그림과 같이 양전하가 이동
하는 것으로 생각하고, 전류가 전
지의 양극에서 음극 쪽으로 흐르는
것으로 표현하였다. 실제로는 음전
하인 전자가 이동하지만, 전류의 방
향은 전자의 이동과는 반대 방향으
로 표시한다.

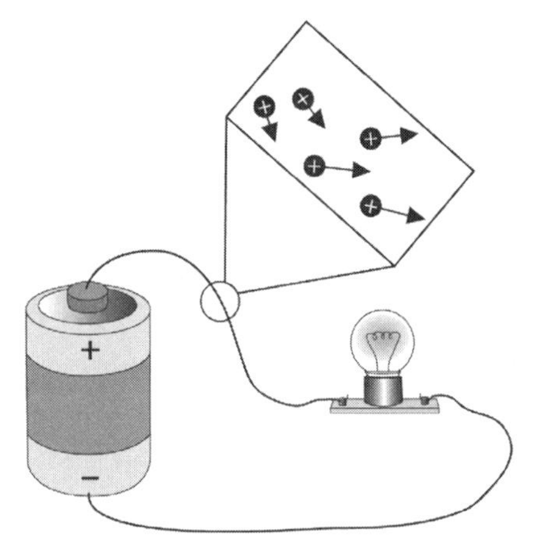

　전지의 전압이 일정하게 유지되려면 양극과 음극에 분포한 전자의 개수 차
이가 일정하게 유지되어야 한다. 따라서 전지의 한쪽 끝에 들어오는 전하의 수
만큼 전지의 다른 끝에서 나가야 한다. 전류의 세기는 회로의 어떠한 지점에서
1초 동안 지나가는 전하의 양으로 정의한다. 전압은 단위 전하 당 공급할 수
있는 에너지를 뜻하며, 볼트(V) 단위로 표시한다. 3V의 전지는 1.5V의 전지보
다 동일한 전하에 2배의 에너지를 공급할 수 있다. 따라서 전지의 전압이 증가
하면 전기회로 속에 있는 전자나 원자가 더 많은 에너지를 얻게 된다. 그래서
'전지-저항 회로' 시늉내기에서는 전압이 커지면 파란 구슬이나 초록 구슬의
운동이 활발해지는 것을 관찰할 수 있다. 그에 따라 운동 에너지가 열에너지로
전환되면서 저항의 온도도 올라가게 된다. 회로 속을 이동하는 파란 구슬과는
달리 초록 구슬은 거의 제자리에서 운동하기 때문에 파란 구슬의 이동을 방해
하는 저항의 역할을 한다.

- '전지-저항 회로' 시늉내기에서 저항을 변화시킬 때 전지에 걸린 전압이나 초록
  구슬이 어떻게 달라지는지 설명하고, 시늉내기 활동을 바탕으로 비유를 사용하
  여 단자 전압이 생기는 이유를 설명해 보자.

어떻게 비유가 전류에 대한 이해를 도울 수 있는가?

회로

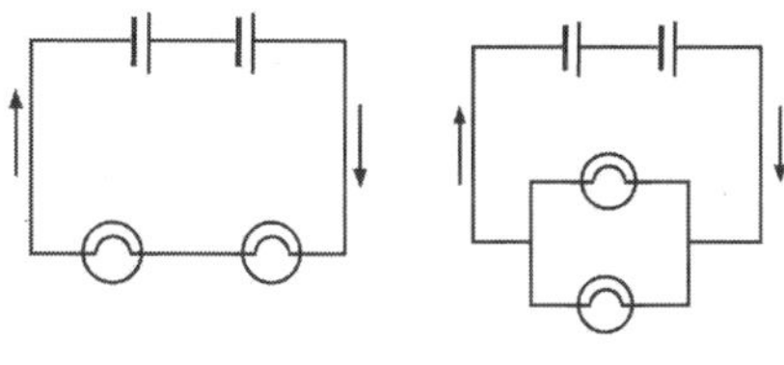

(1) 전구의 직렬연결 회로에서 두 전구에 흐르는 전류의 크기는 같고 건전지에 걸리는 전압은 두 전구에 걸리는 전압의 합과 같다.

(2) 전구의 병렬연결 회로에서 두 전구에 흐르는 전류의 합은 전체 전류와 같고, 건전지에 걸리는 전압은 각 전구에 걸리는 전압과 같다.

전류

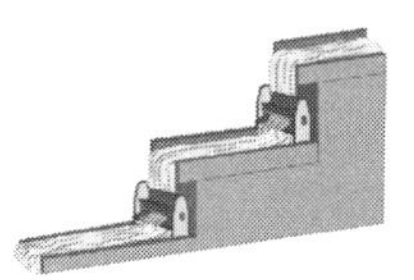
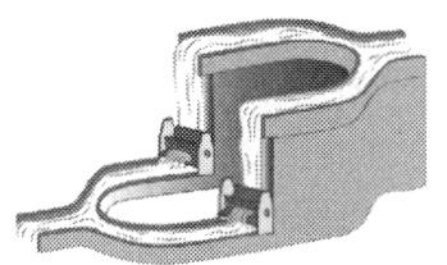

(1) 하나의 길로 흘러가면서 물레 방아를 돌리는 경우 물의 양은 어니서나 같다.

(2) 두 갈래로 나누어지기 전과 합해진 후 물의 양은 같다.

전압

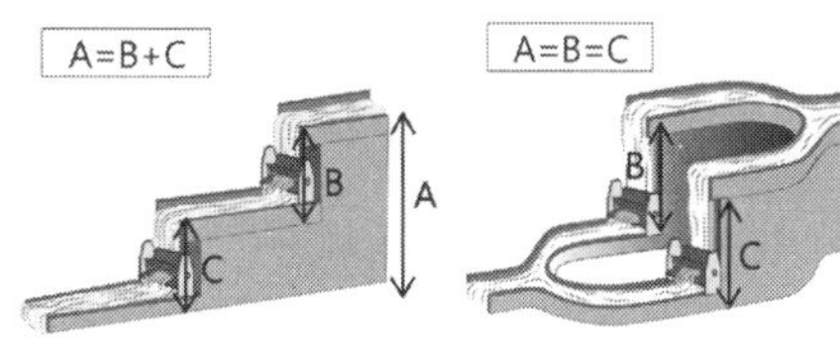

(1) 두 폭포의 높이의 합이 펌프가 끌어올린 물의 높이와 같아야 한다.

(2) 두 개의 폭포가 나란하게 있는 것과 마찬가지이므로 폭포의 높이는 펌프가 끌어올린 물의 높이와 같아야 한다.

저항

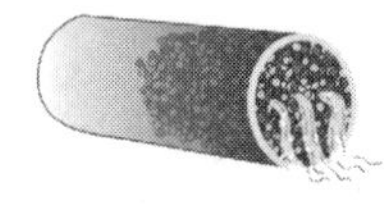
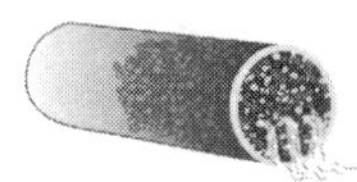

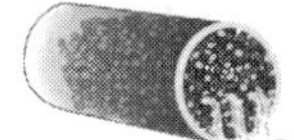

(1) 굵은 파이프는 가는 것보다 저항이 작다. 자갈 사이에 물이 흐를 수 있는 공간이 더 많다.

(2) 짧은 파이프는 긴 파이프보다 저항이 작다. 물이 자갈 사이를 통과해야 하는 길이가 짧기 때문이다.

8

심화 활동

1. 연필심 전구 만들기

준비물: 샤프심 또는 연필심(0.5mm 또는 0.7mm), 다양한 종류의 전지, 집게(악어 클립) 달린 전선 3개, 스위치, 절연 테이프, 종이컵이나 플라스틱 컵, 유리병, 가위 또는 칼

저항을 가진 물체에 전류가 흐르면 전기에너지가 열에너지로 전환되면서 물체의 온도가 올라간다. 물체가 충분히 뜨거워지면 열에너지뿐만 아니라 빛에너지도 발생한다. 다음과 같이 연필심을 이용한 전구를 만들어 보자.

(1) 종이컵이나 플라스틱 컵을 뒤집은 다음에 그림과 같이 전선이 붙은 집게를 세워서 컵 옆에 테이프로 단단하게 고정시킨다.

(2) 샤프심이나 연필심을 부러지지 않게 조심하여 집게에 끼운다.

(3) 스위치와 전지를 그림과 같이 연필심과 직렬로 연결한다.

(4) 컵의 일부가 들어갈 수 있는 주둥이를 가진 유리병을 구해 연필심 위에 씌운다.

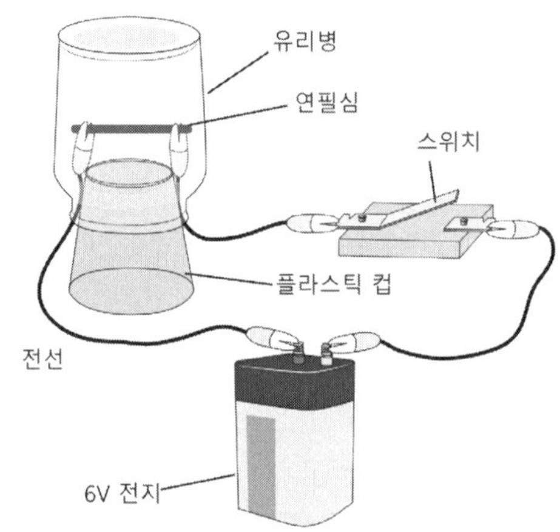

(5) 여러 종류의 전지를 연결한 다음 스위치를 닫았을 때 어떤 일이 일어나는지 관찰한다.

- 6V용 대형 전지와 9V용 소형 전지를 사용했을 때 어떤 차이가 있는가? 왜 그와 같은 차이가 났다고 생각하는가?

- 연필심에서 빛이 나기 시작할 때는 언제인가?

- 스위치를 계속 닫고 있으면 연필심은 최종적으로 어떻게 되는가?

2. 전구에 흐르는 전류의 세기와 전압 사이의 관계

(1) 그림과 같은 전기회로를 꾸민 다음에 스위치를 닫고 집게달린 전선 ㉮를 이동시켜 연필심의
다른 곳에 접촉하면 전구의 불빛이 어떻게 되는지 관찰한다.

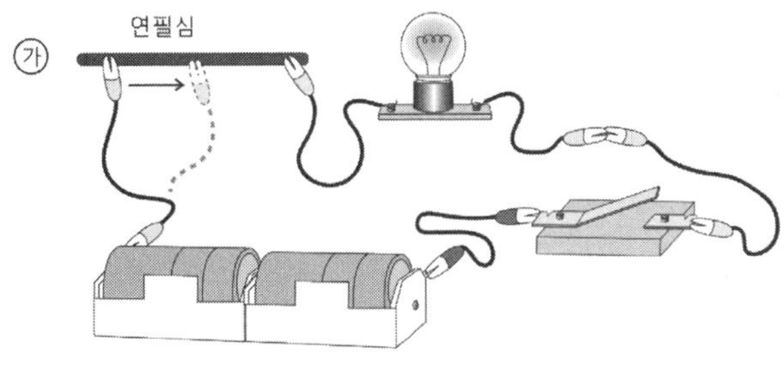

(2) 연필심에 접촉한 두 집게 사이의 간격에 따라 전구의 불빛은 어떻게 되는가?

(3) 위의 실험에서 연필심은 전기회로에 흐르는 전류의 세기를 변화시키는 가변 저항기의 역할을
한다. 전압계와 전류계를 전구에 각각 병렬 및 직렬로 연결하여 위의 그림과 같은 실험 장치
를 꾸민다.

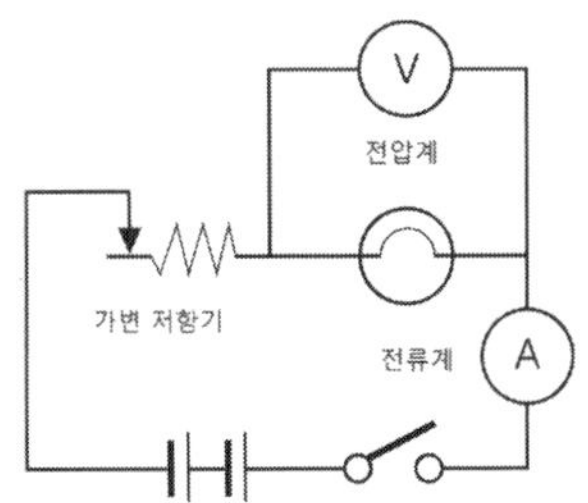

(4) 연필심과 집게의 접촉점을 변화시키면서 꼬마전구에 걸린 전압과 전류의 세기를 측정하고 그 결과를 표로 작성한다.

전압(V)									
전류(mA)									

전압(V)									
전류(mA)									

- 측정 결과를 바탕으로 꼬마전구에 흐르는 전류의 세기는 전압과 어떤 관계가 있는지 토의해 보자.

- 실험에 사용한 꼬마전구의 저항은 얼마라고 생각하는가?

- 이 실험에서 전구의 밝기는 어떻게 측정할 수 있을까? 전구의 밝기를 측정할 수 있는 방법을 고안해 보자.

- 전구의 밝기는 전류와 어떤 관계가 있는지 예상해 보고, 전구의 밝기를 실제로 측정하여 전구의 밝기와 전류 사이의 관계를 설명해 보자.

- 이와 같은 활동을 통해 학생들은 무엇을 이해할 수 있는지 토의해 보자.

3. 전지의 전압을 측정하기

(1) 사용하지 않은 여러 종류의 새 전지를 준비하고, 그림과 같이 전압계를 사용하여 전지의 전압을 측정하자.

(2) 이번에는 사용하던 여러 종류의 전지를 준비하고, 전압계를 사용하여 전지의 전압을 측정하자.

(3) 다음 그림과 같이 꼬마전구를 전지에 연결하고 전구의 양쪽에 전압계의 단자를 연결해 보자. 이때 (−)단자는 전지의 음극 쪽으로 연결해야 한다.

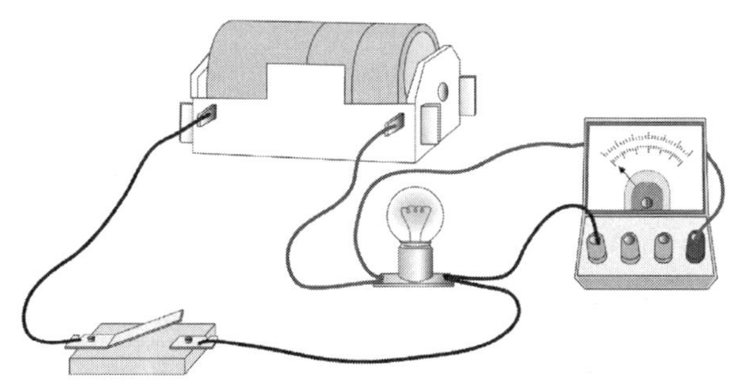

(4) 전압계로 측정한 전지의 전압을 다음의 표에 기록하자.

종 류	표시 전압(V)	새 전지의 전압(V)	사용 중인 전지의 전압(V)	다 쓴 전지의 전압(V)	꼬마전구의 전압(V)
DM(R20)형					
CM(R14)형					
AA(R6)형	1.5				
AAA(R3)형					
6F22형	9				

(5) 위의 표를 보고 알 수 있는 사실은 무엇인가?

• 어떤 전지가 다 쓴 전지인지 어떻게 알 수 있는지 토의해보자.

4. 알루미늄-공기 전지 만들기

준비물: 알루미늄 호일, 가위, 활성탄(수족관 용), 숟가락, 종이 타월, 소금, 작은 컵, 물, 집게달린 전선 2개, 크리스마스트리용 전구나 전동기, 테이프 등

알루미늄 호일, 가위, 활성탄(수족관 용), 숟가락, 종이 타월, 소금, 작은 컵, 물, 집게달린 전선 2개, 크리스마스트리용 전구나 전동기, 테이프 등

(1) 알루미늄 호일을 대략 길이가 15cm 정도의 정사각형 모양으로 잘라낸다.

(2) 소금을 물 컵에 넣어 저어주면서 녹인다. 컵의 바닥에 소금이 조금 남을 때까지 넣어 포화 소금물을 만든다.

(3) 종이타월을 네 번 접어서 소금물에 적신 다음, 알루미늄 호일 위에 올려놓는다.

(4) 종이타월 위에 활성탄을 한 숟가락 정도 쌓아놓고, 숟가락 뒷면으로 활성탄을 으깨어 작은 조각으로 만든다. 활성탄 위에 소금물을 조금씩 부어 전체적으로 축축하게 만든다. 활성탄이 알루미늄 호일에 직접 닿지 않도록 주의한다. 이것이 샌드위치처럼, 알루미늄 호일, 소금물에 적신 종이타월, 활성탄 등 3개의 층으로 이루어진 알루미늄-공기 전지이다.

(5) 직류용 작은 전동기나 크리스마스트리에 장식으로 사용하는 작은 전구 하나를 잘라내 알루미늄-공기 전지에 연결해 보자. 전선의 한 쪽은 알루미늄 호일에 집게로 연결하고, 다른 쪽은 전동기나 전구에 연결한다. 마찬가지로, 전동기나 전구에 연결된 다른 전선의 한 쪽은 활성탄 속에 넣고 세게 눌러준다. 그래도 아무 일이 일어나지 않는다면, 활성탄과 전선의 집게가 잘 접촉하도록 전지 전체로 집게를 덮어서 집게가 활성탄 속에 묻히도록 세게 눌러본다.

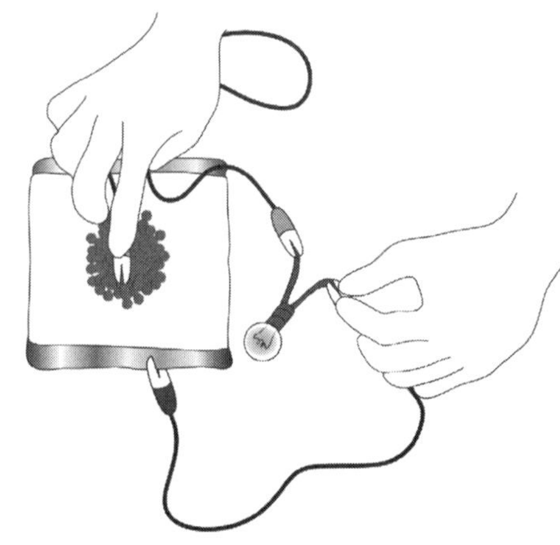

알루미늄-공기 전지는 어떻게 작동하는가?

전지는 화학에너지를 전기에너지로 전환하는 장치로, 음극과 양극을 가지고 있다. 전지의 전해질 속에서 화학 반응이 일어나면서 전자가 많이 쌓이는 곳은 음극이고, 전자가 부족한 곳은 양극이다. 전기회로가 구성되면 음극에 쌓여 있던 전자는 서로 밀어내므로 도선을 따라 이동하기 시작한다. 동시에 전지 속에서는 화학 반응이 계속 일어나 밀어 낸 만큼 전자를 음극에 보충해 준다. 알루미늄-공기 전지에서는 소금이 물에 젖은 종이타월을 통해 이동할 수 있는 이온들을 제공하여 전하를 이동시킨다.

전기에너지를 만들기 위해서 이 전지는 음극에서 일어나는 알루미늄의 산화에 의존한다. 알루미늄과 전해질 속의 수산화기(OH-)가 반응하여 수산화알루미늄이 만들어지면서 여분의 전자가 방출된다. 반면에 양극에서는 도선을 통해 이동한 전자를 받아서 산소의 환원이 일어난다. 다시 말해, 공기 중의 산소와 물 그리고 이동해 온 전자가 반응하여 전해질 속에 다시 수산화기(OH-)를 제공한다. 이때 외부 회로를 통해 이동하는 전자로 전류가 흐르게 되어 전기 기구에 에너지를 공급할 수 있게 된다. 알루미늄-공기 전지의 구조는 다음과 그림과 같다.

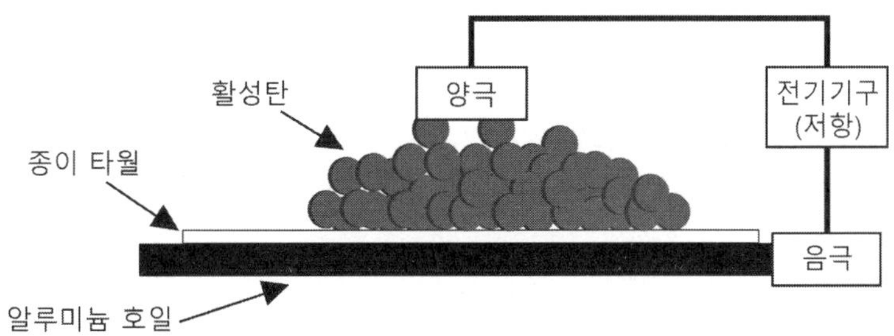

화학 반응

음극: $Al(s) + 3OH^-(aq) \rightarrow Al(OH)_3(s) + 3e^-$

양극: $O_2(g) + 2H_2O(l) + 4e^- \rightarrow 4OH^-(aq)$

전체: $4Al(s) + 3O_2(g) + 6H_2O(l) \rightarrow 4Al(OH)_3(s)$

알루미늄 호일은 화학 반응이 일어날 수 있는 알루미늄을 충분하게 제공한다. 주로 탄소로 이루어진 활성탄은 화학 반응이 일어나지 않는 도체로 전기가 이동할 수 있게 한다. 활성탄은 구멍이 많이 뚫려 있어 공기와 접촉할 수 있는 표면적이 넓다. 1g의 활성탄은 작은 운동장 크기의 내부 표면적을 가지고 있어, 양극에서 일어나는 반응에 제공되는 충분한 산소를 제공할 수 있다. 그래서 간단한 알루미늄-공기 전지는 1V, 100mA 정도의 전력을 제공할 수 있다. 이러한 알루미늄 전지를 2-3개 정도 직렬로 포개어 올려놓으면 더 센 전지도 만들 수 있다. 동전이나 손(신체) 등을 이용하여 전지를 만드는 방법도 알아보자.

9 전기회로에 대한 자신의 생각을 평가하기

1. 다음과 같이 개념만화에 제시된 전기회로에 대해 자신의 의견을 말하고, 그렇게 생각하는 이유를 오른쪽 빈칸에 설명하시오.

2. 다음 글을 읽고 주어진 물음에 답을 해보자.

전압계는 전지 양 끝의 전압이나 전
기회로에서 두 지점 사이의 전압을
측정하는 기구이고, 전류계는 전기
회로에 흐르는 전류를 측정하는 기
구이다. 전압은 볼트(V)로 측정되고,
전기의 흐름을 나타내는 전류는 암
페어(A) 또는 밀리암페어(mA)로 측
정된다. 밀리암페어는 작은 전류를
나타내는 단위로 1000mA는 1A에
해당한다.

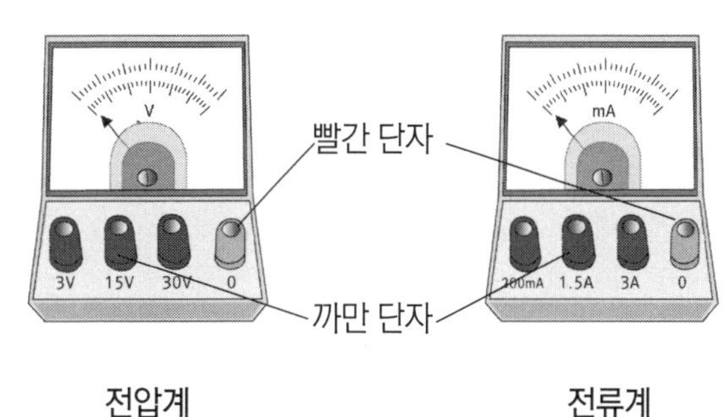

전압계나 전류계에서 까만 단자는 전지의 음(−)극 쪽에 연결해야 되고, 빨간 단자는 전지의 양(+)극 쪽에 연결해야 된다. 전압계는 전지의 양끝에 직접 연결할 수 있지만, 전류계는 전지의 양끝에 직접 연결하지 않는다. 까만 단자나 빨간 단자 밑에 적혀져 있는 전압이나 전류의 값을 보고 측정 범위에 해당하는 적당한 단자를 선택한다. 측정하려고 하는 전압이나 전류의 값을 어림할 수 없는 경우에는 먼저 제일 큰 값이 적혀있는 단자를 선택하는 것이 좋다. 측정을 했을 때 바늘이 전체 눈금의 1/3 이하로 조금 움직인 경우에는 그 값을 어림하여 다시 적당한 단자를 선택한다.

바늘이 가리키는 값을 측정하기 위해서는 먼저 큰 눈금의 값이 얼마인지 확인하고, 큰 눈금 안에 작은 눈금이 몇 개 들어가는지 세어본다. 큰 눈금 한 개의 값을 작은 눈금의 개수로 나누면 작은 눈금 한 개의 값을 구할 수 있다. 바늘이 작은 눈금의 사이를 가리키면 작은 눈금을 10개로 나누어 대략 몇 개에 해당하는지 어림하여 측정한다.

(1) 전류 500mA(밀리암페어)는 몇 A(암페어)에 해당하는가?

(2) 표시 전압이 9V인 건전지의 전압을 측정하려고 한다. 전지의 양극과 음극을 오른쪽 그림과 같은 전압계에 연결하려고 한다. 어떤 단자에 연결해야 하는가?

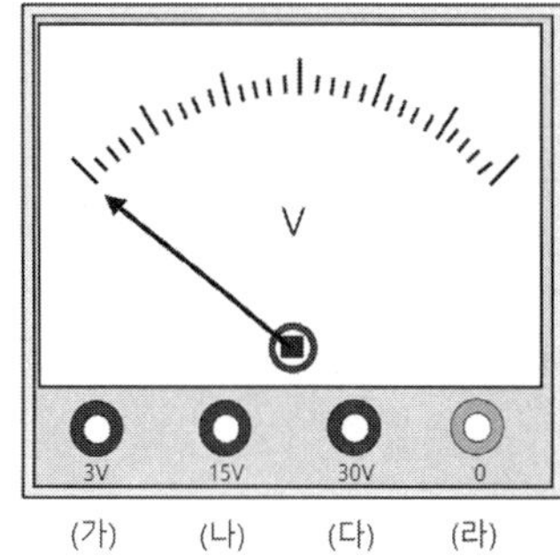

전지의 양(+)극은 (   ) 단자에 연결하고, 전지의 음(−)극은 (   ) 단자에 연결한다.

- 표시 전압이 9V인 전지를 전압계에 연결했더니 전압계의 바늘이 오른쪽 그림과 같이 눈금을 가리켰다.

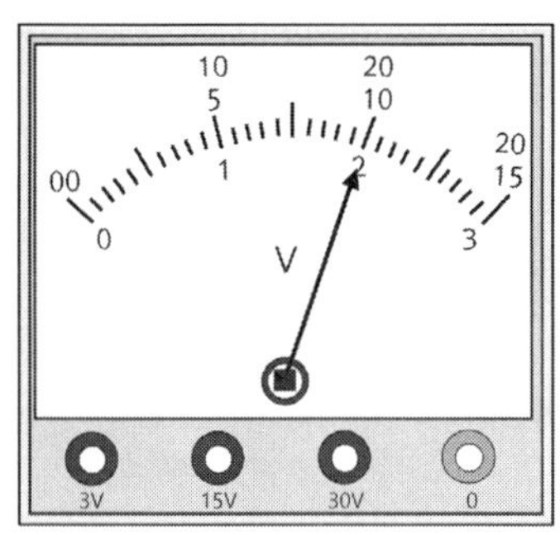

(3) 이때 전압계에서 큰 눈금 한 개는 몇 V(볼트)를 나타내는가?

(4) 이 전압계에서 중간 눈금 한 개는 몇 V(볼트)를 나타내는가?

(5) 이 전압계에서 작은 눈금 한 개는 몇 V(볼트)를 나타내는가?

(6) 측정된 전지의 전압은 몇 V(볼트)를 나타내는가?

3. 오른쪽과 같은 전기회로에서 가변저항기 R1의 저항을 최대로 돌려놓고, 가변저항기 R2의 저항은 0으로 하여 스위치를 닫았더니 두 전구 L1과 L2의 밝기가 같았다. 다음과 같이 가변저항기의 저항을 변화시키면 두 전구 L1과 L2의 밝기가 어떻게 되는지 설명하여라. 두 가변 저항기의 최대 저항은 같다고 가정한다.

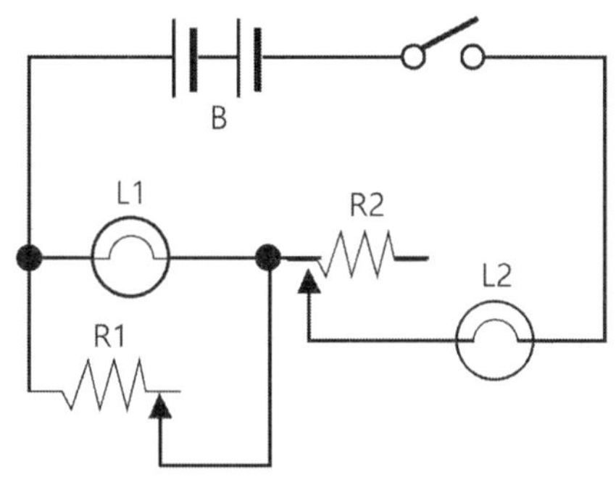

(1) 가변저항기 R1의 저항을 줄이면 두 전구 L1과 L2의 밝기가 각각 어떻게 되는지 서술하고, 그 이유를 수식을 사용하지 않고 옴의 법칙을 이용하여 알기 쉽게 설명하시오.

(2) 가변저항기 R1의 저항은 최대로 하고, 가변저항기 R2의 저항을 늘이면 두 전구 L1과 L2의 밝기는 각각 어떻게 되는지 서술하고, 그 이유를 수식을 사용하지 않고 옴의 법칙을 이용하여 알기 쉽게 설명하시오.

(3) 두 전구 L1과 L2를 직렬로 연결할 때와 병렬로 연결할 때 두 전구의 밝기를 비교하고, 그 이유를 이해하기 쉽게 설명하시오.

4. '전구에 불켜기' 실험을 하기 위해 한결이는 꼬마전구를 전지에 그림과 같이 연결하였다. 이 것을 보고 있던 보람이와 시원이는 다음과 같이 말했다.

> **보람이:** 또 다른 전선으로 전구의 꼭지와 전지의 −극(음극)을 연결하면 전구에 불이 켜질 거야.
>
> **시원이:** 아니, 또 다른 전선으로 전구의 꼭지와 전지의 +극(양극)을 연결해야 전구에 불이 켜질 거야.

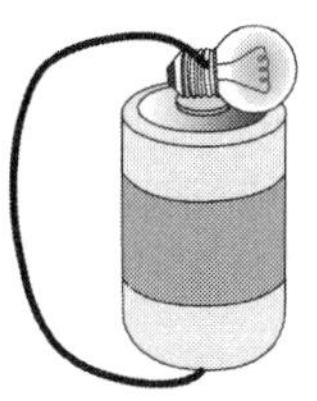

(1) 한결이가 한 방법대로 하면 전구에 불이 켜지지 않는 이유를 전기회로도를 그려 설명하시오.

(2) 보람이와 시원이의 방법대로 전선을 연결하면 어떻게 되는지 설명하시오.

(3) 이들 학생을 지도하기 위한 효과적인 절차나 방안을 제안해 보시오.

5. 다음의 표는 전구에 표시된 정격전압을 걸어주었을 때를 기준으로 전압을 높이거나 낮추었을 때 상대적인 전구의 밝기와 수명을 나타낸 것이다.

전압(%)	85	90	95	100	105	110	120
밝기(%)	53	67	83	100	120	145	200
수명(%)	1,000	440	210	100	50	28	5

(1) 전구의 효율은 사용된 전기에너지가 전구에서 빛에너지로 전환되는 비율을 말한다. 이 표를 이용하여 전구의 효율이 무엇과 관계가 있는지 설명하시오.

(2) 이 표는 전구의 밝기가 밝아지면 전구의 수명이 급격하게 짧아진다는 것을 보여준다. 이렇게 전구의 수명이 매우 감소하는 이유를 제안하고, 이것을 확인해 볼 수 있는 실험 방법을 그림을 그려 설명하시오.

6. 전열기에 사용되는 니크롬선은 전선보다 저항이 커야 한다. 저항이 커야 전기에너지를 열에 너지로 바꿀 수 있기 때문이다. 그렇지만 니크롬선에 전류를 많이 흐르게 하려면 니크롬선의 저항이 작아야 한다. 이 진술은 앞의 진술과 모순되지 않는가? 여러분은 위와 같은 사실을 어떻게 설명하겠는가?

7. 꼬마전구에 걸린 전압과 전류 사이의 관계를 알아보기 위해 심화 활동 2(전구에 흐르는 전류의 세기와 전압 사이의 관계)와 같은 전기회로를 꾸민 다음에 가변 저항기를 조정하면서 전압과 전류를 측정하였다. 측정된 전류와 전압을 그래프에 표시했더니 다음 그림과 같다.

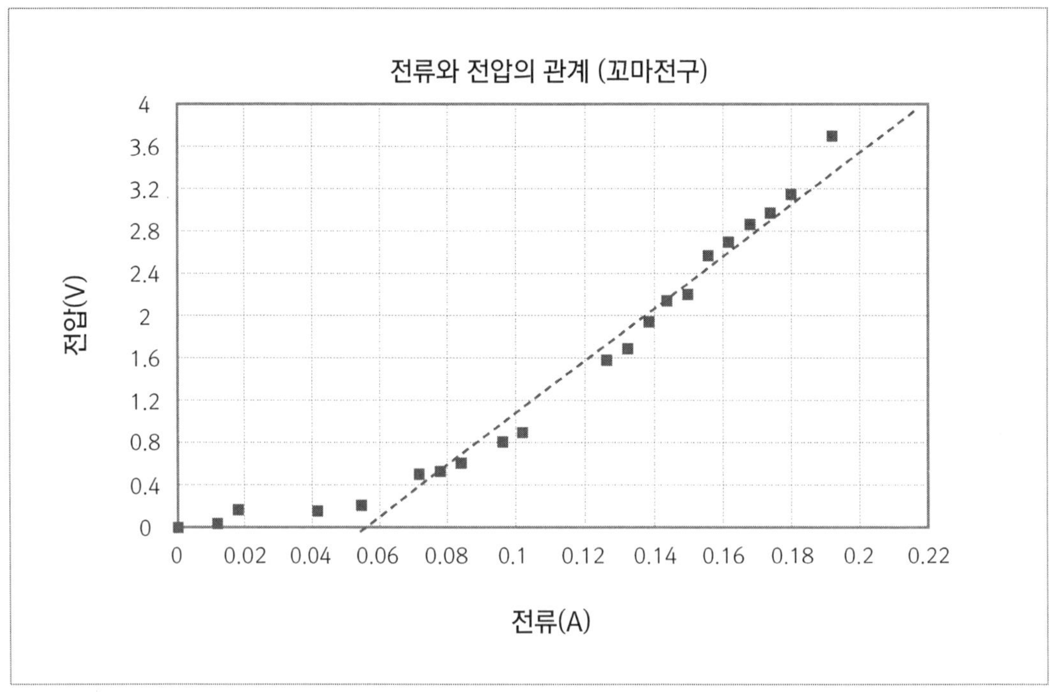

(1) 가변 저항기는 저항기의 저항값을 조정할 수 있는 장치를 말한다. 가변 저항기의 저항을 변화시키는 이유는 무엇인가? 또한 가변 저항기의 저항을 크게 하거나 작게 하면 어떤 일이 생기는가?

(2) 위 회로에서 전압계의 저항은 매우 크고(따라서 보통 무한대로 간주함), 전류계의 저항은 매우 작다(따라서 저항이 0인 것으로 간주함). 두 기구의 저항을 그렇게 만드는 이유는 무엇인가?

(3) 한결이는 이 실험결과를 보고 꼬마전구에 흐르는 전류와 전압은 비례 관계라고 생각하여

그래프에 위와 같이 점선으로 된 직선으로 나타냈다. 실험 결과에 대한 한결이의 해석을 어떻게 생각하는가?

(4) 보람이는 이 실험결과를 보고 전압이 전류의 제곱에 비례한다고 생각했다. 보람이는 어떻게 자신의 생각을 효과적으로 설명할 수 있을까?

(5) 이 실험으로부터 알 수 있는 꼬마전구의 저항에 대해 이야기해 보자.

전기회로에 대한 내 생각 찾기

전기회로에 사용되는 전지, 전구, 전선, 스위치에 대한 다음과 진술을 읽어보고 자신의 생각과 일치하면, ○ 표에, 일치하지 않으면 × 표에, 잘 모르겠으면 △ 표에 표시하고, 그렇게 생각하는 이유를 빈 칸에 적어보자. 그러한 진술이 맞는지 어떻게 알았는지 이야기해 보자.

진술	내 생각 (○ × △)	그렇게 생각하는 이유는?
전압이 일정한 전지에서 나오는 전류의 세기는 일정하다.	○　×　△	
전지의 전압은 오래 사용할수록 작아진다.	○　×　△	
꼬마전구에 연결된 전선이 길어지면 전구의 밝기가 약해진다.	○　×　△	
저항이 작은 전구일수록 더 밝다.	○　×　△	
스위치는 전지의 양극 바로 옆에 있어야 전지에서 나오는 전류를 끊을 수 있다.	○　×　△	

3장

자석과 자기장

자석의 속모양은 어떻게 되어 있을까?

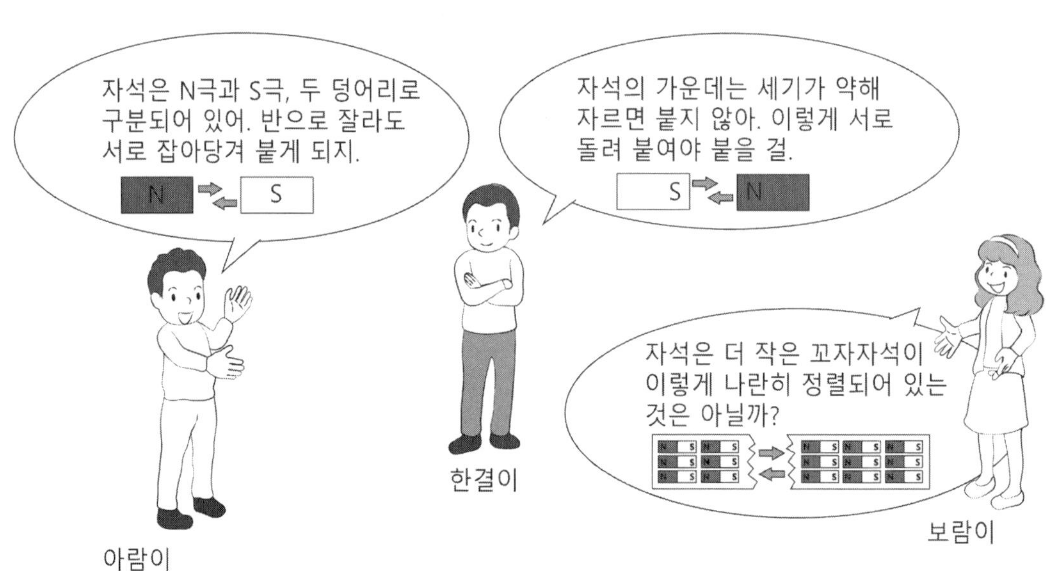

초등학생 세 명이 막대자석을 가지고 놀고 있었다. 다음과 같은 학생들의 대화를 살펴보자.

한결이: "자석을 자르면 어떻게 될까? 궁금하지?"

아람이: "둘로 쪼개진 자석을 본 적이 있어. 자석은 N극과 S극으로 나뉘어."

보람이: "그걸 어떻게 알아? 쪼개진 자석이 서로 달라붙는 것을 보았어?"

아람이: "응, 잘라진 자석이 서로 달라붙던데!"

한결이: "무슨 말이야! 자석의 가운데는 세기가 약한데. 자른 부분은 아마 붙지 않을 걸. 너 자르지 않은 부분을 서로 붙인 것 아니야?"

이상하다는 듯 반문하는 한결이의 말에 아람이는 자른 부분이 서로 붙었다고 확실하게 주장했다. 두 학생의 말을 듣고 있던 보람이는 아람이 말처럼 N극 자석과 S극 자석으로 나뉘어도 서로 달라붙지만, 쪼개진 자석이 모두 N극과 S극을 가진 두 개의 자석으로 되어도 붙을 수 있을 것이라고 생각했다. 여러분은 보람이의 생각을 어떻게 하면 확인해 볼 수 있는가?

사전 활동

낱말 연상하기

자석과 관련하여 생각나는 낱말을 모두 다음 '자석'이라는 낱말에 선으로 연결하여 표시해 보자.

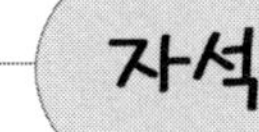

자석은 왜 핀이나 클립을 잡아당기는가?
– 자석과 클립의 상호작용 관찰하기

보통 핀이나 클립은 자석에 달라붙는다. 그러면 핀이나 클립은 왜 자석에 달라붙는가? 핀이나 클립이 철로 되었기 때문이라면, 정말 철로 된 물체는 모두 자석에 달라붙는가? 혹은 철로 된 물체는 왜 자석에 달라붙는가? 여러분은 이러한 질문에 답할 수 있는가?

(1) 그림과 같이 자석과 대못을 서로 마주보도록 하여 움직이지 못하게 접착테이프로 고정시켰다.

- 클립을 대못의 끝부분에 가까이 가져가면 어떻게 될까? 그렇게 생각하는 이유는 무엇인가?

- 자석을 치운 다음에 클립을 대못의 끝부분에 가까이 가져가면 어떻게 될까? 그렇게 생각하는 이유는 무엇인가?

- 자신의 예상과 관찰 결과를 비교하고 그렇게 되는 이유를 설명해 보자.

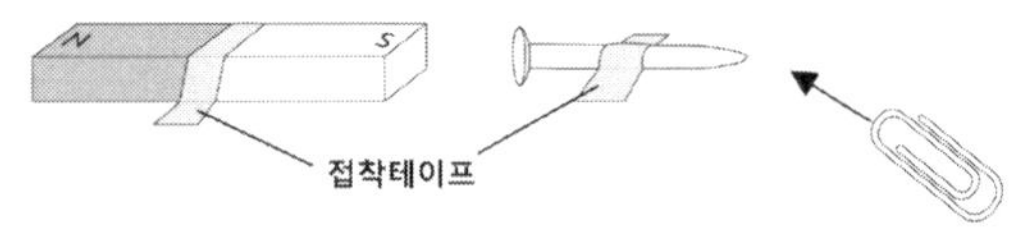

(2) 자석의 한 쪽 끝을 붙잡고 그림과 같이 다른 쪽 끝에 클립을 붙여본다. 매달린 클립 아래쪽에 또 다른 클립을 붙일 수 있을까?

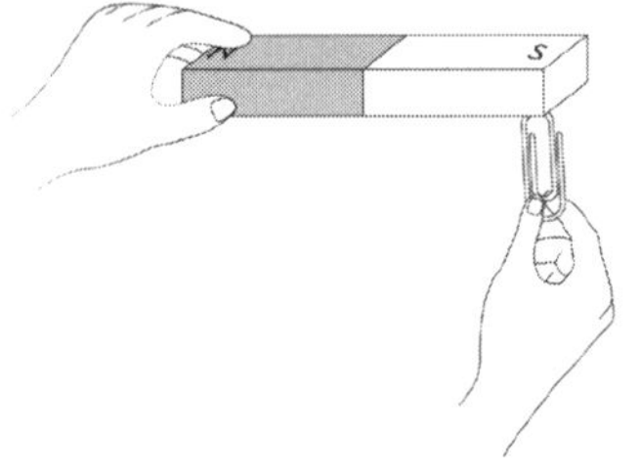

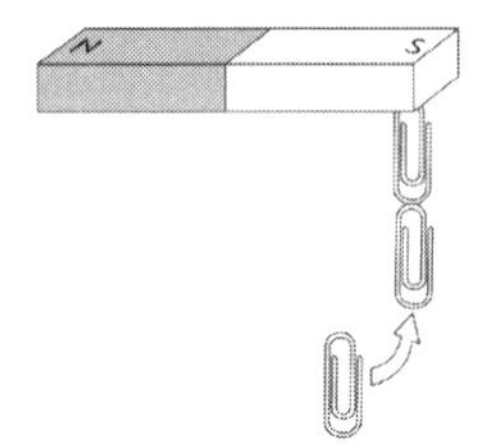

- 그렇게 붙인다면 얼마나 많은 클립을 매달 수 있을까?

- 마찬가지 방법으로 자석의 다른 위치에서 클립을 얼마나 많이 매달 수 있는지 조사하고 서로 비교해 보자.

- 클립이 가장 많이 붙는 곳과 가장 적게 붙는 곳은 어디인가?

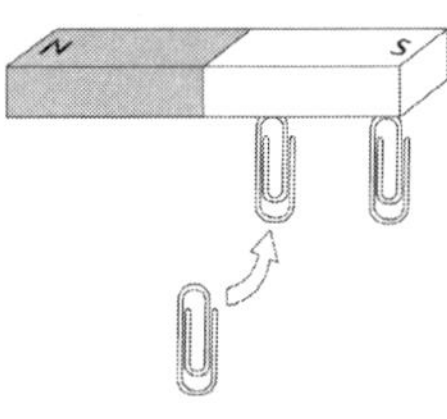

(3) 그림과 같이 자석의 한 쪽 끝에 클립을 매단다. 다른 자석의 S극을 아래쪽에 있는 클립의 끝부분에 천천히 가져가면 어떤 일이 일어날까? 그렇게 생각하는 이유는 무엇인가?

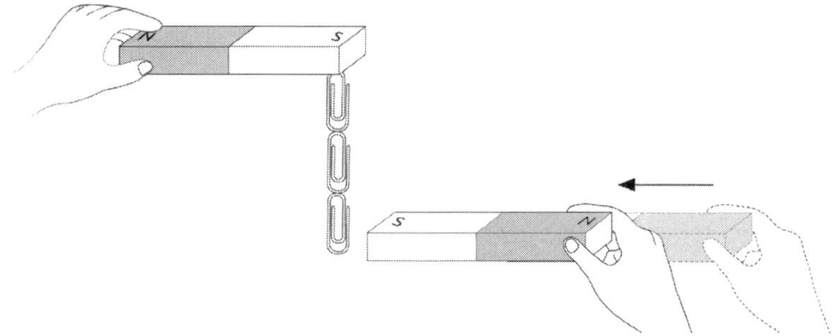

– 실험 결과는 자신의 예상과 일치하는가? 어떻게 그런 결과가 일어나는지 설명해 보자.

– 자석의 S극을 클립의 끝부분에 매우 가까이 가져가면, 클립이 갑자기 S극에 붙어버리면서 원래 사슬에서 떨어진다. 어떻게 이런 결과가 일어나는지 설명할 수 있는가? 클립 내부에서 일어나는 변화를 추리해 보고, 다른 사람이 알기 쉽게 다음 빈 칸에 그림을 그려서 설명해 보자.

자세하게 관찰하기

관찰은 과학 수업에서 매우 중요한 기능으로 정보를 수집하거나 문제를 찾고 사물 사이의 관계를 알아내는 데 사용한다. 관찰은 여러 감각을 사용하여 사물과 현상을 의식하고 주목하는 과정이지만, 흔히 생각하는 것처럼 교사가 학생들에게 어떤 현상을 보여준다고 학생들이 그것을 모두 볼 수 있는 것은 아니다. 모든 사람은 같은 것을 보더라도 모두 똑같은 것을 보지는 않기 때문이다. 더구나 관찰의 목적이 분명하지 않은 경우에는 더욱 그렇다. 목적이 없는 관찰은 진정한 의미에서 과학적 관찰이라고 볼 수 없다. 예를 들어, 단원 서두에 제시된 사례와 같이 잘라진 자석을 관찰시키는 경우 아동은 흔히 잘라진 자석이 다시 붙거나 혹은 붙지 않는 것에 주목하여 자석은 N극 자석이나 S극 자석으로 쪼개질 수 있다고 생각하기 쉽다. 그런 의미에서 자석의 속 모양을 추리하기 위한 방법으로 관찰을 사용하도록 하고, 자석의 특징을 좀 더 자세히 관찰할 수 있는 기회를 제공하는 것은 매우 중요하다. 학생들은 그와 같은 기회를 통해 사물에 대한 추가적인 정보를 얻거나 사물이 작동하는 방식을 터득할 수 있게 된다.

- N극과 S극으로 이루어진 자석을 잘라도 N극과 S극으로 나누어지지 않고, N극과 S극을 갖는 두 개의 자석이 된다는 것을 학생들이 확인하도록 하려면 어떻게 해야 될까?
- 위에서 제시한 과정에서 학생들이 반드시 먼저 알아야 하는 지식은 무엇인가?

자석의 특징을 더 자세하게 관찰하기 위해서는 단순히 핀이나 클립을 자석에 붙여보는 것만으로는 많은 것을 알 수 없다. 핀이나 클립을 붙여보는 상황을 앞의 활동에서처럼 다양한 방식으로 변화시키면 조건에 따라 그 특징이 어떻게 달라지는지 알 수 있다. 자석의 특정한 부위에서 클립이 많이 달라붙는다는 것을 학생들이 관찰한다면, 질문을 통해 왜 다른 부분이 아닌 그 부분에서 클립이 많이 달라붙는지 생각해 보도록 할 수 있다. 또한, 학생들은 일부분만 살펴보고 전체적 경향으로 판단하기 쉽다. 예를 들어, 앞의 활동 (3)번에서 학생들은 매단 클립에 자석을 무심코 갖다 대고 나서 클립이 당겨와 붙는다거나 또는 밀려난다고 말하기 쉽다. 그러나 자석을 멀리서 클립에 천천히 가져가면서 클립의 행동을 관찰하도록 하면 두 가지 상반되는 결과를 모두 관찰할 수 있다는 것을 알 수 있다. 그와 같은 관찰은 클립 내부의 모습이 어떻게 변하는지 이해하는데 도움을 줄 수 있다.

학생들은 자석가루가 든 시험관을 클립에 가져가면 클립이 시험관에 붙는다고 생각한다. 그래서 교사는 다음과 같은 방법으로 시범을 보여주고, 섞여 있는 자석가루는 자석의 역할을 하지 못한다는 것을 학생들에게 보여주고 싶었다.

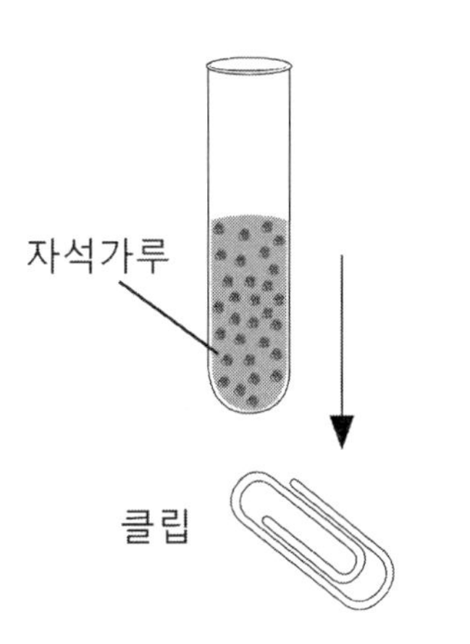

☐ **예상하기(prediction):** 자석가루를 담은 시험관을 그림과 같이 클립에 가져가면 어떻게 될까요? 왜 그렇게 생각하는가?

☐ **관찰하기(observation):** 시험관을 클립에 가까이 가져갔을 때 어떤 일이 일어나는지 관찰하고 관찰한 것을 기록한다.

☐ **설명하기(explanation):** 관찰한 결과는 자신의 생각과 일치하는가? 일치하지 않는다면 어떻게 이런 일이 일어났다고 생각하는가?

예상-관찰-결과(POE):

예상: 관찰할 현상의 결과를 미리 예상하고 자신의 예상을 정당화할 수 있는 이유를 제시한다.

관찰: 시범이나 실험 등을 통해 현상이나 사물을 관찰하고 기록한다.

설명: 예상한 것과 관찰한 것 사이의 모순을 해결하기 위한 설명을 시도한다.

그러나 이 시범에서 학생들은 자석가루에 클립이 붙지 않는 것을 보고 이상하게 생각하다가, 자석가루는 자석이지만 시험관의 유리가 자석의 힘을 막았기 때문에 클립이 시험관에 붙지 않은 것이라고 말했다. 이렇게 학생들은 보이지 않는 자석가루의 배열보다는 주로 가시적인 특징인 시험관의 재질에 주목하여 현상을 해석하기 쉽다.

• 이와 같은 학생들에게 자석가루의 배열에 따라 자석가루가 든 시험관에 클립이 붙을 수 있다는 것을 보여주려면 어떻게 해야 할까?

'자석이 더 작은 꼬마자석으로 배열되어 있다'는 보람이와 같은 생각은 일종의 **모형**이라고 할 수 있다. 예를 들어, 위의 시범에서 자석가루는 꼬마자석이 마구 섞여있는 것으로 생각할 수 있다. 따라서 다른 자석을 이용하여 이들 꼬마자석을 배열시킨다면, 자석가루는 충분히 자석의 역할을 할 수 있을 것이다. 또, 이와 같은 모형으로 생각한다면 자석이 아닌 쇠로 된 물체는 그러한 꼬마자석이 섞여 있어 자석가루처럼 자석의 역할을 못하는 것으로 설명할 수 있다. 또한, 쇠로 된 물체에 자석을 가까이 가져가면 쇠로 된 물체가 끌려오는 현상도 설명할 수 있다.

- '꼬마자석' 모형을 이용해서 앞에서 수행한 관찰 활동의 결과를 다시 설명해 보자.

쇠로 된 물체가 자석이 되는 것을 '**자화**'라고 한다. 쇠로 된 물체가 자석 가까이 있게 되면 물체 속에 흩어져 있는 꼬마자석이 자석의 극에 끌려서 한 방향으로 배열하게 된다. 그래서 자극(S극)에 가까이 있는 물체의 한 쪽은 다음 그림과 같이 그 자극과는 다른 극(N극)이 생기게 된다.

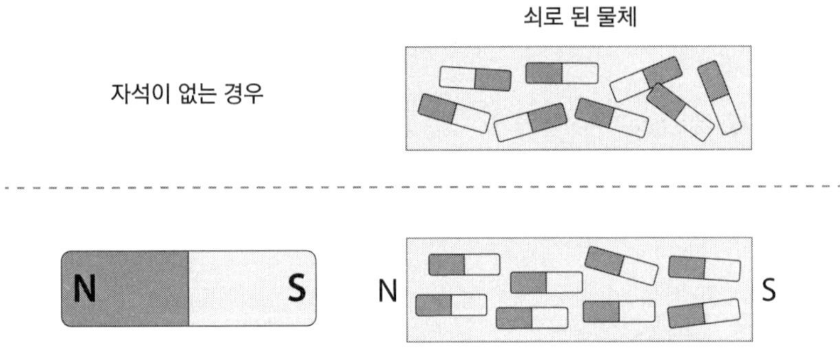

다음과 같이 쇠로 된 드라이버를 네오디뮴 자석으로 문지른 다음에 나침반 바늘에 가까이 가져가 보자. 문지른 방향에 따라 드라이버에 생긴 극이 어떻게 되는지 예상하고 설명해 보자.

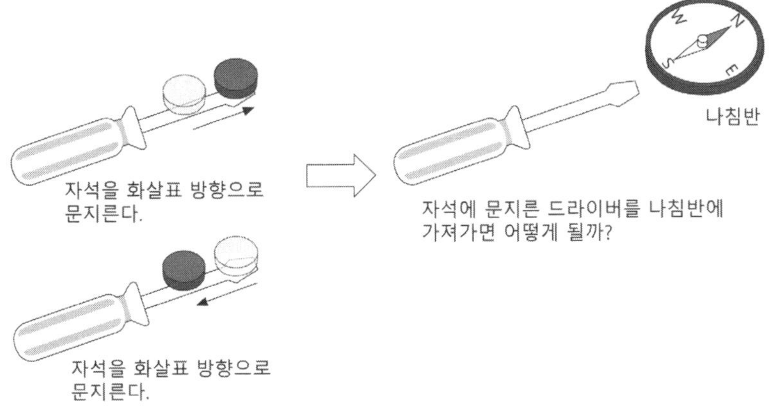

- 네오디뮴 자석으로 드라이버의 끝을 문지를 때 문지른 방향에 따라 드라이버에 극이 어떻게 생기는지 '꼬마자석' 모형을 이용하여 설명해 보자.
- 자석을 사용하여 바늘이나 핀을 자화시키려고 할 때 어떻게 하는 것이 좋은지 위에서 알아낸 사실을 이용하여 설명해 보자.

자석가루 만들기

금속의 산화물인 페라이트(Fe_2O_3)라는 화합물을 재료로 도자기처럼 구워낸 페라이트 자석, 또는 분말 자석은 도자기처럼 깨지기 쉽다. 도자기 또는 세라믹 자석이라고도 부르는 이들 자석이 깨지면 버리지 말고 모아 두었다가 망치로 더 잘게 부순 다음에 막자사발에 넣고 막자로 갈면 자석가루를 만들 수 있다.

– 관찰에서 규칙성 찾아내기

자석 주변에 작은 나침반을 놓으면 나침반 바늘의 방향이 나침반을 놓은 위치에 따라 달라지는 것을 관찰할 수 있다. 우리는 나침반 대신에 철가루를 사용하여 나침반 바늘이 자석 주변에서 어느 방향을 가리키는지 알 수 있다. 철가루가 자침 역할을 하기 때문이다.

(1) 흰 종이 위에 막대자석을 올려놓고 연필로 막대자석을 따라 선을 그려 막대자석의 위치를 표시한다.

(2) 그림과 같이 막대자석 주변에 작은 나침반을 놓은 다음에 각각의 위치에서 연필로 자침의 방향을 종이 위에 표시한다. 나침반을 치우고 자침의 N극이 가리키는 방향으로 화살표를 그린다.

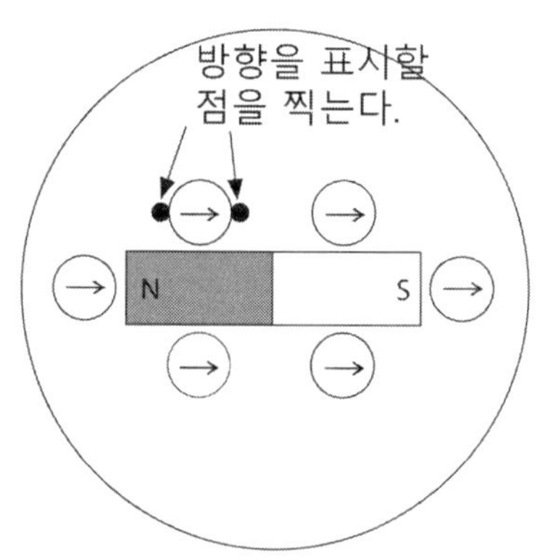

(3) 나침반을 모두 치운 후에는 막대자석 위에 샬레를 올려놓는다.

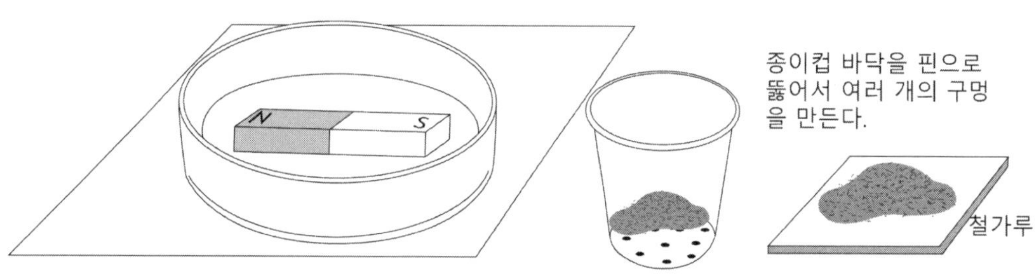

(4) 핀을 이용하여 종이컵의 바닥에 구멍을 20개 정도 뚫는다. 종이컵 속에 철가루를 집어넣은 다음에 샬레 위에 골고루 철가루를 뿌린다.

⑸ 종이 위에 그린 자침의 방향과 그 위에 놓인 철가루의 모양을 비교해 보고 무엇을 알 수 있는지 이야기해 보자.

⑹ 샬레 위에 뿌린 철가루의 모양을 사진으로 찍어 아래 빈 칸에 첨부하거나 그려보고, 그 특징을 구체적으로 설명한다.

⑺ 자석 주위에 철가루가 늘어선 모양은 자석의 자기장을 보여준다. 자극 가까운 곳과 먼 곳에서 자기장의 모양은 어떻게 차이가 나는지 설명해 보자.

⑻ 이번엔 샬레를 치우고 막대자석의 각 부분에 그림과 같이 핀의 머리를 붙여 핀을 여러 개 세워보고, 핀이 세워진 모양을 그려보자.

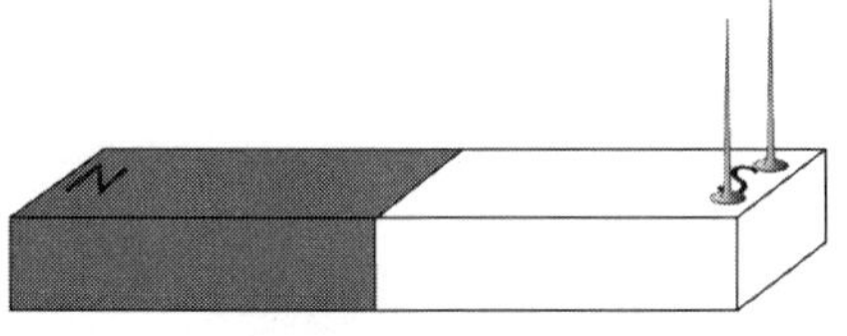

– 핀이 똑바로 세워지지 않는 부분은 어디인가?

– 자석의 극 가까이에 세운 핀의 모양은 각각 어디를 향하는가?

– 자석 위에 세운 핀의 모양으로 알 수 있는 것은 무엇인가?

나침반을 이용하여 자기장의 모양을 그리는 법

1. 흰 종이 위에 막대자석을 올려놓고 연필로 막대자석의 윤곽을 그린다.

2. 사진과 같이 막대자석 주변에 나침반을 올려놓고 자침 양 끝의 위치를 연필로 표시한다.

3. 표시된 한 점에 다시 자침의 끝이 일치하도록 나침반을 올려놓고 자침 다른 쪽 끝의 위치를 연필로 표시한다.

4. 더 이상 나침반을 이동할 수 없을 때까지 3번과 같은 과정을 되풀이한다.

5. 또 다른 여러 위치에 나침반을 올려놓고 2-4번 과정을 되풀이한다.

6. 표시된 점 사이를 선으로 이어 자침의 N극이 가리키는 방향으로 화살표를 그린다.

7. 자기장 모양이 완성된 종이에 막대자석을 다시 올려 놓고, 그 위에 샬레를 놓은 다음 철가루를 뿌려서 그 모양을 비교해 본다.

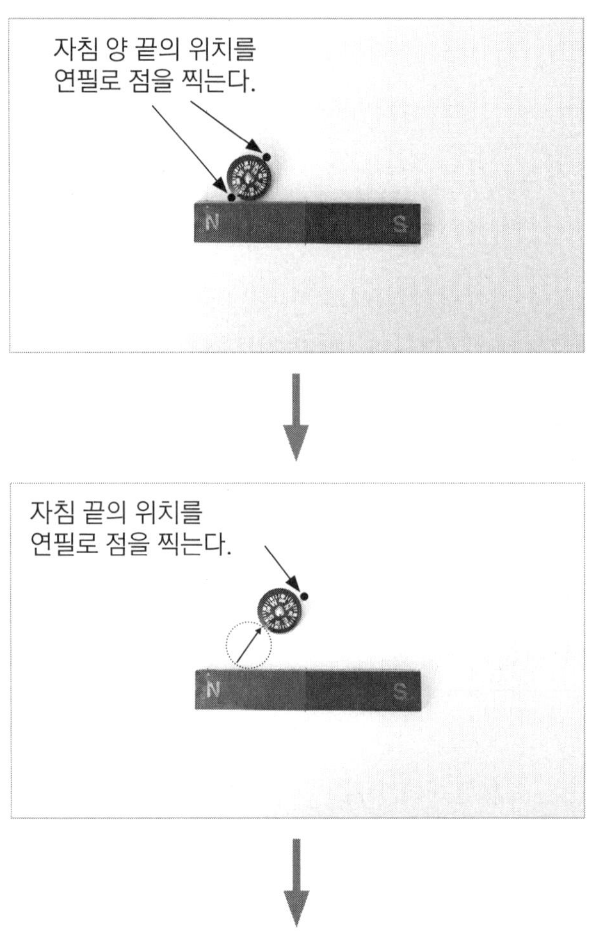

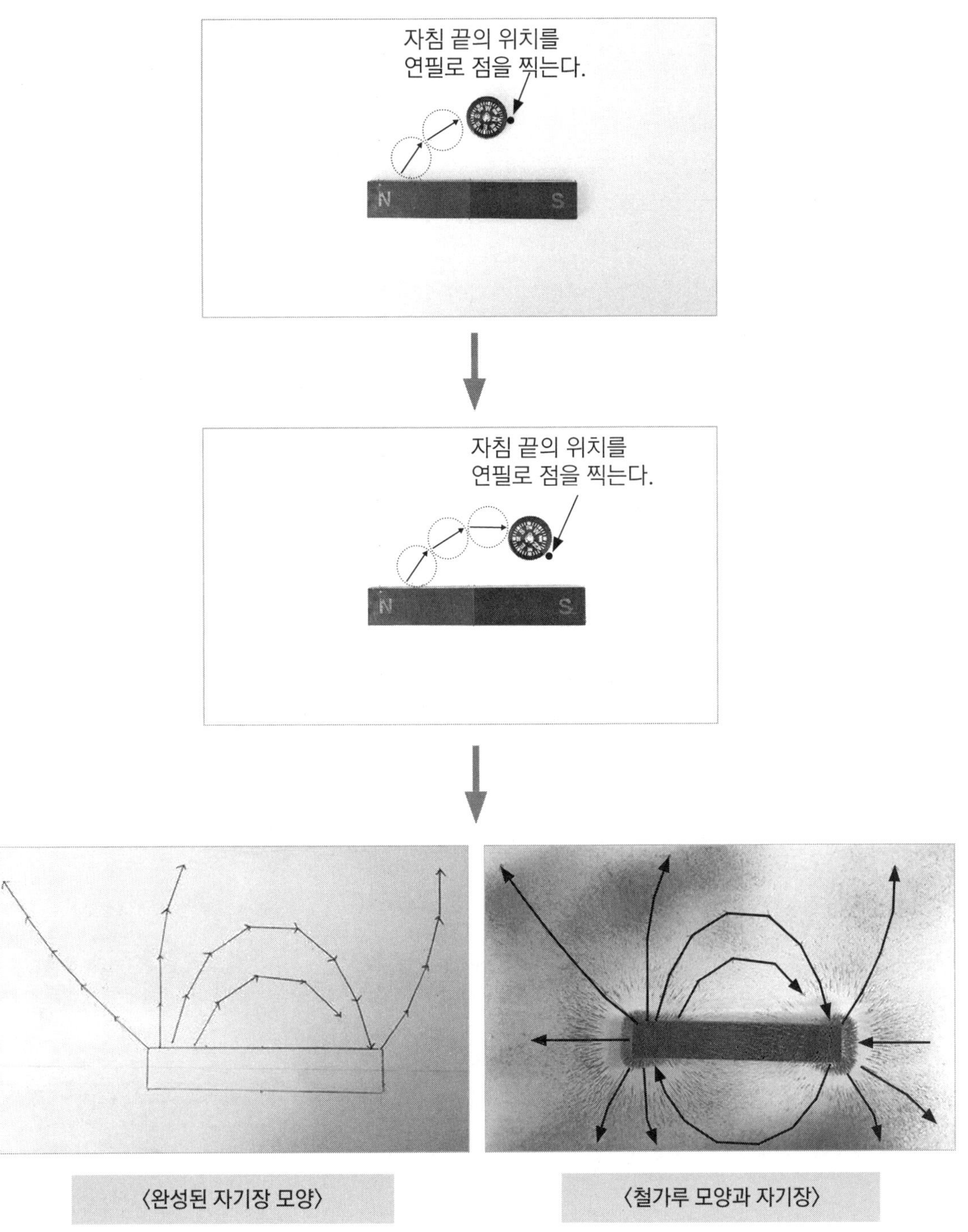

〈완성된 자기장 모양〉 〈철가루 모양과 자기장〉

관찰에서 규칙성 찾아내기

자석이나 전류가 흐르는 도선은 주위 공간에 자기장을 만든다. 이러한 자기장이 형성된 공간에 자석이 놓이면 자기력을 받는다.

자기장은 자석 주위에서 자침과 같이 아주 작은 자석이 어떻게 행동하는지 보여주는 일종의 모형으로 자기력이 공간에서 어떻게 작용하는지 나타낸다. 자석 주변의 자기장을 그려보면 자극 근처에서는 자기력선이 조밀하고 자극에서 멀어지면 자기력선 사이의 간격이 넓어진다는 것을 알 수 있다. 이것은 자극 근처에서는 자석의 힘이 강하고 자극에서 멀어질수록 자석의 힘이 약해진다는 것을 뜻한다. 자석에서 나타나는 이러한 규칙성이나 경향성이 단지 보는 것만으로 쉽게 알 수 있는 것은 아니다. 많은 경우 먼저 어떤 규칙성이나 경향성이 있는지 미리 예상하고 그것이 맞는지 관찰을 통해 살펴보아야 그것을 발견할 수 있기 때문이다. 그런 의미에서 관찰은 불필요한 정보는 무시하고, 우리가 의도적으로 선택한 부분에 초점을 맞출 것을 요구한다. 그리고 발견한 규칙성이 맞는지 알아보기 위한 추가적인 많은 관찰이 더 필요하게 된다.

규칙성을 찾아내기 위해서는 추가적인 관찰이 필요하다.

- 자석의 세기가 자석으로부터의 거리에 따라 어떻게 달라지는지 조사할 수 있는 실험을 계획해 보고 실제로 실험을 수행해 보자.

- 그림과 같이 2개의 막대자석을 접착테이프로 붙였다. 어떤 자석의 세기가 가장 셀까? 순서대로 나열하고 그렇게 생각하는 이유를 적어보자.

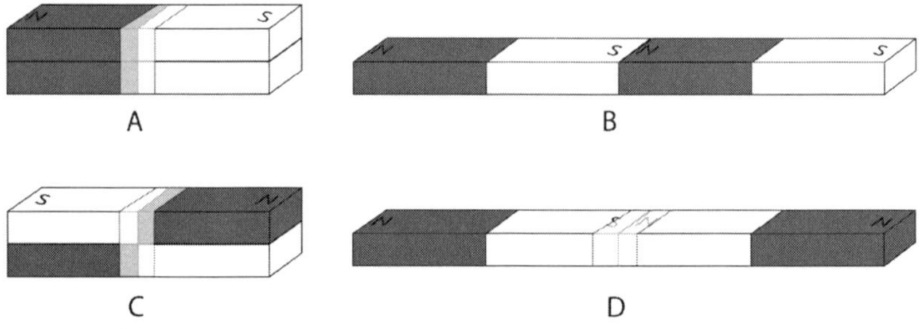

- 위 실험에서 자석의 세기를 어떻게 측정하는 것이 좋은지 모둠별로 토의해 보고, 실제로 실험을 수행해 보자.

- 위 실험을 준비할 때 2개의 막대자석은 같은 종류로 세기가 서로 비슷해야 한다. 경우에 따라서는 자석의 N극과 S극의 세기가 다른 경우도 있다. 왜 그럴까? '꼬마자석' 모형을 이용하여 그 이유를 설명해 보자.

- 동일한 자석의 경우 자석의 세기가 센 순서대로 나열하면 A→B→D→C가 된다. 앞에서 관찰한 자기장의 성질을 이용하여 위의 결과를 설명해 보자. B가 A보다 약한 이유는 무엇 때문인가?

- 막대자석을 핀이 들어있는 통 속에 넣었다가 들어 올리면 핀은 보통 가로로 붙지 않고 오른쪽 사진과 같이 세로로 일렬로 붙기 쉽다. 핀이 이렇게 일렬로 붙는 이유는 무엇일까? 이 현상을 '꼬마자석' 모형을 이용하여 설명해 보자.

고무자석의 속은 어떻게 되었을까?

– 관찰의 여러 측면

광고용 전단지에 붙어 있는 고무자석을 관찰하고, 고무자석의 특징을 바탕으로 고무자석의 속모양이 어떻게 되었는지 추리해 보자.

(1) **고무자석의 특징:** 고무자석을 다양한 방식으로 관찰하고, 고무자석이 어떤 특징을 가지고 있는지 서술한다.

- 고무자석 뒤쪽은 철판에 잘 붙지만, 앞쪽(광고)은 잘 붙지 않는다.

- 두 장의 고무자석을 서로 마주하고 반대로 잡아당길 때 잘 미끄러지는 방향과 그렇지 않은 방향이 있다.

- 두 장의 고무자석이 붙을 때 조금 미끄러져 달라붙는다.

- 철가루를 뿌리면 줄무늬가 나타난다.

- 잘 구부러지고 자를 수 있다.

- 작은 무늬가 보인다.

(2) **고무자석의 속 모양**: 고무자석의 특징을 고려했을 때 고무자석의 속모양은 어떻게 되었는지 추리를 하고 그 모양을 그린다. 그리고 그렇게 추리한 이유를 서술한다.

고무자석은 페라이트(Fe_2O_3) 등과 같은 자석 분말을 고무 속에 반죽하여 만든 자석을 말한다. 가위로 잘라낼 수 있을 정도로 가공이나 변형이 쉬워서 보통 광고 전단지 뒤에 붙여 사용한다.

관찰의 여러 측면

추리는 직접 관찰한 사실과 이전에 알고 있던 지식이나 경험을 연관시키는 과정을 통해 이루어진다.

관찰은 흔히 생각하는 것처럼 보는 것만으로 알 수 있는 것이 아니다. 앞에서 서술했던 것처럼 목적에 따라 다른 것을 보기도 하고, 관찰하려는 대상에 대한 지식이나 정보가 없으면 무엇을 관찰해야 하는지 알기 어렵기 때문이다. 고무자석을 관찰하라고 하면 학생들은 대개 겉모양이나 색깔, 또는 촉감이나 유연성 등 겉으로 드러나는 특성에 주목하기 쉽다. 그래서 관찰의 목적을 분명하게 하고, 그와 같은 목적을 성취하기 위해 어떤 점에 주목해야 하는지 교사가 지도하지 않으면 학생들은 갈피를 잡기 어렵다. 고무자석의 속 모양을 '**추리한다**'는 것은 고무자석을 이루는 가루자석들이 어떤 모양으로 되어 있는지 생각해 보는 것이다. 그렇지만 가루자석은 우리 눈에 보이지 않기 때문에 우리는 관찰될 수 있는 특징을 바탕으로 그 속 모양을 짐작해야 한다. 모둠별로 다음과 같은 문제를 토의해 보자.

- 고무자석을 철판에 붙일 때 앞면과 뒷면이 차이가 있는 이유는 무엇일까?
- 고무자석 두 장의 뒷면을 서로 마주하고 반대로 당길 때 잘 미끄러지는 방향을 찾아보자. 잘 미끄러지는 방향과 수직한 방향으로 자석을 서로 당기면 덜커덩 거리는 이유는 무엇일까?
- 고무자석 뒷면에 철가루를 뿌린 후 살짝 털어내면 줄무늬가 나타나는 이유는 무엇일까?

관찰은 또한 다른 관찰들과 서로 관련이 있다. 말굽자석에 뿌린 철가루 모양과 고무자석에 생긴 무늬를 자세히 살펴보자. 여러분은 무엇을 발견했는가?

 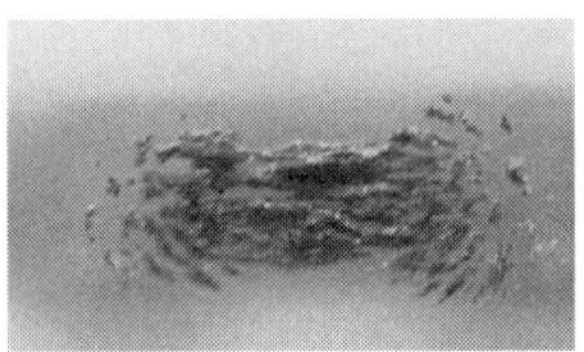 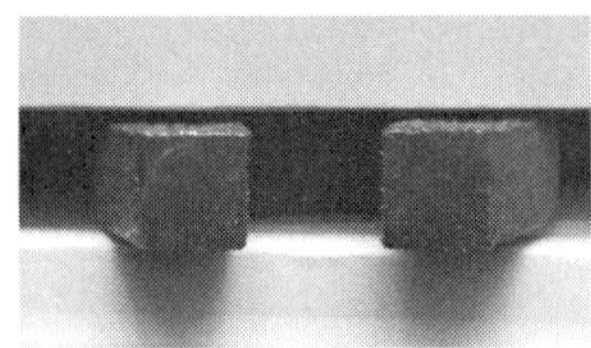

- 위와 같은 현상들을 설명하려면 고무자석의 속모양은 어떻게 생겼다고 추리하는 것이 좋은지 모둠별로 토의해 보자.

- 교사가 학생들의 관찰을 도와줄 수 있는 여러 가지 방법을 이야기해 보자.

관찰은 탐구를 자극하거나 지식을 확장시킬 때, 또는 결론을 도출하여 해석하도록 할 때 필요한 과정이다. 그러한 과정에서 세부사항에 주목하거나 유사점과 차이점을 알라내고, 규칙성이나 관계를 찾아내며 순서나 절차를 확인하는 것 등을 통하여 개념 발달에 기여할 수 있다. 학생들의 관찰 기능을 발달시키기 위해 교사는 충분한 관찰 기회를 제공하고, 관찰 범위를 확장할 수 있도록 도와주며, 탐구나 생각을 자극하는 적절한 질문을 제공하고, 관찰하거나 관찰할 내용에 대해 토의할 수 있는 기회를 제공해 주어야 한다.

전류가 흐를 때 자침은 어떻게 될까?
– 의사소통하기

전지와 스위치를 연결한 전선 옆에 그림과 같이 나침반을 가까이 놓는다. 스위치를 닫거나 여는 순간에 자침이 어떻게 되는지 자세히 관찰한다.

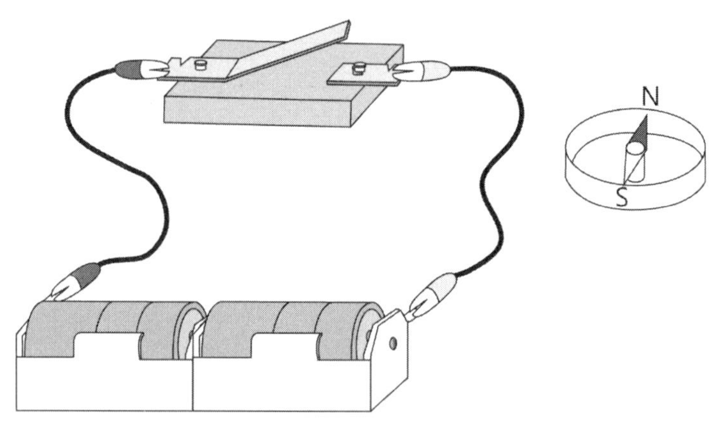

- 자침 가까이 있는 전선을 자침의 위치보다 조금 높이 올리거나 아래로 내리고 스위치를 닫으면 그 순간 자침은 어떻게 되는가? 자침이 왜 그렇게 반응하는지 그 이유를 설명할 수 있는가?

- 다음과 같이 전선을 나침반 주변에 놓았다. 전선에 전류가 흐를 때 나침반의 방향이 어떻게 되는지 예상하여 '예상하기' 칸에 그림을 그려보자. 자침의 방향이 그렇게 되는 이유를 설명해 보자.

- 전선에 실제로 전류를 흘려보고 그 결과를 '실험 결과' 칸에 그려보자. 나침반의 자침이 움직이는 것을 어떻게 설명하면 좋을지 이야기해 보자.

- 지구 자기장이 없다고 가정을 하고 전류의 방향과 자침 N극의 방향을 오른손 손가락으로 나타내 보자.

	처음 모양	예상하기	실험 결과
나침반 옆 (평행)	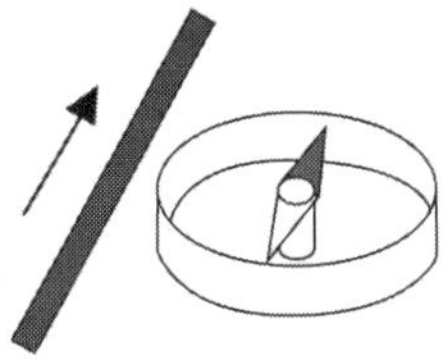	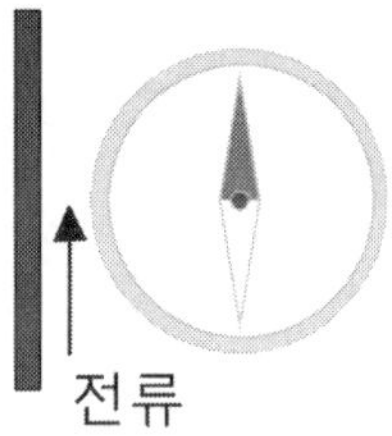 전류	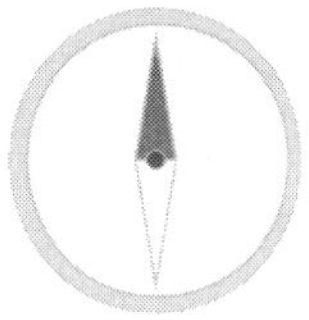
나침반 옆 (수직)	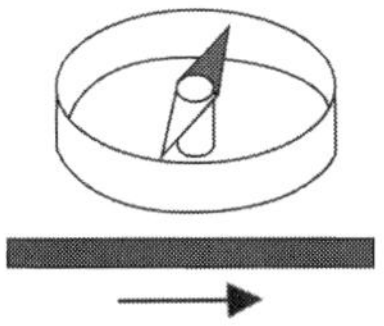	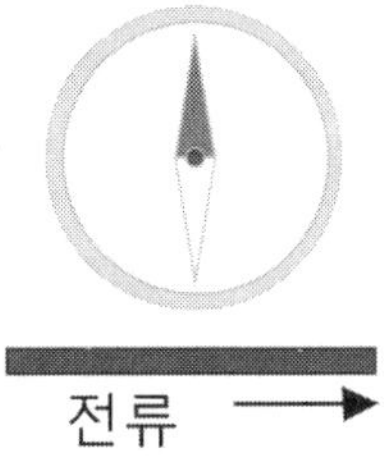 전류	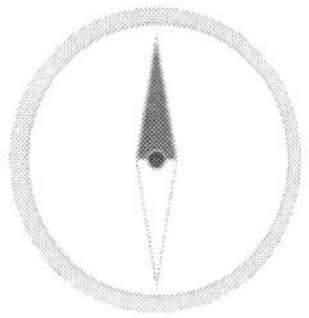
나침반 위 (평행)	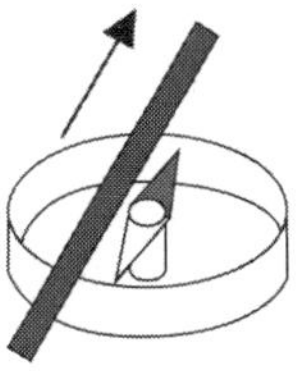	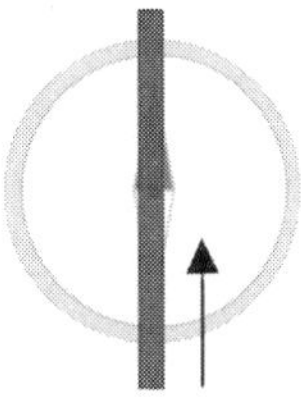	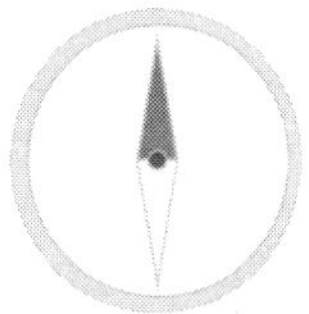
나침반 밑 (평행)	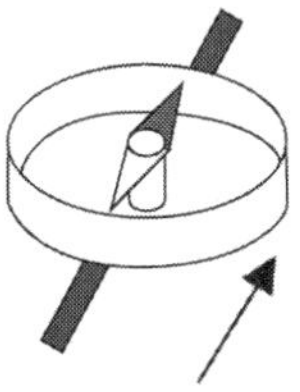	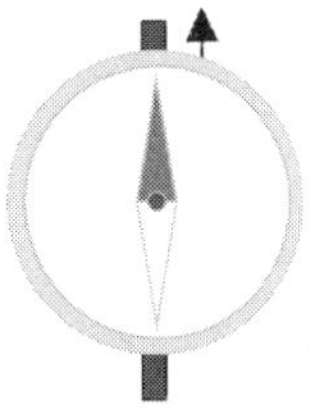	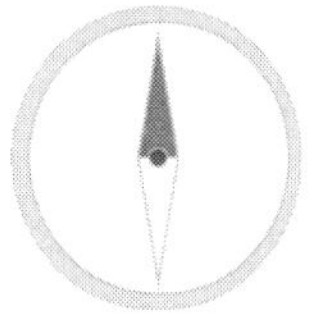
나침반 감기 (평행)	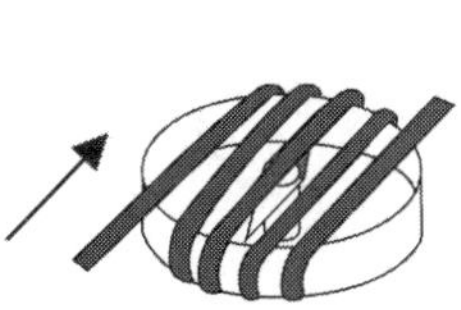	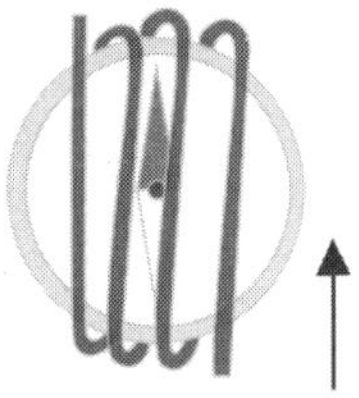	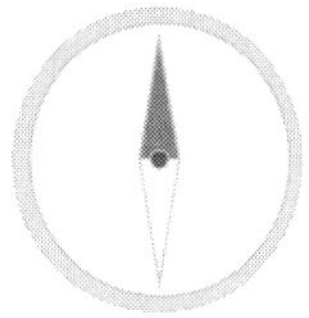

의사소통하기(표상조직자)

과학교사의 중요한 역할 중 하나는 학생이 자신의 이해나 생각을 다른 사람들과 토의하고 소통하도록 도와주는 일이다. 특히, 자신의 생각을 다른 사람이 이해할 수 있도록 표현하는 일은 기본적인 학습 과정으로 매우 중요하다. 어떤 것을 제대로 이해하고 있지 못하다면 자신의 생각을 표현하기 어렵기 때문이다. 어떤 것을 다른 사람에게 설명해야 하는 경우 우리가 제대로 이해하지 못한 내용은 표출되기 마련이다. 학생에게 자신의 생각과 결론에 대해 이야기하거나 글을 쓰게 하고 또는 그림을 그려보게 하는 것은 자신이 이해하지 못한 것을 알게 하는 중요한 기회가 될 수 있다. 그것은 단지 사실을 회상하는 수준보다는 설명, 정당화, 이유, 예상과 같은 것이어야 한다. 아울러 만화나 그림을 그려보게 하는 것도 좋은 방법이 될 수 있다. 이야기나 글, 또는 그림을 통하여 자신의 생각을 표현하게 하는 것은 그런 의미에서 자신이 학습한 것을 내면화하는 과정으로 이해를 촉진시킨다.

덴마크의 과학자 외르스테드는 1820년 전선 주위에 있던 자침이 전선에 전류가 흐를 때 움직이는 것을 발견했다고 한다. 그러면 다른 사람들은 왜 그것을 몰랐을까? 오른쪽 그림과 같이 전선에 전류가 흐를 수 있도록 회로를 만들고 그 주변에 나침반을 놓는다. 스위치를 닫으면서 자침이 어떻게 움직이는지 관찰해 보자. 많은 경우 대부분의 학생들은 처음에 자침이 움직이는 것을 거의 알아채지 못한다. 전류에 의해 생긴 자기장은 상대적으로 매우 약하고, 거리가 멀어질수록 자기장의 세기가 약해지기 때문이다. 그렇지만 이것보다 더 중요한 것은 자침과 전류의 방향이 나란하지 않으면 그 효과를 보기 더 어렵기 때문이다.

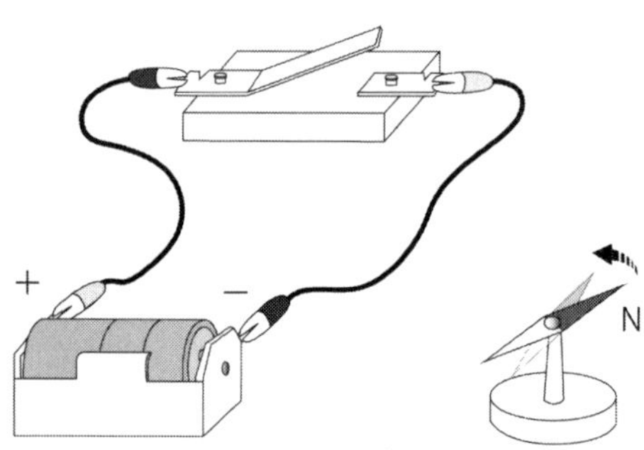

- 자침과 전류의 방향이 수직이 되는 경우에는 전류가 흐르더라도 자침이 움직이는 것을 거의 관찰하기 어렵다. 그 이유를 알기 쉽게 그림으로 설명할 수 있는가?

- 위 그림에서 스위치를 닫으면 자침은 반시계 방향으로 조금 움직였다. 자침이 그렇게 움직인 이유를 알기 쉽게 그림으로 설명할 수 있는가?

전류가 전선을 따라 위쪽으로 흐르는 경우 전선 둘레에 아래 그림과 같이 나침반을 놓으면 자침의 N극은 전선 둘레를 따라 반시계 방향을 가리킨다. 오른쪽 손가락의 엄지를 전류의 방향으로 향하면, 네 손가락이 감아쥐는 방향은 자기장이 가리키는 방향을 보여준다.

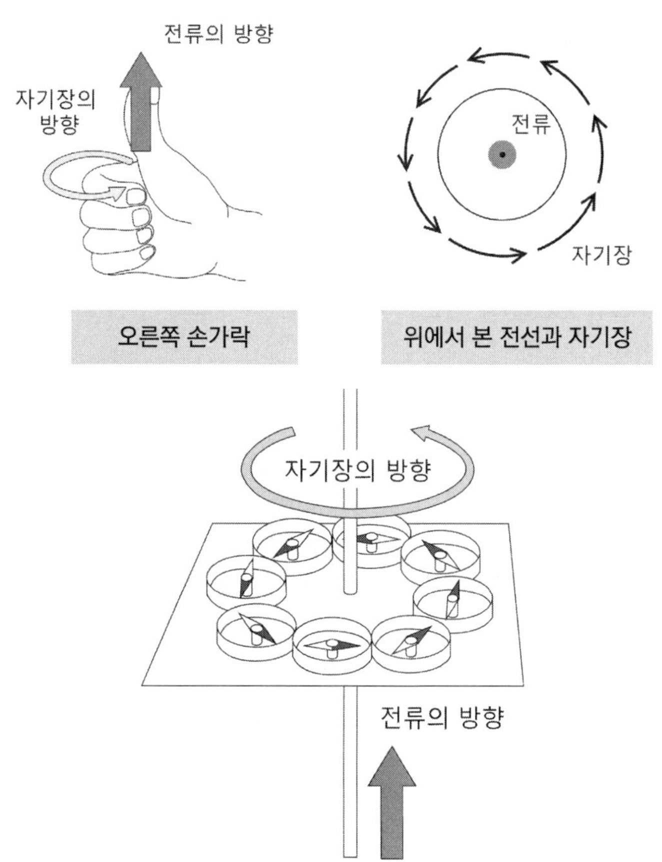

물론 이런 상황은 다른 손이나 다른 방법으로도 다양하게 표현할 수 있다. 예를 들어, 위의 그림과 같이 도선의 단면을 중심으로 전류가 종이 면에서 나오는 경우는 반시계 방향으로 (또는, 전류가 지면으로 들어가는 경우에는 시계 방향으로) 자기장을 표현할 수 있다. 또는 손바닥에 전류가 흐르는 도선을 엄지 방향으로 놓으면, 검지 방향이 자침이 향해야 하는 방향이라고 생각하여 자기장 방향을 찾을 수도 있다.

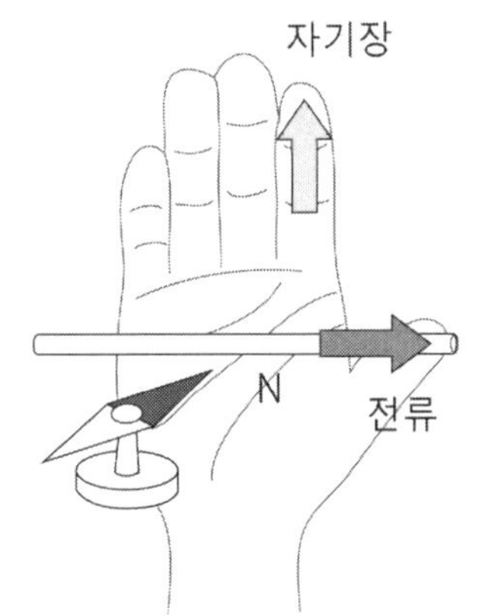

오른쪽 그림과 같이 자침이 전선에 수직한 채로 놓여있을 때 엄지를 전류의 방향으로 놓으면 검지는 위쪽을 가리키므로 손바닥 방향으로 놓인 자침은 위쪽으로 움직일 수가 없게 된다. 학생들마다 서로 이해하는 방식이 다를 수 있으므로 교사가 한 가지 방식을 강요하기보다는 전류와 자기장의 방향을 쉽게 이해할 수 있는 자신의 방법을 찾아 서로 이야기해 보는 기회를 제공하는 것이 바람직하다.

- 전선 옆에 자침을 놓았을 때 자침의 위치를 기준으로 한 전선의 상대적 높이에 따라 자침이 어떻게 움직이는지 실험해 보고 위와 같은 방식으로 다시 설명해 보도록 하자.

특히, 학생의 생각이나 사고를 구조화하도록 도와주는 그림이나 도표를 **표상 조직자**(graphic organizer)라고 한다. 표상 조직자에는 개념도, V도, 흐름도, 가시도표 및 마인드맵 등이 있다. 표상조직자는 아동이 탐구를 계획하거나 실행하기 위해 사용될 수도 있고, 자신의 생각이나 학습 내용을 분류하거나 정리하며 조직하는데 사용될 수 있다. 또한, 표상조직자는 아동의 딴생각이나 잘못 이해하고 있는 부분을 교사가 파악하는데 사용될 수 있다. 외르스테드의 발견을 가시도표를 이용하여 나타내면 오른쪽 그림과 같다.

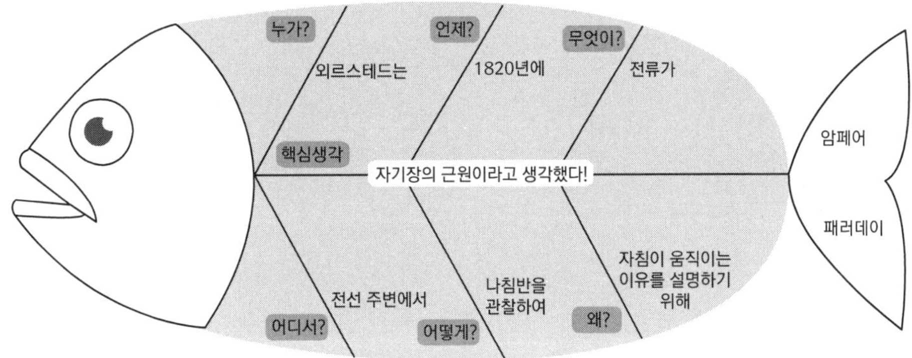

가시도표의 구조

개념도

Novak과 Gowin(1984)이 학습하는 방법을 학습하도록 도와주는 발견적 도구로 제안한 것으로 개념들 사이의 관계를 시각적으로 표현하는 표상 조직자이다. 상층부에는 포괄적이고 일반적인 개념을, 하층부로 가면서 구체적이고 덜 포괄적인 개념을 배치한다. 개념과 개념 간에는 연결어를 사용하여 이어준다.

V도(V 다이어그램, 인식론적 V)

과학 실험 활동의 본성과 그 목적을 명확히 알려주고 과학 지식의 구조와 지식 생성 과정의 이해를 돕기 위한 방법으로 Gowin(1970)이 제안하였다. V자의 오른쪽에는 방법론적 측면을 나타내고 왼쪽에는 그에 대한 의미를 묻거나 이유를 생각하는 개념적, 이론적 측면을 나타낸다. 이 두 측면이 상호작용하여 주요 질문에 대한 지식 주장을 구성하게 된다.

의사소통하기(시와 시조)

학생의 생각이나 이해한 것을 글로 표현하는 것 중에는 시를 활용하는 방법도 있다. 이러한 과학 글쓰기는 독립된 과제로 부과하기보다는 여러 과학 활동과 관련된 보충 과제로서 학생 자신의 생각을 내면화하는 기회가 되도록 하는 것이 바람직하다. 따라서 단독의 글쓰기 과제보다는 글감으로서 과학 활동이나 관련 수업 내용이 포함되도록 해야 한다. 예를 들어, 다음 글짓기 과제처럼 전자석 실험을 하고서 관찰한 내용을 시로 표현하게 할 수 있다.

글짓기 과제: 전자석에 전류가 흐를 때 일어나는 변화의 중요한 특징을 설명하는 5 행시를 짓는다. 시에는 전류, 자기장, 철심, 자화, 꼬마자석 등의 관련 개념에 대한 자신의 이해가 포함되어야 한다. 각 행의 규칙은 다음과 같다.

1 행: 주제의 이름쓰기

2 행: 주제에 대한 관찰이나 사실을 포함하기

3 행: 주제에 대한 느낌이나 감정을 나타내기

4 행: 주제에 대한 다른 사실이나 관찰을 적기

5 행: 주제의 동의어 쓰기

〈예시〉
전자석
코일에 전류가 흐른다.
앗, 어지러워!
핀이 달라붙는다.
철심의 자화

- 전자석에 대한 위의 시를 읽고 시 속에 포함된 개념, 예를 들어 자화에 대해 이야기해 보자.

시조(3-4-3-4/3-4-3-4/3-5-4-3)나 **하이쿠**는 짧은 글 속에 압축된 생각을 넣을 수 있는 시의 형태이다. 생각을 압축하기 위해서는 상상력과 창의성이 요구된다. 특히 일본의 단시인 하이쿠는 대개 5-7-5의 음절로 이루어진 한 줄짜리 정형시로 세계에서 가장 짧은 시 형태이다. 과학 현상에 대한 것을 17자-27자 정도의 음절을 사용하여 3행으로 표현하게 할 수 있다. 하이쿠를 잘 쓰기 위해서는 시의 의미를 뒤로 감추고 먼저 모습이나 현상을 보이도록 하는 것이다. 과학적 관찰과 마찬가지로 시의 본질은 사물의 본질을 자세히 보도록 하는 것이다. 그래서 독자의 상상력을 자극하도록 하는 것이다.

- 타고 있던 촛불을 컵으로 덮을 때 촛불이 꺼지는 현상에 대한 오른쪽 예시와 같은 하이쿠를 읽어 보고 시 속에 포함된 개념에 대해 이야기해 보자.

- **글자 맞추기 시**는 제시된 낱말의 글자를 각 행의 첫머리에 삽입하여 시를 짓도록 하는 것이다. '빛과 색깔'에 대한 학습을 하고 '가시광선'이라는 낱말로 두 학생이 지은 다음의 4행시를 살펴보자. 이와 같은 시를 살펴보고 학생의 딴생각을 확인할 수 있는지 이야기해 보자. 어떤 시가 좋은 시라고 할 수 있나? 문학에서 사용하는 시와 과학에서 사용하는 시는 어떤 면에서 차이가 나는가?

학생들이 시를 쓰는 것만큼 쓴 시를 공유하는 일도 매우 중요하다. 이를 위해 시를 크게 소리 내어 학생들에게 읽어준다. 아울러 포스터나 칠판 또는 OHP나 빔 프로젝터를 사용하여 시를 보여준다. 시에 적힌 낱말을 듣고 보는 것은 언어를 읽고 배우는 것처럼 학생들에게 추가적인 강화를 제공한다. 노래가 부르기 위한 것이라면 시는 근본적으로 듣기 위한 것이다. 낱말, 행, 쉼, 리듬에 익숙해지도록 여러 번 시를 큰 소리로 읽는다.

그 다음은 학생들이 함께 큰 소리로 시를 읽는 방법을 제시한다. 소리 내어 읽을 때, 학생들은 유창하게 말하는 법을 발달시키는 기회를 갖는다. 학생들을 대집단, 소집단, 짝꿍 또는 혼자서 등과 같이 다양한 방법으로 시 읽기에 참여시킬 수 있다. 그리고 여러 가지 방법으로 학생은 스스로를 표현하고, 이해하며 자신감을 쌓을 수 있다. 저학년의 경우에는 교사가 행을 읽은 다음에 어떤 낱말이나 행을 학생들에게 반복하게 하는 **메아리 읽기**(echo reading)가 도움이 된다.

그런 다음에 학생이 그 시에 반응하는 기회를 제공한다. 먼저 그 시에 맞추어 만든 재미있는 토의 실마리를 준비하는 것이 좋다. 정답이 없는 끝 열린 질문을 던지고, 다양한 반응을 격려한다. 시 자체에 대한 질문보다는 오히려 시에서 제안된 질문을 던지는 것이 바람직하다. 예를 들어, '전자석'이라는 5행시에서 철심이 자화된다는 것은 무엇을 뜻하는 것인지 학생들의 생각을 토의하도록 한다. 이것은 '마음을 터놓고' 과학에 대한 자신들의 예전 경험을 시와 연결시키는데 도움이 된다. 그것은 시의 의미와 과학 내용을 이해하기 위해 시에 있는 특정한 낱말, 행 및 연을 살펴보도록 이끌 수 있다. 그리고 교사는 학생들의 시를 보고 과학 현상과 관련된 학생들의 딴생각을 찾아낼 수도 있다. 예를 들어, 가시광선이 물체의 색을 선명하게 드러낸다는 시를 쓴 학생은 물체의 색이 물체에 비친 빛에 따라 달라질 수 있다는 것을 이해하지 못한다는 것을 보여준다.

그리고 토의 과정을 통해 시에 나타난 특정한 과학 개념이나 기능에 초점을 맞추도록 한다. 어떤 시는 여러 개념이나 생각을 가지고 있을 수 있으므로, 그 시에서 특히 중요한 한 가지 핵심 요소에 초점을 맞추는 것이 좋다. 중요한 일은 시를 즐기면서 과학 지식이나 소양을 쌓는 일이다. 마지막에는 그러한 특징을 갖는 시와 잘 연관되는 다른 관련된 시나 도서를 서로 공유하는 것이다. 같은 시인의 다른 시나 같은 주제에 대한 다른 시 또는 관련된 도서를 찾아본다. 학생들이 일단 시 속에 빠지게 되면, 스스로 그러한 관련성을 찾게 될 것이다. 과학 시 관련 도서나 유명한 과학 시를 수집하도록 하는 것도 한 방법이다. 유명한 시를 낭송함으로써 서로 공유하는 일은 수업을 시작하거나 마치는 좋은 방법이 될 수도 있다. 또한 도서관에서 관련 자료를 찾아보게 하는 자극제가 될 수 있다.

시를 즐기면서 과학적 소양을 쌓을 수 있다.

● 마름모꼴 7행시(Diamante Poem) 쓰는 법

마름모꼴 7행시는 7행으로 이루어진 글로 마름모꼴을 만든 시를 말한다. 첫 행과 마지막 행은 글이 제일 짧고 중간 행은 길게 써야 한다. 원래 "Diamante"라는 말은 다이아몬드를 뜻하는 이탈리아 말이고 미국의 Iris McClellan Tiedt가 1969년에 만들어 학교에서 유행되었다. 이와 같은 마름모꼴 시에는 유비 7행시(synonym diamantes)와 대비 7행시(antonym diamantes) 두 종류가 있다. 다음과 같은 방법으로 7행시를 만든다.

(1) 시를 쓰기 위해 7개의 행을 사용한다.

(2) 1행과 7행은 **하나**의 낱말로 구성한다.

(3) 2행과 6행은 **두** 개의 낱말로 구성한다.

(4) 3행과 5행은 **세** 개의 낱말로 구성한다.

(5) 4행은 **4-5**개의 낱말로 구성한다. (낱말 수: 1, 2, 3, 4-5, 3, 2, 1)

(6) 1행은 **주제**를 나타내는 낱말을 고른다.

(7) 2, 3행과 5, 6행은 주제와 관련된 (관찰) **사실**이나 **느낌**을 서술한다.

(8) 4행은 주제에 대한 기본 **개념**을 서술하거나 **비유**를 보여준다.

(9) 7행은 1행의 낱말과 비슷한 **유사어**나 대조되는 **반의어**를 고른다.

(10) 배열된 낱말이 마름모꼴을 이루도록 가운데 정렬을 한다.

유비 7행시는 시작과 끝에 있는 두 낱말이 기본적으로 같은 것을 의미하는 말이어야 한다. 반면에 대비 7행시는 두 낱말이 서로 반대로 대비되는 말이어야 한다. **자석**에 대한 다음의 예에서 첫 번째 시는 유비 7행시이고 두 번째 시는 대비 7행시를 보여준다. 첫 번째 시에서 '자석'과 '지남철'은 동의어로 같은 것을 의미하기 때문에 유비 7행시이다. 반면에 두 번째 시에서 '자석'과 '물체'는 서로 대비되는 것을 나타내기 때문에 대비 7행시이다.

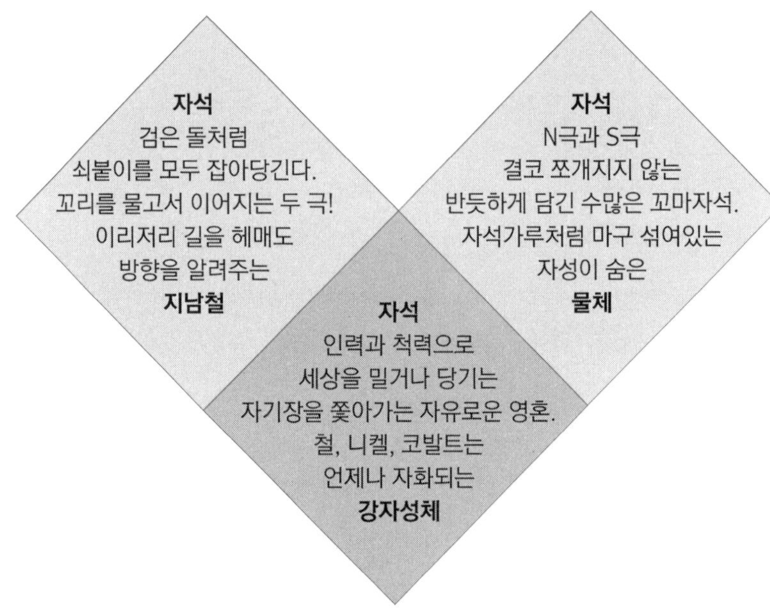

또한 의사소통을 증진시키는 방법의 하나로 이렇게 쓴 7행시를 개인별로 또는 집단별로 모아서 아래와 같이 재미있는 모양으로 만들어 학급의 게시판에 전시할 수도 있다.

• 다음에 제시된 낱말을 이용하여 재미있는 7행시를 써보자.

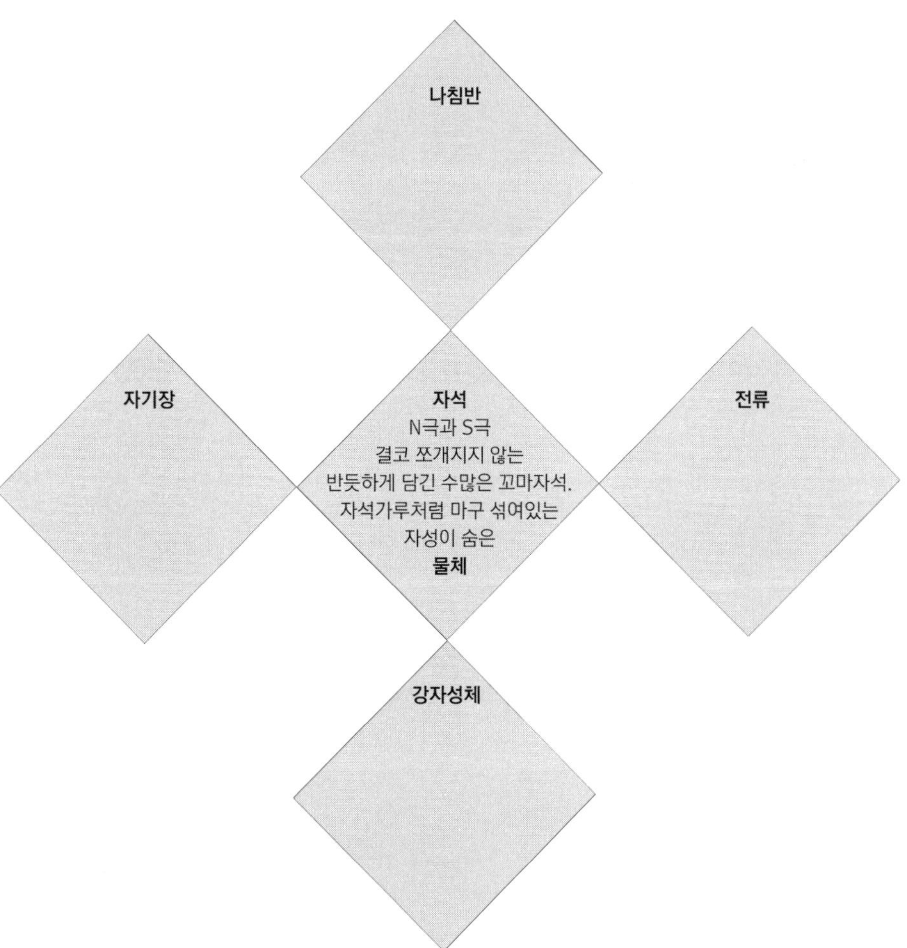

전자석의 세기를 어떻게 세게 할 수 있을까?
– 변인 통제

1. 그림과 같이 빨대 Ⓐ와 Ⓑ에 각각 에나멜선을 100번과 200번을 촘촘하게 감아서 솔레노이드 코일을 만들었다. 이 두 코일에 각각 1.5V 전지 한 개를 도선으로 연결하여 전류가 흐르도록 한 다음 P 점에서 전자석의 세기를 측정하려고 한다.

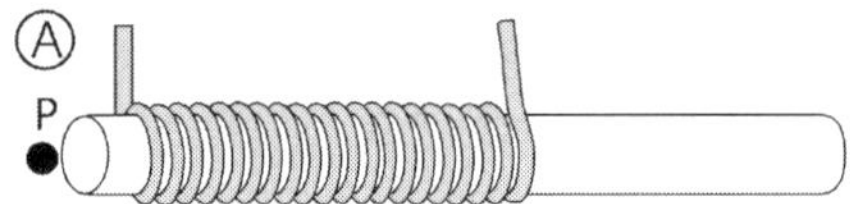

- Ⓐ와 Ⓑ 중에서 전자석의 세기가 더 센 것은 어느 것일까? 그렇게 생각하는 이유는 무엇인가?

- 만일 아래 그림과 같이 빨대 속에 대못을 집어넣는다면 위의 실험 결과는 어떻게 변할 것인지 그 이유를 들어 구체적으로 설명하여라.

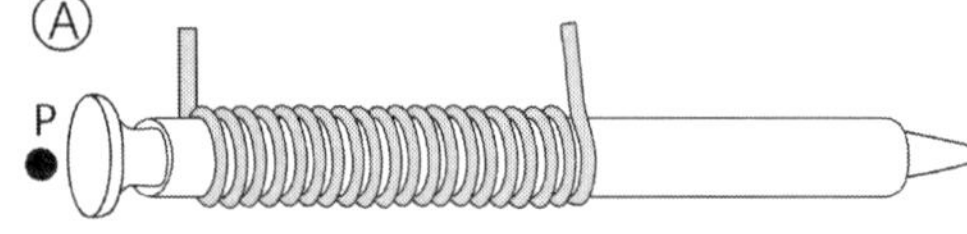
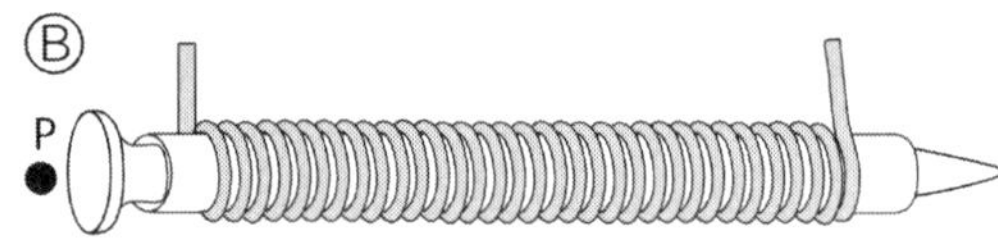

2. 전자석의 세기에 영향을 주는 것이 무엇인지 탐구하려고 한다. 전자석의 세기에 영향을 줄 것이라고 생각하는 것을 제시해 보고, 자신의 생각을 조사해 볼 수 있는 탐구방법을 구체적으로 계획하여 실험해 본다.

(1) 전자석에 흐르는 전류의 세기를 일정하게 유지하려면 어떻게 해야 하는지 토의하고, 전류가 일정하게 흐를 때 전자석의 세기가 무엇에 따라 달라지는지 실험해 본다.

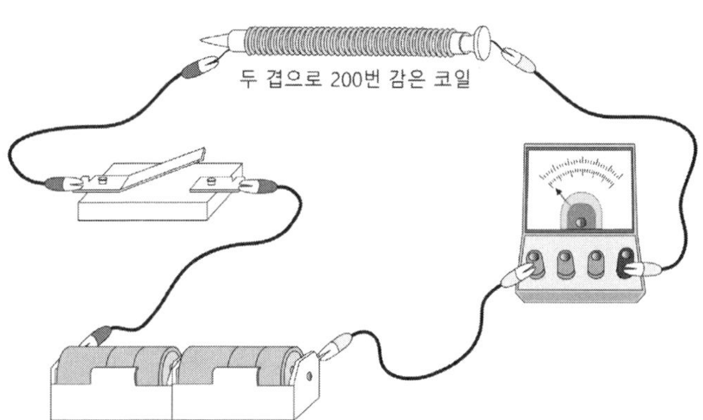

(2) 빨대 속에 쇠못을 집어넣은 경우와 넣지 않은 경우 전자석의 세기와 전류는 어떻게 달라지는지 실험해 본다. 만일 쇠못이 아닌 다른 물체를 집어넣으면 어떻게 될까?

(3) 전자석에 흐르는 전류의 세기를 다르게 하면 전자석의 세기가 어떻게 달라지는지 실험해 본다.

(4) 실험 결과를 모둠별로 토의해 보고, 실험 결과가 무엇을 의미하는지 설명해 본다.

(5) 전자석의 세기에 대한 실험에서 고려해야 할 변인이 무엇인지 토의해 보자.

솔레노이드는 촘촘하게 감긴 일련의 코일들로 이루어진 것으로 코일의 지름보다 그 길이가 훨씬 긴 것을 말한다.

변인 통제

학생들이 수행하는 탐구는 보통 어떤 정보, 조건이나 효과, 규칙성, 방법 등을 찾기 위한 것이다. 탐구를 하기 위해서는 먼저 문제를 찾고 어떻게 탐구를 해야 하는지 계획을 세워야 한다. 그러나 대개 학생들은 계획을 세우기도 전에 먼저 이것저것 실험을 수행해 보려고 하기 쉽다. 그렇게 실험에서 얻은 결과를 토대로 결론을 찾을 수도 있지만, 많은 경우 수행한 실험이 체계적이지 못하므로 의미 있는 결론을 얻기 어렵다. 따라서 탐구를 수행하기 앞서 먼저 탐구에 대한 계획을 세우는 일은 매우 중요하다. 그러나 계획을 세우기 위해서는 탐구하려는 소재에 대한 어느 정도의 배경 지식이나 관련 경험이 필요하다. 예를 들어, 센 전자석을 만들어야 하는 경우 학생들은 그에 대한 경험이나 지식이 거의 없을 수 있다. 그런 경우 탐구 계획에 앞서 먼저 탐색 활동을 허용하는 것은 바람직한 지도 방법이다. 대개 학생들은 전류를 많이 흐르게 하면 전자석이 강해질 것이라고 생각하고, 전류를 많이 흐르게 하려면 건전지를 직렬로 많이 연결하면 될 것이라고 생각한다. 그러나 건전지의 내부저항 때문에 직렬연결한 건전지의 개수에 비례하여 전류가 증가하지 않는 경우가 많다. 조건을 제대로 통제하지 않으면 전자석의 세기에 대한 탐구는 성공하기 어렵다. 따라서 탐구 계획에 앞서 전자석의 세기와 관련된 몇몇 조건을 인식할 수 있도록 탐색 기회를 주는 것이 필요하다.

탐구를 계획할 때는 비교를 할 수 있도록 조건을 통제하고 한 번에 하나씩 해결할 문제를 생각하는 것이 좋다. 대개 학생들은 전자석에 코일을 감은 수와 전지의 개수가 전자석의 세기에 영향을 준다고 생각하여 두 가지를 함께 변화시켜서 실험을 하기 쉽다. 그런 경우 어떤 변인이 전자석의 세기에 영향을 주었는지 판단내리기가 어렵다. 그래서 탐구할 때는 '전자석에 감은 코일의 수가 많아지면 전자석의 세기가 강해지는가?'와 같이 구체적인 질문을 하나 정하여, 그에 따라 변화시켜야 할 조건인 **독립변인**과 똑같게 유지해야 할 조건인 **통제변인**을 구분하고, 관찰이나 측정해야 할 효과로서 **종속변인**을 확인해야 한다.

공정한 검사로 질문에 답하기 위해 조건을 똑같게 유지하는 것을 **변인 통제**라고 한다. 그러나 변인 통제는 간단하지가 않다. 탐구 주제에 대한 충분한 지식이 없는 경우 어떤 조건을 똑같이 해야 할지 분명하지 않은 경우가 대부분이기 때문이다. 위에서 제시한 예와 같이 전자석에 감은 코일의 수가 전자석의 세기에 영향을 주는지 알아보기 위한 탐구에서 우리는 무엇을 똑같게 해야 할까? 먼저 생각나는 것은 건전지의 수와 사용한 코일의 종류(굵기, 재질 등)를 같게 하는 것이다. 그밖에 또 어떤 것이 있을까? 같은 종류의 전선, 스위치, 빨대의 길이... 등등 여러 가지가 있을 수 있다. 그래서 실제로 이와 같은 조건들을 일정하게 하고, 에나멜선을 100번 감은 전자석과 200번 감은 전자석의 세기를 비교하면 전자석의 세기에 대한 질문에 올바르게 답을 할 수 있을까? 이에 대한 생각은 그렇지 못하다는 것이다. 만일 전류의 세기가 전자석의 세기에 영향을 준다면, 에나멜선의 길이가 전자석의 세기에 영향을 줄 것이기 때문이다. 예를 들어, 200번 감은 에나멜선의 길이가 100번 감은 에나멜선보다 길면, 전체 저항이 커지고 그에 따라 200번 감은 전자석에 흐르는 전류의 세기가 작아지게 된다. 이와 같은 일이 일어나면 감은 코일의 수와 코일에 흐르는 전류가 모두 달라져 변인이 통제되지 않은 실험 결과를 얻게 되고, 우리는 그렇게 된 결과의 원인을 알 수 없게 된다. 보통 변인 통제는 주어진 현상에 대한 이론을 바탕으로 이루어질 수 있기 때문에, 이론이 분명하지 않은 경우에 통제할 변인을 찾는 일은 그렇게 쉬운 일이 아니다. 더구나 무수히 많은 조건을 모두 동일하게 하기도 불가능하다. 그렇지만 처음에 변인을 완벽하게 통제하지 않더라도 우리는 탐구가 진행됨에 따라 미흡한 부분을 보완할 수는 있다.

한편, 실제로 변인을 잘 통제하여 실험을 수행할 수 있더라도, 조건을 변화시켜 얻은 결과(즉, 종속 변인)를 어떻게 확인할 것인지 구체적으로 정하지 못하면 탐구에 대한 답을 얻기는 쉽지 않다. 예를 들어, 전자석의 세기를 못에 달라붙는 클립의 개수로 측정하는 것과 자침이 돌아가는 각도로 측정하는 것이 서로 다른 결과를 줄 수 있기 때문이다. 앞에서 여러분이 수행한 탐구 중에서 빨대에 감은 코일 수에 따른 전자석의 세기를 측정할 때 클립이 달라붙는 것을 바탕으로 전자석의 세기를 판단한다면 감은 수와 관계없이 클립은 모두 달라붙지 않을 것이다. 그러나 전자석의 세기를 나침반 자침이 돌아가는 각도나 자기장 센서 등으로 판단한다면 다른 결과를 얻을지 모른다. 따라서 종속 변인을 어떻게 확인할지 구체적이고 명확하게 정하는 일은 매우 중요하다. 이것 중에는 어떤 도구를 사용하여 실험하거나 측정할 것인지 정하는 일도 포함된다. 사용한 도구나 측정 방법에 따라 기대하는 차이를 구별하거나 못하는 경우가 생길 수 있다.

이와 같이 과학에서 이루어지는 탐구 활동은 대개 이론이나 개념과 밀접하게 관련되어 있기 때문에, 그와 같은 충분한 지식이나 개념 발달이 이루어지지 않은 경우 학생들이 완벽하게 탐구를 계획하기는 매우 어렵다. 그렇지만 반복적이고 추가적인 탐구 활동을 통하여 학생들은 관련 지식이나 개념을 얻거나 발달시키는 기회를 가질 수 있다. 초등학생의 입장에서 전자석의 세기에 영향을 주는 조건을 완전하게 알아내기는 쉽지는 않지만, 전자석 과제는 숨겨진 많은 문제를 포함하고 있어 학생들의 생각을 도전시키거나 탐구 방법을 학습하기 위한 훌륭한 소재가 될 수 있다.

솔레노이드로 만들어진 전자석 내부에서 자기장의 세기는 코일에 흐르는 전류의 세기와 솔레노이드 단위 길이 당 감은 코일의 수에 비례하고, 또한 코일 속에 집어넣은 물질의 종류에 따라 달라진다. 철심의 경우 코일의 자기장에 의해 유도된 자기장은 코일보다 수 십 배에서 천 배 정도 더 강해진다. 또 학생들이 실험을 하는 경우 사용하는 재료와 제작 방법에 따라 자기장의 세기가 달라질 수 있다는 것을 고려해야 한다. 전자석에 사용하는 철심은 강철이 아닌 연철을 사용해야 전류가 흐르지 않을 때 자기장이 사라진다.

전자석의 철심에 전류가 흐른다는 생각은 대표적인 오개념이다.

보통 학생들은 코일 속에 철심을 넣으면 철심에 전류가 흘러 전자석이 된다고 생각하기 쉽다. 그러나 철심에는 전류가 흐르지 못한다. 철심에 전류가 흘러서 전자석이 되는 것이 아니라 코일에 흐른 전류가 자기장을 만들고, 그 자기장에 의해 철심이 자화되어 전자석이 되기 때문이다. 마찬가지로 학생들은 구리나 알루미늄과 같은 도체 막대를 코일에 넣으면 전류가 잘 흘러 자기장이 생긴다고 생각하기 쉽다. 그렇지만 구리나 알루미늄은 강자성체 물질이 아니므로 자화가 일어나지 않고 따라서 전자석의 세기가 강해지지 않는다.

- 은영이는 전자석에 연결하는 건전지의 개수를 증가시켰더니 건전지가 한 개인 경우보다 두 개를 직렬로 연결한 경우 전자석의 세기가 세지는 것을 알았다. 그런데 한결이는 다음과 같이 두 건전지를 직렬로 연결한 경우와 병렬로 연결한 경우 전자석에 달라붙는 클립을 보여주었다. 은영이는 이러한 결과를 어떻게 해석할 수 있는가?

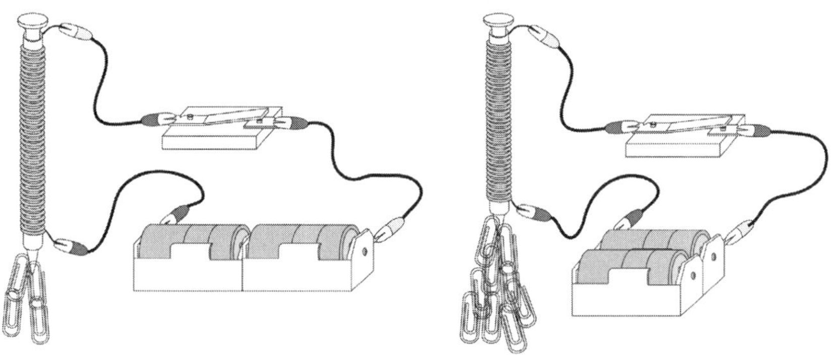

위의 실험 결과는 다른 조건은 변하지 않고 건전지의 연결만 바뀌었는데 전자석의 세기가 달라졌다는 것을 보여준다. 건전지의 연결은 전류의 세기에 영향을 주기 때문에, 이것은 직렬연결과 병렬연결의 경우 전류의 세기가 달라졌다는 것을 나타낸다. 2장의 전기회로에서 학습했던 것처럼 건전지의 내부저항에 따라 어떻게 위와 같은 결과가 나올 수 있는지 설명해 보자. 콜로라도 대학의 가상실험 누리방에서 '회로 제작 키트(DC)' 시늉내기를 실행시킨 다음, 저항(예를 들어, 코일의 저항)과 건전지의 내부저항을 변화시키면서 전류의 세기가 어떻게 변하는지 실험해 볼 수 있다.

1. 자기력을 막을 수 있을까?

준비물: 막대자석, 클립, 유리도막, 나무도막, 철판 또는 철 도막, 흰 종이

　그림과 같이 막대자석을 흰 종이 위에 놓고 클립을 자석에 조금씩 가까이 가져갈 때 클립이 막대자석에 의해 끌리는 위치를 찾아 빨간 선으로 표시한다.

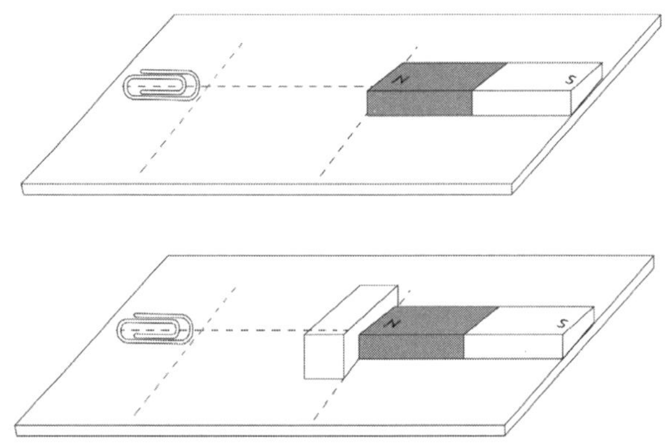

- 막대자석 앞에 그림과 같이 유리도막을 놓고 클립이 자석에 끌리는 위치를 찾아 빨간 선으로 표시한다. 유리도막이 없는 경우와 비교했을 때 차이가 있는가?

- 막대자석 앞에 이번엔 나무도막을 놓고 클립이 자석에 끌리는 위치를 찾아 빨간 선으로 표시한다. 나무도막이 없는 경우와 비교했을 때 차이가 있는가?

- 막대자석 앞에 철 도막을 놓고 클립이 자석에 끌리는 위치를 찾아 빨간 선으로 표시한다. 철 도막이 없는 경우와 비교했을 때 차이가 있는가?

- 위와 같은 실험 결과로 무엇을 알 수 있는가?

- 그 밖의 다른 물체로 자석의 작용을 막을 수 있는지 조사해 보고 자기력을 약하게 하는 물체는 공통적으로 어떤 성질을 가지고 있는지 토의해 보자.

2. 자석에 반응하는 물질에는 무엇이 있을까?

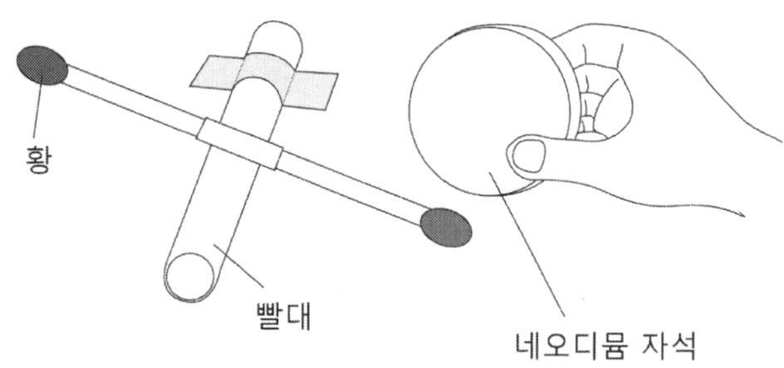

- 성냥개비 2개로 끝부분을 서로 접착테이프로 붙여 아령 모양으로 만든다.

- 빨대를 책상 위에 접착테이프로 고정시키고, 아령 모양의 성냥개비를 빨대 위에 그림과 같이 수평이 되도록 걸쳐놓는다.

- 네오디뮴 자석을 천천히 성냥개비의 황[※]에 가까이 가져간다. 성냥개비는 어떻게 되는가?

- 관찰한 결과를 꼬마자석 모형으로 설명해 보자.

- 성냥 대신에 샤프심이나 유리로 된 모세관을 사용한다면 어떻게 될까? 다양한 물질을 이용하여 비슷한 조사를 수행해 보자.

※ 성냥개비 머리에 붙은 물질을 보통 황이라고 말하지만 이것은 오래 전에 그렇게 사용했던 관습 때문이다. 실제로 성냥개비 머리는 염소산칼륨이 주성분이고, 성냥갑의 마찰 면에는 붉은인이 칠해져 있다.

3. 자석은 어디에 사용될까?

- 신용카드, 교통카드, 또는 승차권과 같이 흑갈색의 줄(㉮)이 쳐진 물체는 그러한 자성띠(magstripe)에 눈에는 보이지 않지만 자석의 극을 이용하여 아래 그림과 같은 줄무늬(barcode)가 표시되어 있다. 어떻게 하면 그러한 줄무늬를 볼 수 있을까?

- 알코올에 산화제이철(Fe_2O_3) 가루를 섞은 다음에 붓을 이용하여 카드나 승차권의 자성띠에 칠해 보자.

- 알코올이 증발하여 마른 다음에, 스카치테이프를 자성띠에 붙였다가 떼어서 흰 종이 위에 붙여보자.

- 어떻게 그와 같은 무늬가 나타나는지 설명해 보자. 카드리더기는 그러한 정보를 어떻게 읽을 수 있는가?

- 승차권과 신용카드 자성띠에 있는 줄무늬는 각각 어떻게 다른지 살펴보자.

- 이러한 자성띠(바코드)는 누가 발명했는지 조사해 보자.

줄무늬 모양의 바코드

4. 리드 스위치는 어떻게 작동하는가?

문이나 창문에 사용하는 가장 간단한 경보장치 중의 하나로 리드 스위치라는 것이 있다. 이러한 리드 스위치는 전자레인지의 문이 열려 있는지 닫혀 있는지 표시하는데도 사용된다. 아래 쪽 사진과 같은 모양의 리드 스위치는 자기장 속에서 철 조각이 자석이 되는 성질을 이용하여 전기회로를 열거나 닫는 역할을 할 수 있다. 리드 스위치는 그림과 같이 작은 유리관 속에 리드라고 부르는 두 장의 얇은 철판이 들어있는 장치이다. 리드 스위치의 구조를 살펴보고 자석이 가까이 갈 때 리드 스위치가 어떻게 작동하는지 설명해 보자.

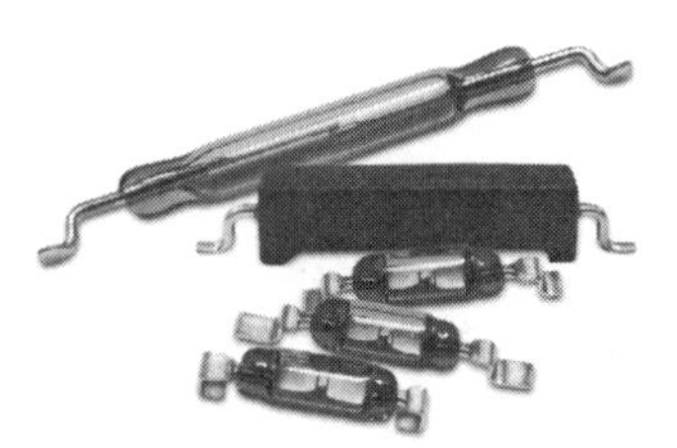

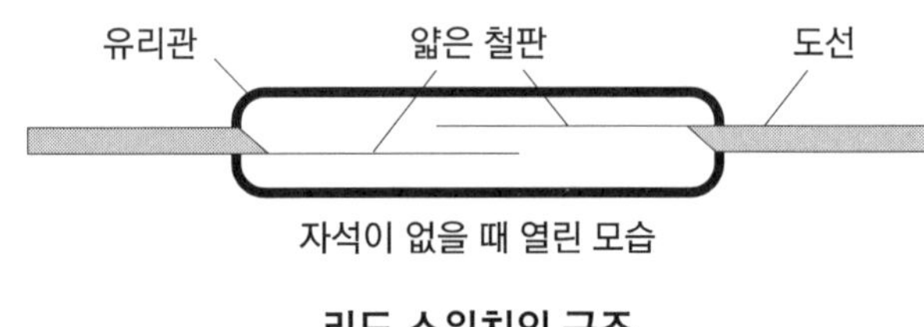

리드 스위치의 구조

5. 벽대고 돌이의 속 구조는 어떻게 생겼는가?

　　자석은 매우 오래 전부터 장난감으로 이용되어 왔다. 어렸을 적에 종이로 만든 물고기에 작은 철판을 붙여 자석으로 된 낚싯대로 낚시질 놀이를 해 본 경험은 누구나 있을 것이다. 자석 팽이가 돌아갈 때 팽이의 축 밑에서 양철로 된 뱀이 꿈틀거리며 움직이는 장난감을 가지고 놀아본 적은 있는가? 철인 곡마단이나 춤추는 발레리나 장난감은 본 적이 있는가? 이와 같이 자석으로 된 많은 장난감 중에는 '벽대고 돌이'라는 재미있는 장난감이 있다.

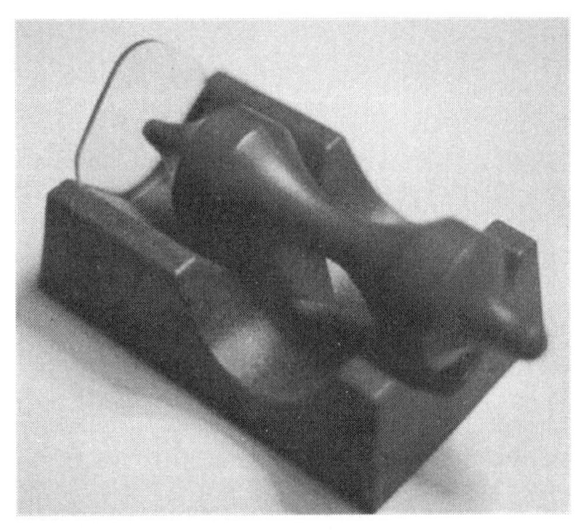

　　받침대의 홈에 끼워진 유리판에 아령 모양의 팽이를 유리판에 대고 가만히 놓으면 오른쪽 그림과 같이 팽이가 유리판에 붙어서 받침대 위에 뜨는 것을 볼 수 있을 것이다. 유리판 반대편에 있는 팽이의 끝부분을 잡고 돌리면 팽이가 3~4분 정도 흔들거리며 도는 것을 볼 수 있다. 어떻게 팽이가 떠있는 채로 돌 수 있을까?

- 돌고 있는 팽이를 멈추게 한 다음 유리판을 조심스럽게 떼어내면 팽이는 어느 방향으로 움직이는가?

- 유리판 없이 받침대 위에 팽이를 올려놓으면 팽이가 어떻게 되는가?

- 종이 클립을 받침대나 아령 모양의 팽이에 가까이 가져가 보면 어떻게 되는가?
- 이와 같은 활동을 통해 '벽대고 돌이'의 구조가 어떻게 되어 있는지 추리해 보고, 자석을 이용하여 '벽대고 돌이'라는 장난감을 실제로 만들어 보자.

6. 전기가 통하는 소금물은 왜 자석 위에서 회전할까?

원판자석, 알루미늄 테이프나 호일, 종이컵이나 둥근 플라스틱 뚜껑, 전지(손전등용 6V), 대못, 집게 달린 전선 2개, 후추 가루 등을 준비한다. 원판자석은 가능하면 넓고 센 것이 좋다. 두 개를 붙여서 사용해도 좋다. 둥근 플라스틱 뚜껑은 원판 자석보다 큰 것을 사용하거나 종이컵을 적당한 높이로 잘라서 사용한다.

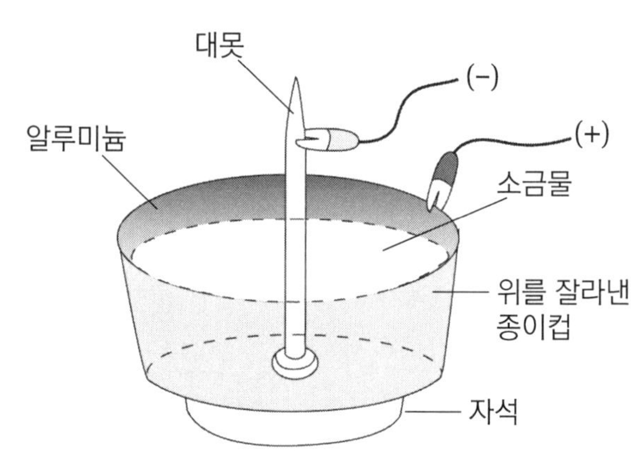

잘라낸 종이 컵 안쪽 벽에 알루미늄 테이프를 붙인다. 원판자석의 N극이 위로 향하도록 종이컵 밑바닥에 자석을 놓고, 그림과 같이 대못을 종이컵 안쪽에 세워 자석에 붙인다. 종이컵 속에 소금물을 넣는다. 6V 건전지의 (+)극을 알루미늄 테이프에 전선으로 연결하고, (−)극을 전선으로 대못에 연결한다. 후추 가루를 소금물에 조금 뿌리고 물이 어떻게 움직이는지 관찰한다. 물은 어느 쪽으로 움직일까? 자석의 극이나 전지의 극을 바꾸어서 실험할 때 물이 어느 쪽으로 움직이는지 다시 살펴본다.

소금물은 왜 대못을 중심으로 회전하는 것일까? 소금물 속에는 양전하를 가진 알갱이와 음전하를 가진 알갱이들이 있다. 양전기를 가진 알갱이들은 양극 쪽에서 음극 쪽으로 이동하고, 음전기를 가진 알갱이를 음극 쪽에서 양극 쪽으로 이동한다. 전기를 띤 알갱이가 이동하는 것은 전류가 흐르는 것과 같다. 자기장 속에서 자기장의 방향과 수직한 방향으로 전류가 흐르면 힘을 받는 것처럼 전기를 띤 알갱이도 자기장의 방향에 수직하게 움직이면 힘을 받게 된다.

예를 들어, N극이 위쪽을 향하고 있는 컵 속에서 양전기를 띤 알갱이가 모두 컵의 중심을 향하여 움직이면, 플레밍의 왼손 법칙에 의해 양전기를 띤 알갱이는 모두 이동 방향의 오른쪽으로 힘을 받게 된다. 음전기를 띤 알갱이도 전류의 방향은 같으므로 이동 방향

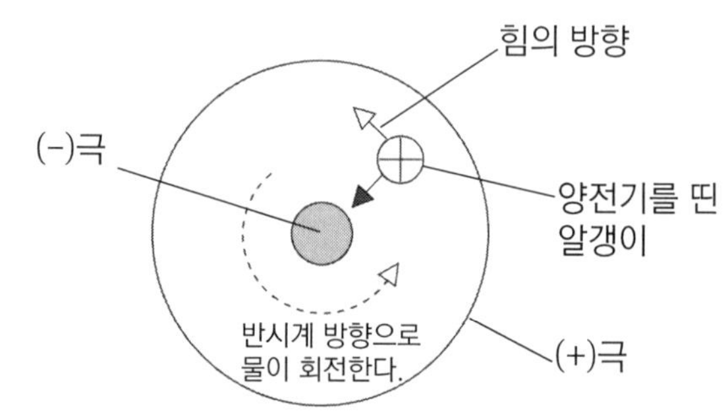

N극 위에서 회전하는 소금물

의 왼쪽으로 힘을 받는다. 따라서 소금물은 천천히 반시계 방향으로 돌아가기 시작한다.

태양풍도 (+)나 (−) 전기를 띤 알갱이로 이루어져 있다. 이와 같이 전기를 띤 알갱이가 지구의 자기장에 수직으로 날아오게 되면, 앞에서 설명한 것처럼 양전기를 띤 알갱이는 운동 방향의 오른쪽으로 힘을 받고, 음전기를 띤 알갱이는 운동 방향의 왼쪽으로 힘을 받게 된다. (플레밍의 왼손 법칙을 이용하여 전기를 띤 알갱이가 어느 쪽으로 힘을 받는지 따져본다.) 따라서 전기를 띤 알갱이는 대부분 지구 자기장의 안쪽으로 들어올 수가 없다. 지구의 자기장이 태양풍으로부터 지구를 지켜주고 있는 것이다.

전기를 띤 알갱이 중 일부는 장벽을 통과하여 대기권 안으로 들어오기도 하지만 대부분은 지구의 자기장 때문에 주로 극지방 쪽으로 몰리는데, 빠르게 질주하는 전기를 띤 알갱이가 대기 중의 공기와 부딪치면 오로라가 생긴다. 주로 극지방에서 관찰되는 오로라는 자연이 우리에게 보여주는 일종의 TV 화면과 같다. TV의 브라운관에 있는 편향 코일은 자기장을 만들어 전자총에서 나온 전자들을 이와 같은 원리로 운동 방향을 조정한다. 그리고 전자가 TV 화면에 충돌할 때 마치 오로라가 생기는 것과 비슷한 원리로 빛을 발생한다.

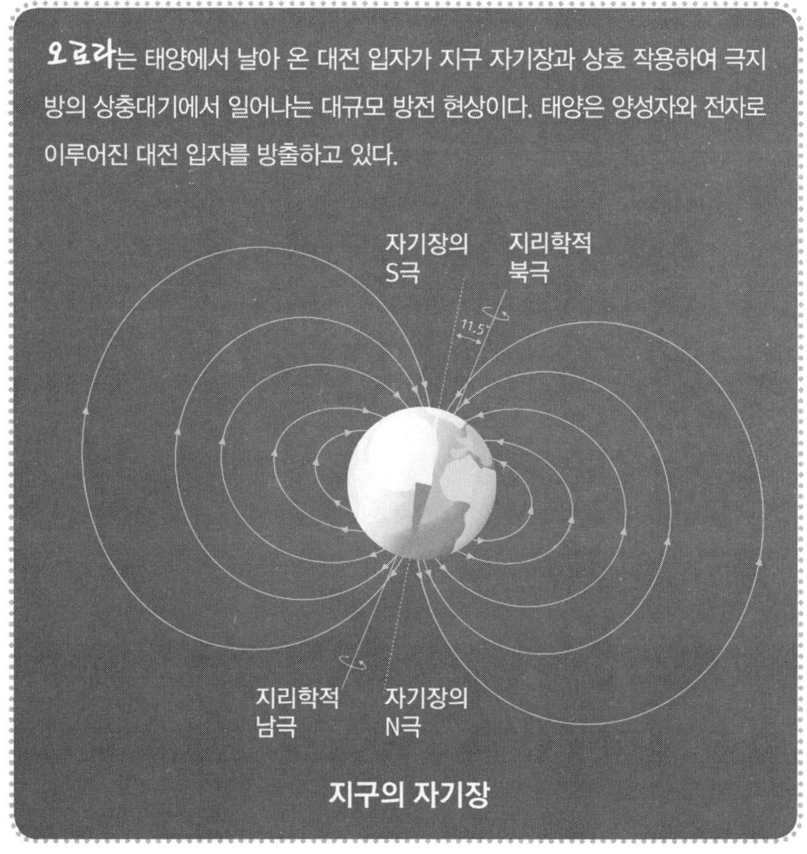

자석과 자기장에 대해 자신의 생각을 평가하기

1. 대못을 남북 방향으로 놓은 다음에 망치로 여러 번 때리면 대못이 자석이 될 수 있다고 한다. 어떻게 그런 일이 일어날 수 있는지 설명해 보자.

2. 자석의 세기는 온도가 올라가면 어떻게 될까? 온도에 따라 자석의 세기가 어떻게 되는지 조사할 수 있는 실험을 계획해 보고, 자석의 세기가 온도에 따라 변하는 이유를 설명해 보자.

3. TV 화면이나 컴퓨터 모니터 근처에 자석을 가까이 가져가면 자석 때문에 화면의 모양이 일그러진다. TV나 컴퓨터 속에는 여러 개의 자석이나 전자석이 들어 있다. 예를 들어, 스피커에는 자석이 들어있고, 변압기에는 전자석이 들어 있다. 이와 같은 자석이 화면에 영향을 주지 않도록 하기 위하여 자기장을 어떻게 차단시킬까?

4. 압정 대신에 사용하는 압정 자석은 원판 자석의 한 쪽 극에 그림과 같이 철판을 씌우거나 얇게 입힌다. 이렇게 자석의 한 극을 철판으로 덮으면 자석을 세게 할 수 있다고 한다. 철판을 씌우면 어떻게 자석의 세기가 강해지는가?

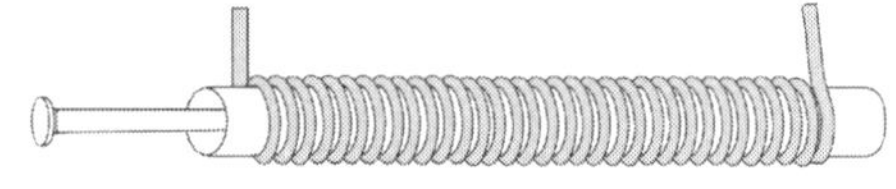

5. 그림과 같이 빨대 속에 핀을 반쯤 집어넣은 다음에 코일에 전류를 흐르게 하면 핀은 어떻게 될까? 왜 그렇게 되는지 설명해 보자. 이번엔 핀을 빨대의 다른 쪽에 반쯤 집어넣고 실험하면 어떻게 될까?

6. 한결이는 여러 종류의 전선, 즉 구리선, 에나멜선, 비닐 피복이 된 전선을 일정한 길이로 잘라 연필 위에 감아서 용수철 모양의 코일을 만들었다. 그리고 연필에서 빼낸 코일의 양 끝을 모두 칼로 벗겨냈다. 한결이가 만든 코일은 오른쪽 그림과 같다. 한결이는 코일 중의 하나를 다음 쪽에 있는 그림과 같이 건전지에 연결한 전기회로를 만들었다. 그리고 코일의 한 끝에 클립을 가까이 놓았다.

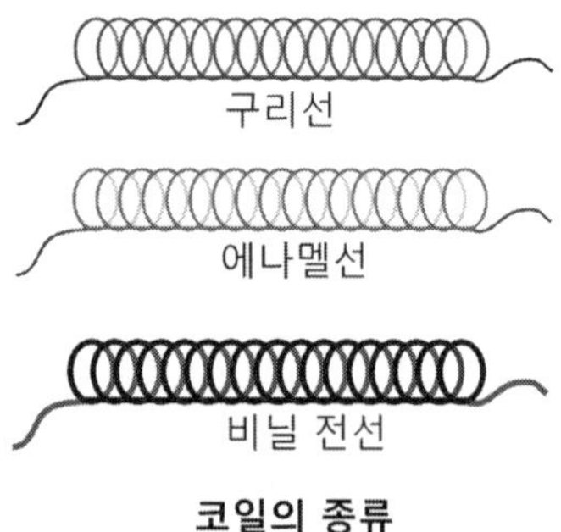

- 어떤 종류의 코일을 사용하면 전기회로의 스위치를 닫았을 때 클립이 코일에 끌려가는가? 클립이 끌려가는 것을 모두 고르시오.

  구리선(　　) 　　 에나멜선(　　) 　　 비닐 전선(　　)

- 그렇게 생각하는 이유는 무엇 때문인가?

7. 한결이는 오른쪽 그림과 같이 나무, 플라스틱, 철, 구리, 은으로 된 둥근 막대를 준비했다. 이번엔 코일 속에 이 둥근 막대를 넣은 다음에 스위치를 닫으면 어떻게 되는지 조사하려고 한다. 한결이는 앞에서 준비한 3종류의 코일과 5종류의 둥근 막대를 사용하여 다음 그림과 같이 건전지에 연결한 전기회로를 만들었다. 그리고 코일의 한 끝에 클립을 가까이 놓았다.

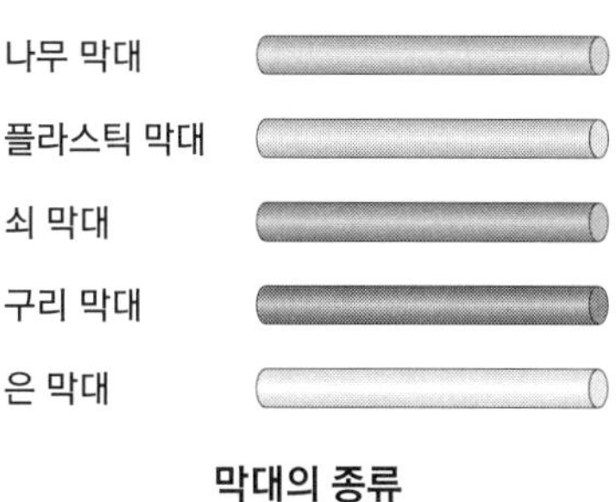

막대의 종류

- 어떤 종류의 코일과 둥근 막대를 사용하면 전기회로의 스위치를 닫았을 때 클립이 막대 끝에 끌려가는가? 클립이 끌려가는 것은 어느 것인지 모두 적어 보시오.

- 그렇게 생각하는 이유는 무엇 때문인가?

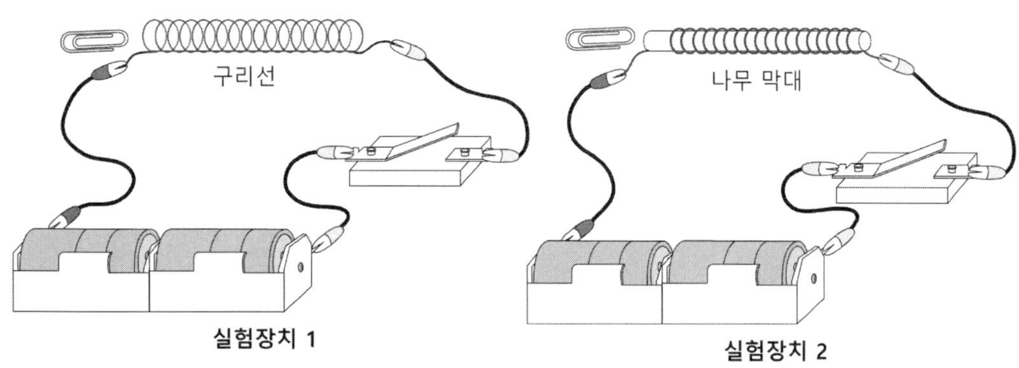

8. 보람이는 빨대를 반으로 잘라 그림 Ⓐ와 같이 에나멜선을 빨대 위에 촘촘하게 100번 감아
서 테이프로 고정시켰다. 자른 나머지 빨대 위에는 그림 Ⓑ와 같이 에나멜선을 두 겹으로
200번 감아서 테이프로 고정시켰다. 그리고 또 다른 빨대 위에는 그림 Ⓒ와 같이 에나멜선
을 느슨하게 100번 감아서 테이프로 고정시켰다. 또한, 그림 Ⓓ와 같이 빨대 위에 에나멜선
을 촘촘하게 200번 감아서 테이프로 고정시켰다. 보람이는 오른쪽 그림과 같이 나침반 S극
가까이에 코일을 감은 빨대를 고정시켜 놓고 코일의 양 끝을 건전지에 연결했다.

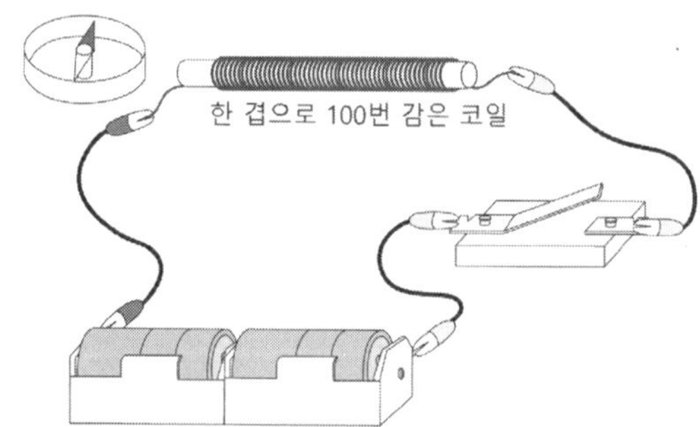

- 스위치를 닫아 코일에 전류가 흐르도록 했을 때, 나침반 바늘이 가장 많이 움직인 순서대로 코일 Ⓐ,
  Ⓑ, Ⓒ, Ⓓ를 나열해 보시오.

- 그렇게 생각하는 이유는 무엇 때문인가?

낱말 연상하기

자석과 관련하여 생각나는 낱말을 모두 다음 '자석'이라는 낱말에 선으로 연결하여 표시해 보자.

4장

빛의 성질

● 녹색 종이와 녹색 셀로판지

녹색 종이와 녹색 셀로판지에 대해 다음 만화에 나타난 네 학생의 대화를 살펴보고 어느
학생의 생각이 올바른지 설명하시오.

의견나누기

다음의 주장을 읽고, 그러한 주장이 자신의 생각과 일치하면 '찬성' 칸에 ○를, 일치하지 않으면 '반대' 칸에 ○를 하시오. 또한 이 단원이 끝난 후, 다시 이 주장을 읽고 자신의 생각을 표시하시오.

주 장	수업 전	
	찬성	반대
1. 빛이 없는 동굴 속에서도 고양이 눈에서 나오는 광채로 고양이를 찾을 수 있다.		
2. 공처럼 둥근 물체의 그림자는 항상 동그란 모양이다.		
3. 그림자는 항상 검은색이다.		
4. 종이는 빛을 반사하지 못하므로 우리 얼굴을 비추어 볼 수 없다.		
5. 유리와 같이 투명한 물체는 빛을 투과시키고 반사는 하지 않는다.		
6. 토마토 수프와 같은 액체는 빛을 반사하지 않는다.		
7. 물이 담긴 둥근 유리컵으로 앞쪽의 풍경을 보면 풍경의 상하는 바뀌지 않고 좌우만 바뀐다.		
8. 카메라에 사용되는 렌즈는 오목렌즈이다.		
9. 볼록렌즈를 통해 물체를 관찰하면 항상 실물보다 크게 보인다.		
10. 노란색 셀로판 종이를 통과한 빛은 항상 노랗게 보인다.		

그림자의 모양은 어떻게 생기는가?
– 탐구 결과를 해석하기

미정이는 전구를 사용하여 물체에 빛을 비출 때 영사막에 생긴 그림자의 모양이 무엇의 영향을 받는지 궁금하였다. 미정이는 전구의 모양이나 물체의 모양이 영사막에 생긴 그림자의 모양에 영향을 주는지 조사하기로 하였다. 미정이는 오른쪽 그림과 같이 전구, 물체, 영사막을 이용하여 실험 장치를 꾸미고, 전구에 불을 켜서 영사막 위에 생긴 그림자가 둥근 모양인지 십자 모양인지를 관찰하였다. 아래 그림은 미정이가 한 실험 결과를 보여준다.

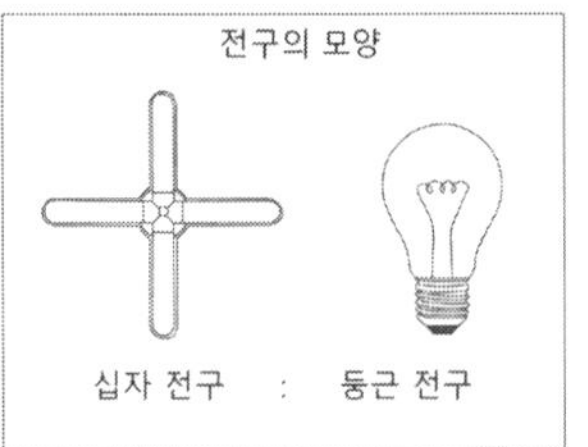

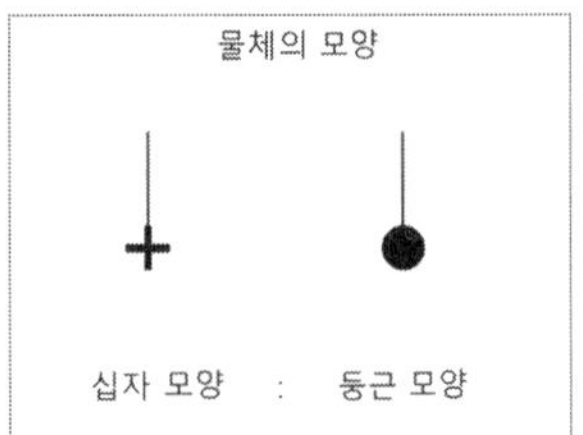

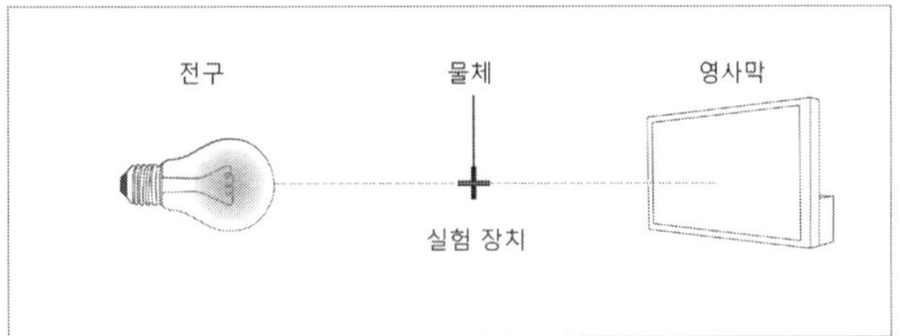

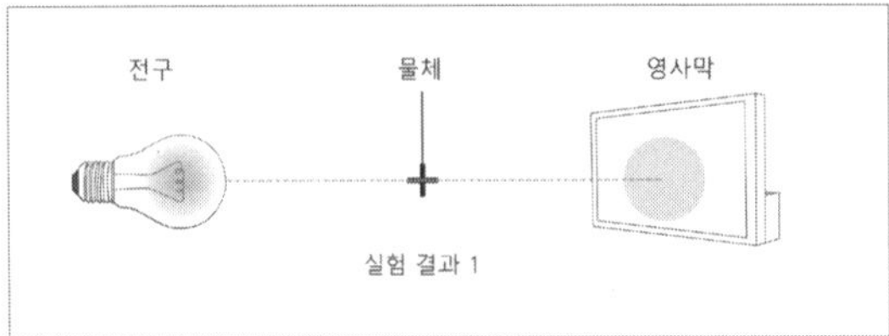

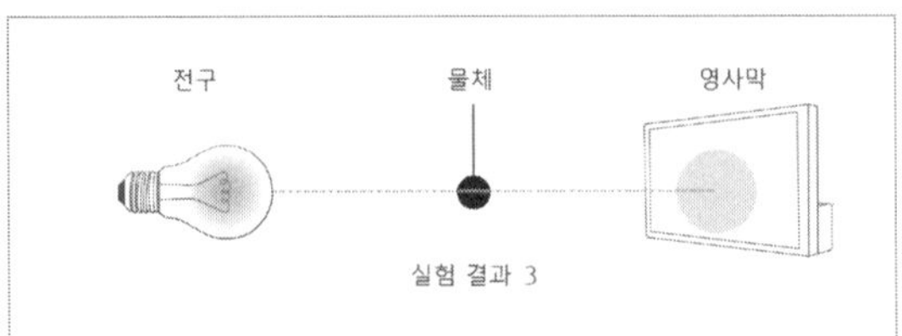

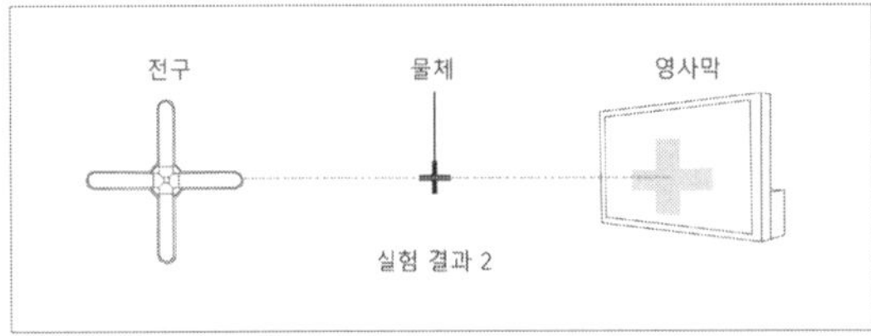

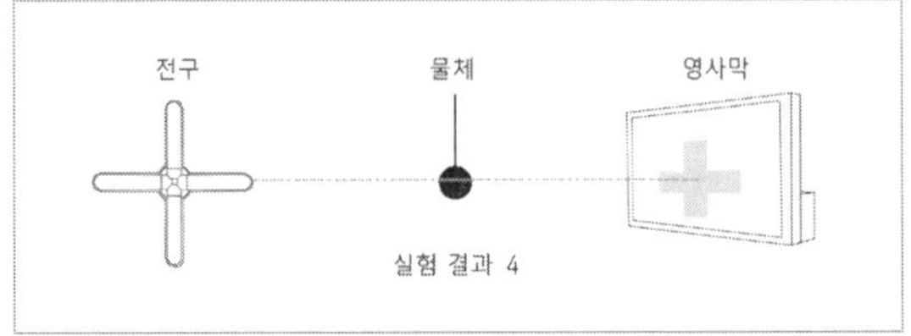

* 장병기(1994)의 자료에서 발췌하였다.

(1) 미정이의 실험 결과를 살펴보았을 때 그림자의 모양은 어떤 것의 영향을 받는다고 할
    수 있는가? 그렇게 생각하는 이유는 무엇인가?

(2) 여러분은 위와 같은 실험 결과가 일어난 이유를 어떻게 설명하겠는가?

(3) 탁구공에 손전등을 비추었을 때 생긴 그림자의 모양을 관찰하고, 어떻게 그림자의 모양
    이 그렇게 되는지 모둠별로 그림을 그려서 설명하시오.

(4) 햇빛이 비치는 오후에 물체를 지면에서 다른 높이에 놓았을 때 그림자의 크기는 어떻게
    달라질까? 관찰하기 전에 예상을 해보고 실제로 그림자의 크기가 어떻게 달라지는지 관
    찰해 보자. 그리고 모둠별로 관찰 결과를 그림을 그려서 설명하시오.

(5) 2장의 두꺼운 판지 가운데에 각각 ○와 △ 모양의 작은 구멍을 뚫고, 햇빛이 비치는 날
    에 벽 근처에 각각의 판지를 가져가면 벽에 생긴 밝은 부분은 어떤 모양이 될 것이라고
    예상하는가? 모둠별로 실제로 관찰하고 그 결과를 그림을 그려서 설명하시오.

탐구 결과를 해석하기

학생들은 보통 탐구를 계획하고 실제로 탐구를 수행하여 결과를 얻으면 탐구가 끝났다고 생각하기 쉽다. 결과를 기록하거나 표로 만드는 것보다도 더 중요한 것은 탐구에서 얻은 결과가 무엇을 의미하는지 생각해 보는 것이다. 주어진 결과가 같으면 우리는 흔히 그것으로부터 도달하는 결론이 같을 것이라고 생각하기 쉽지만, 사람들은 실제로 다르게 생각하는 경우가 많다. 예를 들어, 앞의 그림자 실험에서 학생들은 그림자의 모양이 물체의 영향을 받는다고 말하거나 전구의 영향을 받는다고 말할 수 있다. 여러분은 어떻게 생각하는가?

"실험 결과에서 그림자의 모양은 무엇과 관계가 있는가?"라고 질문하면, 학생들은 보통 자신이 가지고 있는 생각이나 자신의 생각을 보여주는 결과만을 주목하고 '물체의 모양'이라고 대답하기 쉽다. 그래서 교사는 학생들이 실험에서 얻은 모든 결과를 고려하여 규칙성을 찾을 수 있도록 도와주어야 한다. 그리고 토의를 통해 학생들이 자신의 생각과 증거를 구별하고, 자신이 언급한 규칙성이 무엇을 뜻하는지 헤아릴 수 있도록 기회를 주어야 한다.

일반적으로 관찰이나 실험을 통해 얻은 결과를 우리는 자료(data)라고 한다. 자료는 그 자체로는 특정한 의미를 갖지 않고 어떤 규칙성과 연결될 때 증거(evidence)로서 의미를 갖게 된다. 예를 들어, 앞에서 주어진 실험에서 얻은 자료를 살펴보면 그림자의 모양은 물체의 모양과 관계없이 전구의 모양과 비슷하다. 즉, 전구의 모양에 따라 그림자가 달라지는 것이다. 다시 말해, 일련의 실험을 통해 얻은 자료는 전구의 모양에 따라 그림자가 달라진다는 증거가 될 수 있다. 여러분은 이와 같은 실험 결과가 무엇을 의미한다고 생각하는가? 그림자의 모양이 물체의 모양을 닮는다는 것은 일상생활에서 흔히 알고 있던 것이 아닌가? 탐구에서 중요한 것은 규칙성을 찾고 확인하는 일뿐만 아니라, 그러한 규칙성이 정말로 증거에 의해 지지되는지 점검하고 그것을 해석하는 일이다. 그림자가 전구의 모양에 따라 달라진다는 주장은 우리가 일상적으로 알고 있는 주장과 배치된다. 그렇다면 우리는 위와 같은 자료를 어떻게 해석해야 할까?

규칙성을 해석할 때 고려해야 할 것은 두 변인 사이에 발견된 어떤 관계가 무엇을 의미하는지 살피는 일이다. 예를 들어, 키와 신발의 길이처럼 두 변인 사이에 관계가 있다고 해서 인과관계가 있다고 성급하게 생각하는 것은 피해야 한다. 많은 경우 직접적인 인과관계를 갖고 있는 경우는 드물기 때문이다. 보통 관찰된 결과와 관련된 변인은 여러 개인 경우가 흔하다. 그래서 발견한 규칙성을 학생이 토의하는 일은 매우 중요하다. 그러한 토의는 상관은 있지만 인과적이지 않은 경우와 인과적인 경우를 학생이 구별할 수 있도록 도울 수 있다.

예를 들어, 앞의 실험 결과에서 그림자의 모양은 일상적인 경험에 비추어 볼 때 전구의 모양에 따른 인과적 결과라고 해석하기 어렵다. 그러면 그림자의 모양에 영향을 주는 변인은 전구의 모양이나 물체의 모양 이외에 어떤 것이 있을까? 앞의 실험 결과에서는 언급되지 않았지만, 전구나 물체의 크기, 전구와 물체 사이의 거리, 물체와 영사막 사이의 거리 등이 그림자의 모양에 영향을 줄지 모른다. 그렇다면 그림자의 모양은 전구의 모양과 왜 비슷하게 나왔을까? 여러분은 이러한 결과를 직진하는 빛의 성질로 설명할 수 있는가?

초등학교 학생들은 두 변인 사이의 관계를 인과적으로 생각하기 쉽고, 여러 변인을 인식하더라도 자신이 중요하다고 생각하는 변인만을 고려하거나, 여러 변인을 함께 변화시킴으로써 변인을 통제하는데 실패하기 쉽다. 그래서 탐구에서 얻은 결과를 해석할 때 탐구의 수행 방법을 함께 고찰하는 것도 필요하다. 탐구에서 얻은 결과가 고려하지 않은 변인에 의한 영향일 수도 있기 때문이다. 예를 들어, 앞의 실험에서 물체의 크기가 전구보다 훨씬 크다든지, 물체와 영사막 사이의 거리가 비교적 가깝다면 그림자는 물체의 모양과 비슷하게 생길지 모른다. 그런 의미에서 탐구에서 얻은 결과를 해석하는 일은 탐구의 원래 목적을 되돌아보는 중요한 활동이다. 탐구를 통해 단순히 사실을 알아내는 것보다 왜 그렇게 되는지 생각해 보도록 하여 학생들의 이해나 사고능력을 발달시키는 데 도움을 줄 수 있다.

⇨ 오른쪽 사진에서 구름에 의해 지면에 생긴 그림자의 크기는 구름의 크기와 비교할 때 어떻다고 말할 수 있는가? 그렇게 생각하는 이유는 무엇인가?

⇨ 오른쪽 사진에서 검은 종이에 뚫린 삼각형 모양이 바닥에 생긴 종이 그림자에서는 어떻게 동그란 모양이 되었다고 생각하는가?

그림자에 대한 아동의 생각

어린 아동은 그림자가 살아 있다고 생각하는 경우도 있다.

그림자는 '빛'과 '보는 것'에 대한 아동의 생각을 이해하는데 풍부한 통찰을 제공한다. 매우 어린 아동은 어떤 물체에 의해 빛이 차단될 때 그림자가 생긴다고 생각하지 않는 경향이 있다. 그 대신에 그림자는 물체에 숨어 있다가 빛이 숨어 있는 그림자를 벽이나 지면으로 밀어낼 때 나타나는 것으로 생각한다. 피아제(Piaget, 1930)의 선구적인 연구에 의하면 5-9세의 아동은 그림자를 '물체 자체에서 나와서 돌아다니는 물질'로 생각한다(Feher & Rice, 1988). 5-6세의 매우 어린 아동은 그림자가 살아 있고 의식이 있는 것으로 생각하지만, 8-9세의 아동은 대개 그림자가 살아있는 물체라고는 생각하지 않는다.

아동이 '반사'한다고 말할 때 그것은 과학적인 의미의 '반사'가 아닐 수 있다.

과학관을 방문한 8-14세 학생을 대상으로 그림자에 대해 면담한 페어와 라이스(Feher & Rice, 1988)는 학생의 반응을 4가지 유형으로 분류할 수 있다는 것을 알았다. 45%의 학생은 빛이 물체에 '부딪치거나', '비출 때', 또는 '반사(반영)하여', 다시 말해 '빛이 물체에 작용할 때 그림자가 생긴다'고 생각했다. 27%의 학생은 '빛이 물체에 의해 차단되거나 비껴갈 때 그림자가 생긴다'고 반응했다. 이들 학생은 그림자가 어떻게 생기는지 설명했지만, '그림자는 반사(반영)'라고 응답한 18%의 학생과 '그림자는 물체의 상 또는 그림'이라고 응답한 10%의 학생은 그림자가 생기는 과정을 설명하지 않고 단지 자신의 생각만 말했다. 페어와 라이스는 학생들이 '반사'라는 과학적 용어를 사용하지만, 그것은 겐느(Guesne, 1985)가 주목했던 것처럼 빛의 반사(reflection)와 어떤 관련이 없다는 것을 알았다. 예를 들어, '그림자가 벽에 반사된다'는 반응에서처럼 그것은 '상'이나 '그림'이 '반영'되었다는 뜻으로 사용된다. 라마다스와 드라이버(Ramadas & Driver, 1989)도 '반사'라는 용어가 형태의 유사성을 서술하기 위해 두루 사용된다는 사실을 지적하였다. 겐느(Guesne, 1985)는 대부분의 10-11세 학생이 그림자라는 현상의 원인이 되는 것으로 '광원'을 지각하지만, 단지 물체 모양의 재현에만 주목하고 물체의 '반영'으로 생각한다는 것을 발견했다.

많은 아동들이 그림자가 물체에서 빠져나온 것이라고 생각하기도 한다.

페어와 라이스는 대략 1/4 정도의 학생만이 그림자는 빛이 없어서 생긴 것이라는 분명한 생각을 가졌고, 나머지 학생은 물질적인 특징을 갖는 어떤 것으로 그림자를 생각한다는 것을 알았다. 그들은 명확한 모양을 가지고 있고,

공간을 차지하고, 움직일 수 있고, 밀어낼 수 있는 그림자를 '물질화된 그림자 (reified shadow)'라고 이름을 붙였다. 우리는 물체 속에 지니고 있던 어떤 것을 물체가 던지는 것처럼 물체가 그 그림자를 '던진다'라고 말하며, 항상 물체의 모양과 똑같은 그림자만을 본다. 페어와 라이스는 이러한 일상적인 언어와 경험에서 '물질화된 그림자'라는 생각이 유래될 수 있다고 말한다.

피아제는 8-9세의 아동이 빛과 그림자의 관계를 알고, 그림자가 광원과 반대쪽으로 물체 옆에 생긴다는 것을 올바르게 예상할 수 있다고 하였다(Feher & Rice, 1988). 그렇지만 빛과 그림자 사이의 인과관계를 아동이 정말로 이해한다고 볼 수는 없다. 이들 아동은 여전히 밤에도 물체가 계속해서 그림자를 만든다고 주장할 지도 모르기 때문이다. "빛이 없는 어두운 곳에 그림자가 있는가라는 질문을 통해 얻은 결과(Feher & Rice, 1988)를 살펴보면, 대부분의 학생(85%)이 어두운 곳에서 그림자를 볼 수 없다고 말했다. 그렇지만 절반가량(45%)은 그림자가 실제로 거기에 있지만 그것을 볼 수는 없다고 생각했다. 어린 학생은 그림자가 밤에도 거기에 있다고 믿었다. 밤에 거기에 있는 그림자는 물체에 속하는 그림자이다. 물체는 그림자를 생기게 하지만 단지 우리가 그것을 볼 수 없거나, 그림자는 물체 속에 숨어 있어서 빛이 물체에 부딪쳐 그림자가 생기게 할 때까지는 나타날 수 없다는 것이다.

학생들은 이처럼 빛은 물체가 그림자를 던지거나 만들도록 하게 하는 능동적인 역할이나 그림자를 보이게 하도록 하는 수동적인 역할을 한다고 생각한다. 빛에 이러한 복합적인 역할을 부여한 학생들의 생각을 페어와 라이스(Fehr & Rice, 1988)는 '유발 모형(trigger model)'이라고 불렀다. 유발 모형을 사용하는 학생(58%)은 둘로 나누어진다. 즉, 그림자는 밤에(어두운 곳에) 존재하지 않는다고 주장하는 학생(13%)과 밤에도 존재한다고 말하는 학생(45%)으로 구분된다. 밤에도 그림자가 있다고 말하는 학생들은 대개 8세와 9세로 그림자가 빛과 무관하게 존재하고, 종종 빛 자체는 그림자를 영사막으로 밀어낸다고 생각한다. 어두운 곳에서 그림자의 존재를 부정하는 학생은 9세에서 11세로 이미 빛과 그림자 사이에 인과관계가 있다는 것을 이해한다. 그러나 이 학생들도 아직 그 관계에서 서로 배제하는 특성을 이해하지 못한다. 그들은 비인과적 설명과 과학적 설명 사이의 과도기적인 단계를 나타낸다.

그림자가 물질에 속해 있다는 이러한 생각은 아주 강해서 POE(예상–관찰–설명)를 사용한 면담(Feher & Rice, 1988)에서도 이것이 분명하게 드러난다.

POE를 위한 시범 장치(Feher & Rice, 1988)

페어와 라이스는 그림과 같은 실험 장치로 작은 구슬에 +자형 광원의 빛을 비추었을 때 영사막에 나타난 그림자의 모양을 예상하고, 관찰 결과를 설명하게 하였다. 학생들의 설명은 다음 쪽 표와 같이 요약할 수 있다.

> • 위 시범 장치에서 구슬 대신에 광원보다 큰 공을 놓거나 작은 구멍 대신에 커다란 원형 구멍을 놓으면 영사막에 어떤 모양이 생기는지 그려보고, 어떻게 그와 같은 모양이 생기는지 설명하여라.

이 실험에서 구슬 모양이 아닌 +자 꼴의 그림자를 실제로 관찰하더라도, 대부분의 학생은 그것이 '십자꼴 불빛의 그림자'라고 말함으로써 광원이 그림자를 가지고 있다고 설명했다. 그 중 절반은 구슬의 둥근 그림자가 광원의 그림자인 십자 모양 그림자 중앙에 있다고 주장하였다. 학생들은 영사막 위에 나타난 그림자의 모양에 놀랐지만, 십자꼴 불빛이 어떻게 십자꼴 그림자가 되었는지는 거의 관심이 없었다. 또 다시 작은 구슬 대신에 큰 공을 놓으면 어떻게 될지 예상하도록 했을 때도, 20%의 학생들은 계속해서 '십자꼴 그림자'의 중심에 큰 공의 둥근 그림자가 생긴다고 말했다.

모양의 상관만을 주목하는 학생은 빛과 그 효과를 똑같게 여긴다. 이런 학생은 그림자의 모양을 바르게 예상할 수 있지만, 광원, 물체 그리고 영사막 사이의 공간적 관계를 변화시키는 효과를 바르게 예상할 수 없다. 특히, 그림자의 모양을 해석할 때 물체나 광원의 모양과의 상관에만 주목하는 경향은 매우 강

학생들은 광원 자체도 그림자가 있다고 생각하기도 한다

하여 고등학생의 경우에도 빛의 직진을 이용하여 그림자의 형성을 설명하는 학생은 매우 적었다(장병기, 1994). 따라서 광원의 모양(27%), 물체의 크기(23%), 거리(39%) 등이 그림자의 모양에 영향을 준다고 생각하는 학생은 매우 적었다.

예상한 그림자에 대한 학생들의 그림과 설명(Feher & Rice, 1988)

유형		사례		비율
		그림	설명	
빛이 없음	차단된 빛		"그림자는 빛이 지나갈 수 없는 곳에 있어서 어둡다."	20%
	비껴간 빛		"빛은 공을 향해 똑바로 가다 멈춘다. 그리고 일부 빛은 공 옆으로 빠져나가서 그림자를 만들게 된다."	7%
물체와 같은 그림자	물체가 던진 그림자	어둠이 여기에 부딪친다	"공이 그림자를 던진다. 공이 그림자를 앞으로 밀어내서 영사막으로 던진다." "어둠이 영사막에 부딪쳐서 작고 어두운 점을 만든다. 나머지는 빛이다."	26%
	빛이 밀어낸 그림자	그림자 　영사막	"파도가 물속에 있는 공을 미는 것처럼 빛이 그림자를 민다." "빛이 공에서 반사되어 그림자를 만든다. 빛이 그림자를 거기로 이동시킨다."	47%

유리판에 촛불이 반사되면?
– 모형으로 설명하기

(1) 그림과 같이 흰 종이(A3)를 4등분하는 선을 그리고, 왼쪽에 생일 양초를 놓을 위치를 점으로 표시한다.

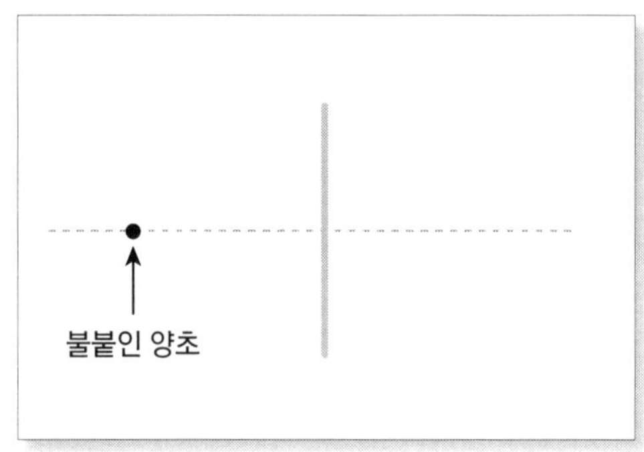

(2) 투명한 유리판을 종이 위에 바로 세우고, 유리판 앞의 표시된 점에 양초를 세운 다음 불을 붙인다.

(3) 한 사람은 같은 크기*의 다른 양초를 유리판 뒤에서 앞뒤로 또는 좌우로 움직이도록 한다. 이때 다른 사람은 촛불이 켜진 유리판 앞 쪽에서 뒤쪽에 있는 양초를 보면서 그 양초에 불이 켜진 것처럼 보이는 곳의 위치를 찾고 상대방에게 그곳을 종이 위에 표시하도록 한다.

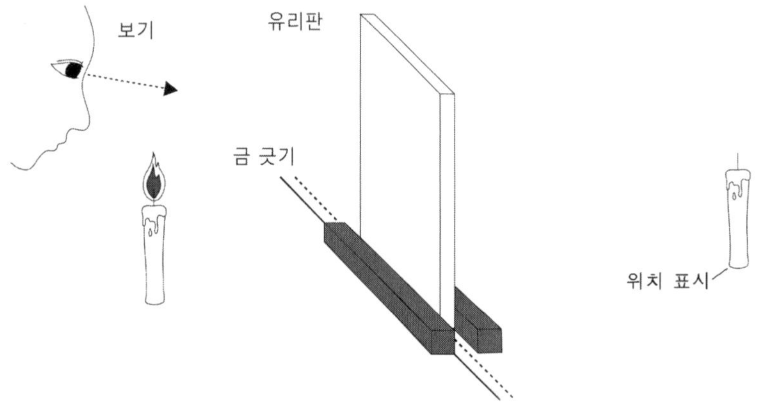

(4) 이 실험에서 유리판은 빛에 대해 어떤 역할을 하는가?

(5) 유리판 뒤에 보이는 촛불 상의 위치는 보는 사람의 위치에 따라 달라지는가?

(6) 서로 다른 위치에서 두 사람이 어떻게 촛불의 상을 볼 수 있는지 실험에 사용된 종이 위에
    광선 모형을 이용하여 그림을 그리고 모둠별로 설명해 보자.

(7) 빛의 반사 법칙을 이용하여 유리판에 의해 생긴 상의 위치를 찾는 방법을 설명해 보자.

(8) '평면거울'이라는 4글자를 이용하여 거울의 특징을 나타내는 4행시를 지어보자.

* 이때 사용할 양초의 길이는 불이 켜진 양초보다 조금 작은 것이 좋다 왜 그럴까?

모형으로 설명하기

우리가 어떤 것을 표현하거나 이해하려고 할 때 흔히 우리는 그와 유사한 다른 것을 떠올리고 비교해 본다. 과학자들도 비슷하게 자연 세계에 대해 생각하는 방법으로 **모형**(model)을 만들어 비교해 본다. 과학 활동에서 중요한 역할을 하는 모형이라는 말은 여러 의미로 쓰이지만, 보통 어떤 생각이나 물체, 사건, 과정이나 계(system)를 나타내기 위해 사용된다(Gilbert & Boulter, 2000). 과학자들은 특히 직접 경험할 수 없는 현상을 서술하고 설명하기 위해 모형을 사용하여 그 과정을 구체적인 형태로 그려본다. 그러한 모형에는 원자 모형, 분자 모형, 유전자 모형, 자석 모형, 지구 모형 등을 포함하여 공식이나 말로 이루어진 이론적 모형에 이르기까지 다양한 종류의 모형이 있다.

모형이나 모형을 만드는 일은 과학 활동뿐만 아니라 수업에서도 또한 중요한 역할을 한다. 교사들도 자신의 생각을 학생에게 설명하기 위하여 흔히 모형을 사용한다(Duit, 1991). 그림, 실물이나 작업 모형, 또는 시각적 및 언어적 은유나 비유도 모두 넓게는 모형으로 간주된다. 과학자나 교사에게 모형은 일반적으로 자신의 생각을 드러내는 중요한 방식으로 현상을 설명하는 수단을 제공한다. 그러나 모형은 실제 현상에 대한 정확한 복사물이 아니라, 설명을 위해 복잡한 현상을 단순하게 만든 것이다. 따라서 어떤 모형도 완전히 정확한 것이 아니라는 것을 이해해야 한다. 그렇지만 학생들은 흔히 실세계와 모형을 구별하지 못할 수도 있고, 그 둘의 관계를 인식하거나 설명하지 못할 수 있다. 예를 들어, 모형으로서 지도는 상대적인 위치와 거리처럼 표현되는 장소의 어떤 특징을 그대로 보여주지만, 그 밖의 다른 특징들은 실제 장소와는 사뭇 다를 수 있다. 또한 과학교육에서 사용되는 태양계 모형은 축척 모형으로서 태양계를 시각화하여 학생들이 직접 지각하거나 다룰 수 없는 행성들 사이의 거리나 크기를 이해시킬 수 있지만 실제 태양계는 아니다. 공기 입자로 모형화 된 공기 분자는 분자 조성과 같은 특징이 표현되지 않아 실제 분자와는 차이가 난다. 그래서 모형 속에 어떤 특징이 표현되어 있는지, 계가 작동하는 방법을 모형으로 어떻게 이해할 수 있는지 학생들에게 인내하고 지도할 필요가 있다.

이와 같은 모형을 만드는 일은 본질적으로 실세계의 계와 유사한 표상(representation)을 만들고 검증하는 일과 관련이 있다. 그러한 표상은 정신적인 것을 포함하여 그림, 실물 모형, 수학 방정식, 명제나 컴퓨터 프로그램 등 다양한 형태를 취할 수 있다. 과학자는 이러한 모형을 통해 물리적 계의 알려진 특성을 묘사하고 요약하며, 그것을 이용하여 결과를 예상하기도 한다.

거울에 반사된 촛불의 상이 어떻게 생겼는지 어린 학생들에게 물어보면 학생들은 흔히 물체의 모양이 던져져서 그림자가 생기는 것처럼 촛불의 모양이 거울에 비추어진 것으로 말하기 쉽다. 직진하는 '광선 모형'으로 이해하기보다는 촛불 모양이 이동하는 것으로 생각한다. 유사한 예로 '바늘구멍과 상'에 대한 페어와 라이스(Feher & Rice, 1987)의 연구에 의하면 아동은 빛의 이동보다는 오히려 '물체나 광원의 모양이 통째로 진행'하여 상이 나타나는 것으로 생각한다. 예를 들어(174쪽의 그림 참조), 십자(+) 광원에서 나온 빛이 바늘구멍을 지나 십자(+) 모양의 상이 생기게 할 때, 아동은 십자 모양이 점점 작아져 구멍을 통과한 후 다시 크게 나타나는 것(+++○+++)으로 생각한다는 것이다. 특히 '공간 속에 존재하는 실체로서 이동하는 빛'이라는 개념이 없는 경우에 빛의 경로는 의미가 없어 그것을 생각할 수 없기 때문이다(Guesne, 1985). 그러한 아동은 빛과 물체의 상호작용을 이해하기 위한 상호작용 모형은 없고, 단지 광원, 물체 그리고 그림자나 상의 관계만을 이해하는 인과 모형만 있기 때문이다.

그래서 아동은 거울에 의해 생긴 물체의 상은 물체의 모양이 거울 표면으로 이동하여 생겼다고 생각하기 쉽다. 또한, 상이 거울 속에 있다고 생각해도 물체의 모양이 시선 방향으로 이동한다고 생각하기 때문에 관찰자의 위치에 따라 상의 위치가 변한다고 생각하기 쉽다. 아동이 실제로 유리판에 반사된 촛불의 상을 찾는 실험에서 상의 위치를 찾아도 다른 아동이 찾은 결과와 비교하지 않으면 위와 같은 생각은 그대로 유지되기 쉽다. 그런 의미에서 교사는 관찰 활동에서 아동이 자신의 생각이나 모형을 분명하게 드러나게 하고 그것을 확인할 수 있도록 질문을 던질 수 있다. 예를 들어, '촛불 상의 위치는 보는 사람의 위치에 따라 달라지는가?'와 같은 질문은 관찰해야 할 규칙성에 초점을 맞추고, 자신의 모형이 맞는지 확인할 수 있도록 아동을 도와줄 수 있다.

특히, 관찰 과정에서 물체를 본다는 것은 자동적으로 일어나는 일이기 때문에 학생들은 뚜렷하게 지각 가능한 효과를 일으킬 때를 제외하고는 빛을 인 학생들은 물체를 보기 위해 빛이 있어야 하지만 반드시 눈에 들어올 필요는 없다고 생각하기도 한다.

식하기 어렵다. 따라서 학생은 그들의 눈이 빛을 받아들이는 감각기관이 될 수 있다는 것을 깨닫지 못한다. 많은 학생은 물체를 보기 위해 빛이 필요하지만 반드시 눈에 들어올 필요는 없다고 생각한다. 사물을 보기 위해 빛이 필요하다는 것을 인식하지만, 대부분은 빛이 단지 물체를 밝히거나 물체와 관찰자의 주변을 둘러싸고 있다고 생각하는 것이다(Watts, 1984; 1985). 광학 현상의 설명에서 대부분의 학생이 빛에 부여한 역할은 '빛이 사물이나 효과를 보이게 한다'는 수동적인 역할이다(Rice & Fehr, 1987, 1988). 학생들은 이것으로부터 '보는 것'과 빛은 서로 별개의 문제라고 생각하는 '고립된 개념(decoupling concept)'을 갖게 된다(Jung, 1981).

그러면 거울이나 유리에 빛이 반사되어 물체의 상이 생기는 것을 과학자들은 어떻게 이해하는가? 빛을 어떻게 생각하는지, 또는 어떤 성질에 초점을 맞추는지에 따라 빛을 여러 가지 모형으로 표현할 수 있다. 빛은 관점에 따라 당구공과 같은 입자(입자 모형)로 생각할 수도 있고, 물결과 같은 파동(파동 모형)으로 생각할 수도 있다. 특히, 공간 속을 이동하는 빛이 직진하는 성질에 주목하여 그 경로를 선으로 나타내는 것을 '광선 모형'이라고 한다. 이동하는 빛은 보통 물체와 만나게 되면 흡수되거나 반사되는데, 반사될 때는 규칙적인 방향으로 꺾이게 된다.

빛의 경로를 선으로 나타내는 '광선 모형'을 통해 거울에 의한 상의 위치를 찾을 수 있다.

예를 들어, 오른쪽 그림의 (가)의 방향에서 유리판에 비친 촛불을 관찰하면 상으로부터 직진하는 a′ 광선이 눈에 들어온다. 이 a′ 광선은 실제로 상에서 나온 광선이 아니라 촛불에서 나온 광선 a가 유리판에 반사되어 눈에 들어온 것이다. 마찬가지로 (나)의 방향에서 유리판에 비친 촛불을 관찰할 수 있는 것은 촛불에서 나온 광선 b가 유리판에 반사되어 b′ 방향으로 진행하기 때문이다. 두

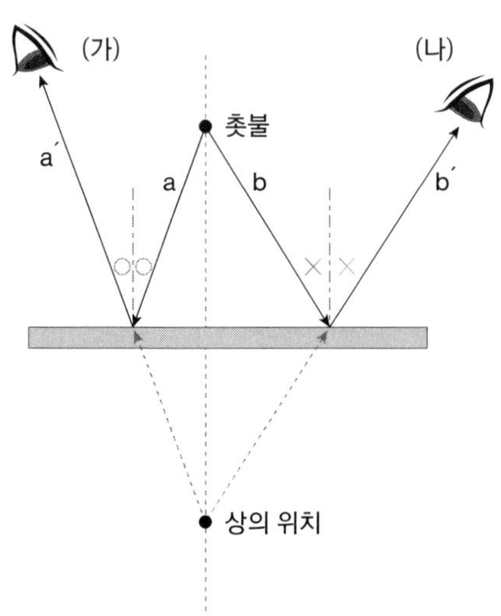

광선 a, b가 유리판에 부딪친 지점에서 반사된 광선 a′, b′ 광선은 모두 유리판 반대쪽에 있는 한 점에서 나온 것처럼 보인다. 그래서 어느 방향에서든지 유리판에 비친 촛불의 상을 찾을 수 있고, 이 상에서는 실제로 빛이 나오지는 않으므로 허상이라고 한다. 이때 입사 광선과 반사 광선이 유리판에 수직한 법선과 이루는 각을 측정하면 두 각이 동일하다(빛의 반사 법칙)는 것을 알 수 있다. 초등학생에게는 빛이 이동하는 경로를 직선이나 화살표로 표현할 수 있다는 수준에서 광선 모형을 도입할 수 있다.

> • 관찰할 때 우리는 보통 선택한 부분에 초점을 맞추고 나머지는 배경이나 불필요한 정보로 처리하여 무시하는 경향이 있다. 위의 사례에서 대부분의 아동은 유리판에 반사된 촛불의 상을 하나만 관찰한다. 여러분은 이 실험에서 촛불의 상을 추가로 하나 더 찾을 수 있는가? 촛불의 상이 두 개로 보이는 이유는 무엇 때문이라고 생각하는가? 이것을 이해하기 위한 개념을 구체적으로 진술해 보자.

보통 관찰은 그 목적이 분명해야 한다. 목적이 없이 자세하게 관찰하라는 것은 무엇에 주목해야 할 것인지 알 수 없기 때문에 피상적으로 이루어질 수밖에 없다. 예를 들어, 거울에 비친 물체의 모습(상)이 물체의 위치에 따라 어떻게 되는지 아동에게 물어보면, 대부분의 아동은 '거울에서 멀어지면 물체의 모습이 작아져요.'라고 대답하기 쉽다. 교사는 거울에 생긴 상의 위치가 물체의 위치에 따라 달라진다는 것을 주목하기 원했지만, 대부분의 아동은 상의 위치보다는 겉보기 크기에 집중했기 때문이다. 따라서 교사는 학생들이 관찰하기 전에 무엇 때문에, 왜 관찰해야 하는지 그 목적을 명확하게 해야 한다.

우리는 관찰을 통해 문제를 찾을 수도 있고, 비슷한 점이나 차이점을 발견하거나 규칙성을 발견할 수도 있다. 또는 제기된 문제에 대한 답이나 그 실마리를 얻거나 개념을 발달시킬 수 있다. 그래서 학생들이 주변 세계를 이해하는 것을 도와줄 수 있다. 특히, 현상을 예상하거나 설명하기 위해서는 관찰에서 얻은 규칙성이나 그것을 보여주는 모형을 사용해야 한다. 예를 들어, 빛과 관련된 현상을 이해하기 위해서는 광선 모형이 매우 유용하게 사용된다. 교사는 관찰 과정에서 아동이 광선 모형을 사용할 수 있도록 적절한 질문을 제공하거나 광선 모형을 통해 어떤 정보를 얻을 수 있는지 인식할 수 있도록 유용한 실마리를 제공해야 한다.

빛이 렌즈를 지나면 어떻게 되는가?
– 말하기와 논쟁하기

(1) 볼록렌즈에 햇빛을 통과시켜 흰 종이 위에 비추면, 종이 위에 비친 모습이 어떻게 될지 예상하고 자신의 예상을 아래 칸에 그림을 그려 설명해 보시오.

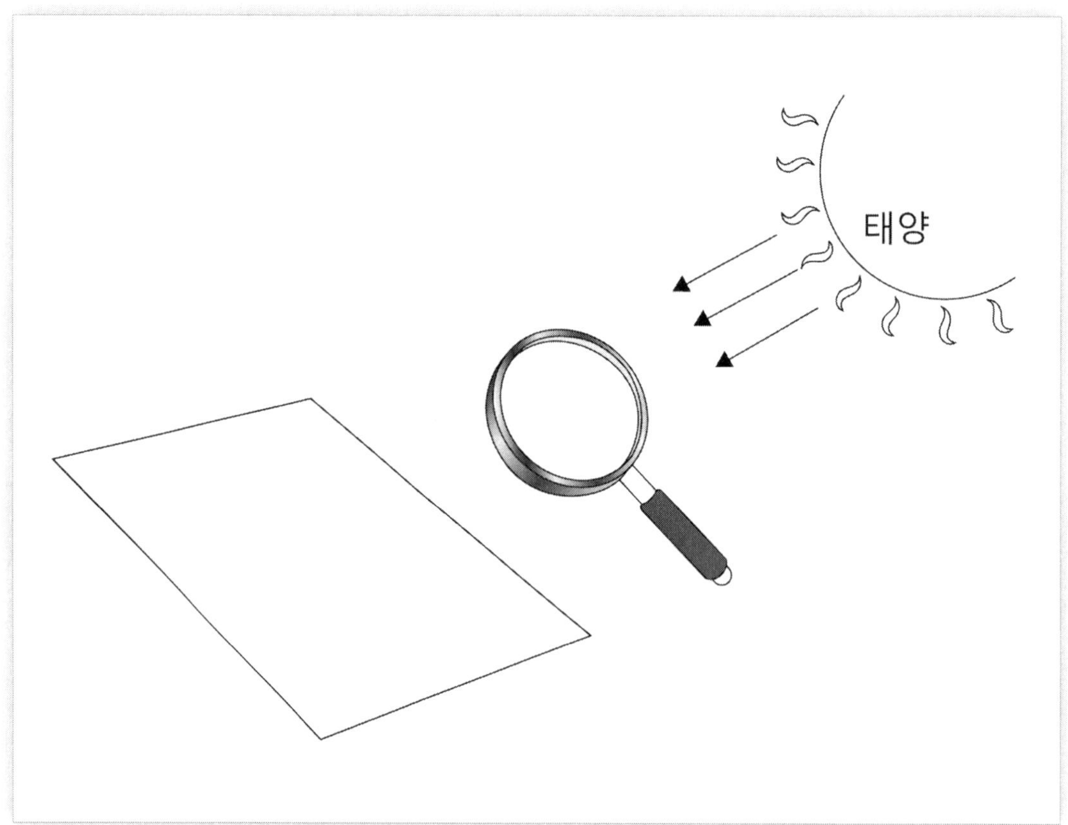

(2) 지면과 렌즈 사이의 거리를 더 길게 하면 종이에 비친 모습은 어떻게 달라지는지 자신의 예상을 설명하시오.

(3) 위와 같이 실험할 때 어떤 현상이 일어나는지 모둠별로 실제로 관찰하고, 관찰한 결과를 3
가지 이상 기술해 보시오.

(4) 볼록렌즈에 의해 생긴 검은 그림자의 크기는 종이와 렌즈 사이의 거리에 따라 어떻게 달라
지는지 서술하고 그 이유를 모둠별로 토의해 보시오.

(5) 볼록렌즈를 통과한 빛이 종이에 밝은 점을 만든 것을 보고 다연이는 렌즈를 통과한 빛의
세기가 강해졌기 때문이라고 했다. 다연이의 주장에 대한 여러분의 의견을 그에 대한 증거
와 함께 제시하시오.

〈사진〉

말하기와 논쟁하기

과학은 생각을 표현하고 주의 깊게 의사소통하는 것을 필요로 하고, 과학자는 그러한 활동을 통해 자신의 생각을 전달하고, 다른 사람의 생각에 도전한다. 또한 교실에서 일어나는 많은 일은 말하기와 글쓰기를 통해 일어나기 때문에, 과학을 공부하고 가르치는데 있어 언어는 매우 중요한 역할을 한다. 특히, 학생들은 경험, 관찰 및 생각을 통해 학습할 때 배운 것을 이해하기 위해 그것에 대해 이야기할 필요가 있다. 그래서 말하기는 학생이 자신의 생각에 대해 사고하고 구체적으로 설명하도록 요구하고, 이해한 것과 그렇지 못한 것을 구별하며 되새겨 보도록 할 수 있다. 교사는 그런 의미에서 학생들에게 용어나 개념 또는 관찰한 것을 자기 자신의 말로 서술하도록 요구할 필요가 있다. 특히 과학에서 사용되는 언어는 일상적인 의미와 차이가 나는 경우가 많다. 예를 들어, 볼록렌즈에 의해 벽에 생긴 촛불의 상을 보고 학생은 촛불의 모양이 벽에 '반사'되었다고 말할 때, 그 말의 의미는 과학적인 의미로 빛이 반사되었다기보다는 촛불의 모양이 드러났다는 '반영'의 뜻으로 이해될 수 있다. 그래서 주어진 상황에서 학생이 사용하는 낱말의 의미를 좀 더 자세히 설명하도록 하는 것은 학생들이 그 낱말의 좀 더 일상적인 의미와 과학에 한정된 의미를 구별하도록 도와줄 수 있다.

말하기의 또 다른 형태로서 '논쟁하기'[*]도 과학 용어와 마찬가지로 일상적인 의미와 과학적인 의미가 차이가 난다. 과학적인 의미에서의 논쟁하기와 일상생활에서 일어나는 논쟁하기가 어떻게 다른지 인식하고 이해하는 것은 중요하다. 예를 들어, 일상생활에서 일어나는 논쟁은 보통 논쟁에 '이기려는' 데 몰두하거나 정치적인 경우에 자신의 입장을 '홍보'하는데 눈을 돌리기 쉽다. 그렇지만 과학에서 논쟁의 목적은 주어진 상황을 가능한 한 충분히 이해시키고, 동료에게 구체적인 생각의 타당성을 설득하려는 것이다.

과학적 논쟁하기는 증거와 함께 제시된 생각을 배우고, 다루고, 공유하기 위한 것이며 자신의 생각을 표현하는 개인에 대한 비판보다는 표현된 생각에 초점을 맞추어 가능한 한 많은 수의 타당한 관찰을 포괄하는 이론을 만드는데 관심을 둔다. 그래서 과학자들은 자신의 이론을 강하게 방어하지만, 자신의 입장을 반증하는 설득 가능한 주장이 제시되는 경우에는 그것을 자신의 생각에 통합하려고 노력한다.

이와 같이 말하기와 논쟁하기는 과학에서 매우 중요하지만, 일반적으로 교실 현장에서 일어나는 담화의 형태는 전형적으로 질문-반응-평가(I-R-E: Initiation-Response, Evaluation)의 양상을 갖기 쉽다(Cazden, 1988). 다시 말해, 문답 형식으로 교사가 질문하고, 학생이 반응하며, 학생의 반응에 대해 다시 교사가 평가하거나 의견을 제시하는 형태를 취하는 것이다. 이와 같은 방식은 선행 지식을 복습하거나 학생들의 지식을 평가하는 데에는 도움이 되지만, 좀 더 생산적인 방식의 의사소통을 촉진시키는 데는 미흡하다. 즉, 학생이 자신의 입장을 정당화하거나 다른 사람의 주장을 반박하는 데 있어, 또는 복잡한 추론을 뒷받침하거나 증거를 갖춘 주장을 하거나 새로운 해석을 제시하는 데 있어 I-R-E 방식은 잘 맞지 않는다.

예를 들어, 초등학교 학생에게 볼록렌즈로 햇빛을 흰 종이 위에 비치면 어떻게 될 것인지 물으면 대부분의 학생은 흰 종이 위에 나타난 밝은 점만을 주목하여 대답하기 쉽다. 이때 교사는 학생의 대답에 이어 "햇빛이 볼록렌즈를 통과하면 어떻게 밝은 점이 생기는가?"와 같이 추리를 요하는 질문을 던지거나, 좀 더 자세한 관찰이 일어날 수 있도록 "렌즈의 그림자는 어떻게 될까?"와 같은 질문을 통해 학생들을 관찰에 더 몰두하도록 할 수 있다. 그리고 관찰한 내용을 바탕으로 그림자의 진하기가 왜 차이가 나는지 그 이유를 생각해 보도록 할 수 있다. 관찰된 결과를 기록하는 일뿐만 아니라 어떻게 그와 같은 결과가 나왔는지 해석하거나 설명하도록 하는 것도 과학에서는 매우 중요하다. 예를 들어, "고리 모양의 검은 그림자의 두께가 왜 테의 두께보다 더 두꺼운가?" 또는 "유리로 된 렌즈의 그림자가 왜 검게 보이는가?" 등의 질문을 던짐으로써, 학생들이 관찰 결과를 바탕으로 빛이 렌즈를 통과한 후 지나가는 경로를 추리하도록 할 수 있다. 이러한 과정에서 빛에 대한 광선 모형을 도입하거나 사용하는 기회를 제공할 수 있다. "종이와 렌즈 사이의 거리와 관계없이 검은 그림자의 크기(지름)가 변하지 않는 이유는 무엇일까?"와 같은 질문을 제시하고 토의하도록 함으로써 전구가 아닌 태양과 같은 광원의 여러 조건에 대한 이해를 도울 수도 있고, 학생들이 말하기나 논쟁하기에 참여하도록 요구할 수 있다.

* '논쟁하기' 대신 '논증하기'라는 용어가 사용되기도 한다.

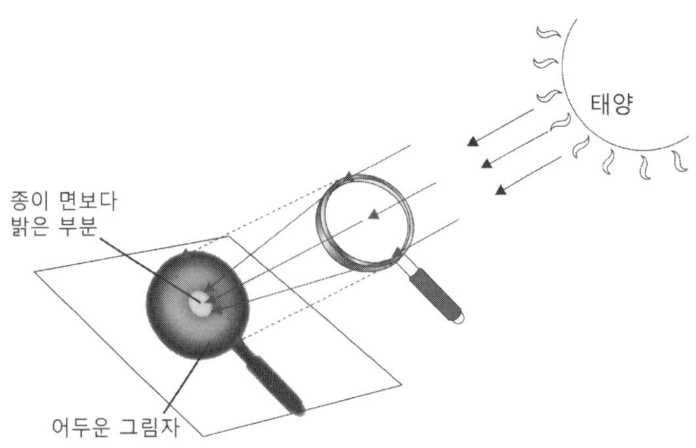

교사나 학생이 제시하는 질문을 통해 말하기나 논쟁하기를 촉진시키려면, 단지 정답을 제시하기보다는 "왜 그렇게 생각했지요?"와 같이 자신의 생각이나 추론을 설명하거나 구체적으로 이야기하도록 요구해야 한다. 그것을 도와주는 한 가지 방법은 학생이 따라올 수 있도록 여유를 갖고 "너의 생각을 내가 올바르게 이해했는지 살펴볼까?" "네 생각은 …라고 말하는 것이 맞니?"와 같은 질문을 통해 학생들의 추론을 더 깊이 있게 파헤쳐 보여주는 것이다. 이때 교사는 '기다리는 시간(wait time)'을 사용하여 학생이 자신의 생각을 정리할 수 있는 충분한 시간을 주어야 한다. 그리고 많은 학생이 이야기에 참여할 수 있도록 다른 학생의 추론을 자신의 말로 다시 진술하게 하거나, "여러분은 ~의 의견에 동의합니까? 아니면 반대합니까? 왜 그렇게 생각하지요?"와 같이 다른 학생의 추론을 분석하고 평가하도록 할 수 있다. 또는 "이것에 더 덧붙이고 싶은 사람이 있어요?"와 같이 토의에 참여하도록 재촉할 수 있다.

짝과 이야기하기, 소집단 담화, 전체 학급토의, 학급 발표 등과 같은 이야기 양식을 통해 학생 자신의 생각을 표면에 떠오르게 할 수 있다. 그리고 교사는 그것을 통해 학생들의 이해를 평가할 기회를 갖게 된다. 특히, 확장된 학급토의는 학생이 과학적 논쟁을 만들고 논리적으로 추론하는 능력을 향상시키는데 도움이 된다. 학생은 다른 사람과 자신이 서로 생각의 차이가 있다는 것을 인식하는 기회를 갖게 된다. 그것을 통해 더 성숙한 과학적 추론을 발달시킬 수 있고,

친구들의 주장과 입장에 동참할 수 있게 된다. 이런 생산적인 이야기를 통해 학생은 자신의 생각이나 이론을 설명하는 것이 노력, 시간 및 인내가 필요하고, 증거를 통해 논쟁하는 일이 도전적인 지적 활동이라는 것을 깨달을 수 있다.

그러나 수업에서 일어나는 이야기나 토의는 대개 즉흥적이어서, 학생들이 어떻게 반응할지 예상하기 어렵다. 수업 담화나 토의의 이러한 즉흥성이나 비예측성은 교사를 불안하게 할 수 있지만, 그럼에도 불구하고 교사는 그러한 수업을 통해 효과적인 방법을 터득하는 경험을 축적할 수 있다. 교사는 학생들이 보통 사용하는 경쟁적인 논쟁과 바람직한 과학적 논쟁을 구별할 수 있도록 해야 한다. 과학적 논쟁은 그 목적이 상호 이해나 합의점에 도달하는 것이라는 것을 학생들이 이해하도록 도와주어야 한다. 과학적 논쟁을 효과적으로 중재하려면 교사는 학생의 이야기 속에서 과학적으로 생산적인 것과 그렇지 못한 것을 인식할 수 있는 충분한 지식을 필요로 한다. 보통 모호하고, 단편적이며 심지어 모순이 되는 언어를 사용하기 쉬운 가열된 논쟁에서, 학생들의 논쟁 내용과 구조를 재빨리 파악해야하기 때문이다. 교육의 목표는 과학적 결과나 그것을 뒷받침하는 개념을 이해하는 것뿐만이 아니다. 어떻게 그것을 알게 되었는지, 왜 믿게 되었는지 이해시키는 것도 매우 중요하다. 그래서 학생들은 증거, 모형이나 이론에 대해 충분히 이야기하고 토의할 필요가 있다. 교사는 이러한 토의를 위한 학급 규범을 만들고, 학생들의 문화적, 언어적, 경험적 차이를 헤아려야 한다. 과학 언어도 학생에게는 외국어처럼 생소하다는 것을 인지하고, 다양한 학생의 배경이나 경험을 포용할 수 있는 방안을 강구할 필요가 있다. 그리고 이론이나 입장에 따른 토의를 통하여 권위에 의존하기보다는 증거를 가진 결과로서 설명이나 답을 찾도록 하는 것이 바람직하다.

기다리는 시간(wait time)

Marry Budd Rowe(1972)의 연구에서 수업 중 교사가 질문한 후 학생이 답할 때까지 침묵의 시간이 대개 1.5초 미만임을 알아냈다. 기다리는 시간(wait time)을 3초 이상으로 조절한 결과 아동이 대답하는 길이와 정확함이 증가했고 대답을 못하는 아동 수가 감소하는 등 여러 가지 긍정적인 변화가 나타났다.

측정 도구의 사용

밝고 어두운 정도를 눈으로 관찰하는 것보다 더 정확하게 확인하려면 조도계와 같은 도구를 사용해야 한다. 스마트폰이나 태블릿은 그 속에 여러 가지 감지장치(센서: sensor)를 내장하고 있어 과학 실험에 필요한 도구로 사용할 수 있다. 예를 들어, 빛의 밝기를 측정할 수 있는 조도계 앱을 내려 받아 기기에 설치하면, 렌즈에 의해 생긴 그림자의 밝기가 지면과 렌즈 사이의 거리에 따라 어떻게 달라지는지 측정할 수 있다.

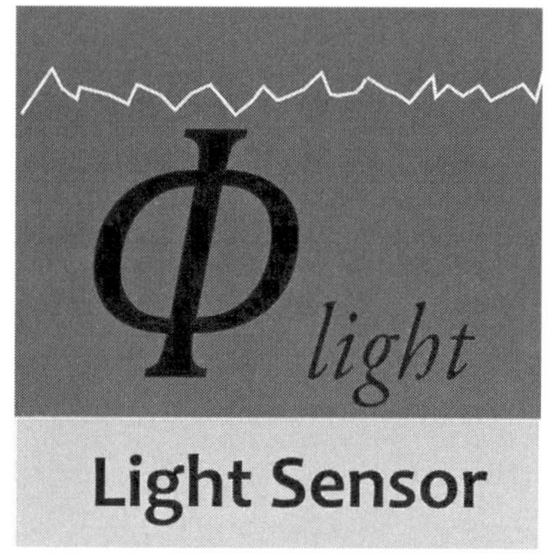

Vieyra Software(http://www.vieyrasoftware.net/)에서 만든 Physics Toolbox Light Sensor는 시간에 따른 조도(lux) 그래프를 보여 주고, 측정값을 .csv(comma separated values) 파일 형태로 구글 드라이브(Google Drive)나 전자우편으로 내보낼 수 있다. 초등학생은 그래프 대신 숫자로 표시된 디지털 모드를 사용할 수 있다. 감지장치는 스마트폰이나 태블릿 전면에 붙어있는 렌즈 옆에 달려 있다. 감지장치를 확인하려면 그 부분을 손으로 가릴 때 측정값이 작아지는지 확인하면 된다. 감지장치

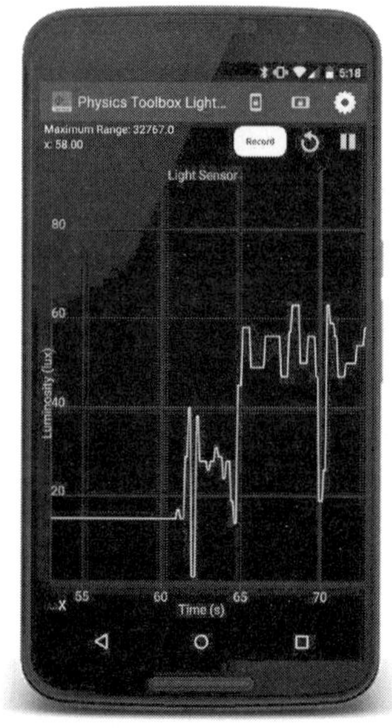

가 있는 부분을 측정하려는 위치에 놓고 그곳의 조도를 측정하면 되지만, 주변의 상태에 따라 측정값이 변하기 쉬우므로 평균값을 사용하도록 한다.

오목렌즈에 햇빛을 비추어 종이에 비추면 지면에서 렌즈까지의 거리에 따라 다음 사진과 같이 밝은 부분의 크기가 달라진다.

★ 각 부분에서 빛의 밝기는 어떻게 되는지 조도계 앱을 이용하여 측정해 보고, 그 이유를 토의해 보시오.

★ 이와 같은 현상을 관찰하고 토의하는 과정에서 아동이 빛에 대한 광선 모형을 생각해 볼 수 있도록 하려면 어떻게 질문하는 것이 좋은지 토의해 보시오.

★ 초등학생이 조도계 앱을 이용하여 할 수 있는 여러가지 탐구 활동을 제안해 보시오.

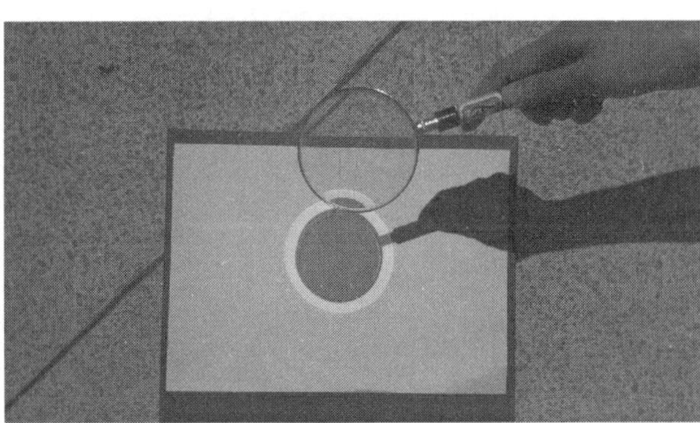

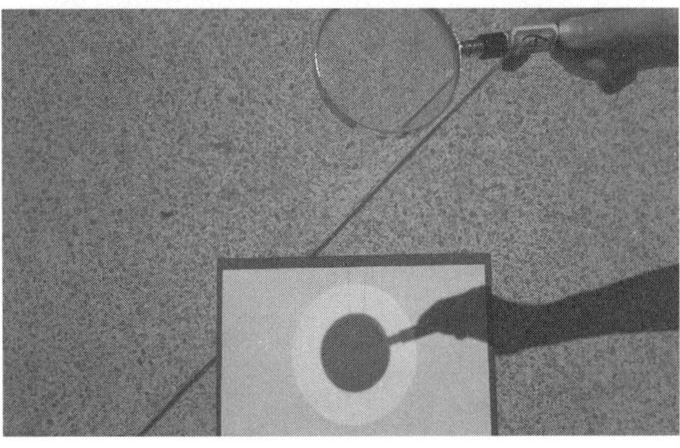

렌즈의 상은 어떻게 만들어지는가?
– 광선 모형과 가상실험

창문에서 조금 떨어진 곳에서 흰 종이판을 잡고 그 앞 쪽에 볼록렌즈를 가져가 아래 사진과 같이 종이 위에 창밖의 풍경이 생기도록 하였다. 이와 같이 종이 위에 나타난 창문이나 풍경을 물체의 상이라고 한다. 그러면 볼록렌즈를 이용하여 이와 같은 물체의 상을 관찰해 보자.

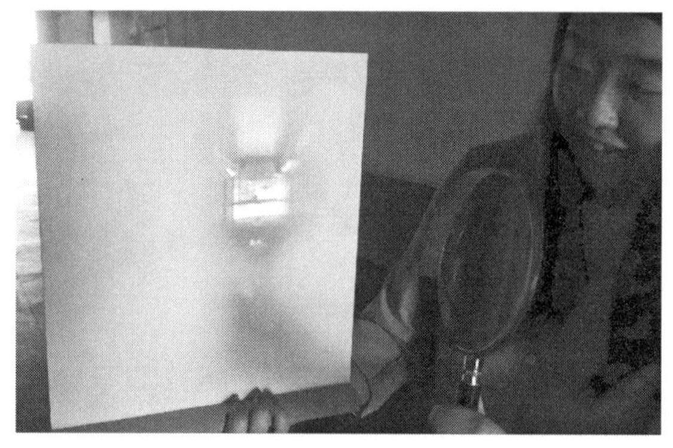

(1) 사각형 모양의 두꺼운 판지의 중앙을 잘라내고, 오른쪽 그림과 같이 반투명한 기름종이를 붙여 물체의 상을 관찰할 수 있는 투영판을 만든다.

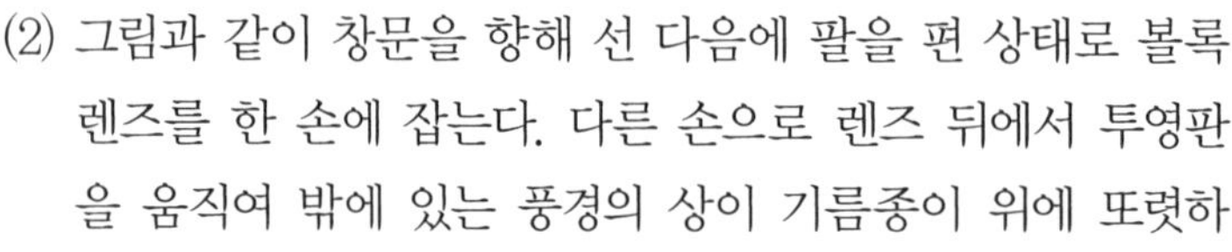

(2) 그림과 같이 창문을 향해 선 다음에 팔을 편 상태로 볼록렌즈를 한 손에 잡는다. 다른 손으로 렌즈 뒤에서 투영판을 움직여 밖에 있는 풍경의 상이 기름종이 위에 또렷하게 보이도록 만든다. 여러분은 기름종이를 통해 풍경의 상을 보고 있는 것이다. 이때 여러분의 눈은 종이에 초점을 맞추어야 한다.

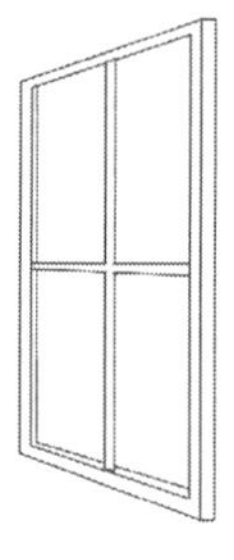

(3) 이번엔 투영판을 치운 채로 그 상을 관찰한다. 상을 관찰할 수 없다면, 다시 투영판을 놓아보도록 한다. 상의 반은 공간에 생기고 다른 반은 투영판에 걸치도록 한 다음, 종이 위에 생긴 상에 집중하면서 투영판을 옆으로 살짝 치우면서 전체 상을 보도록 한다.

(4) 양초에 불을 켜고 볼록렌즈를 이용하여 투영판 위에 촛불의 상이 생기도록 볼록렌즈를 양초와 투영판 사이에서 이리 저리 움직여 본다.

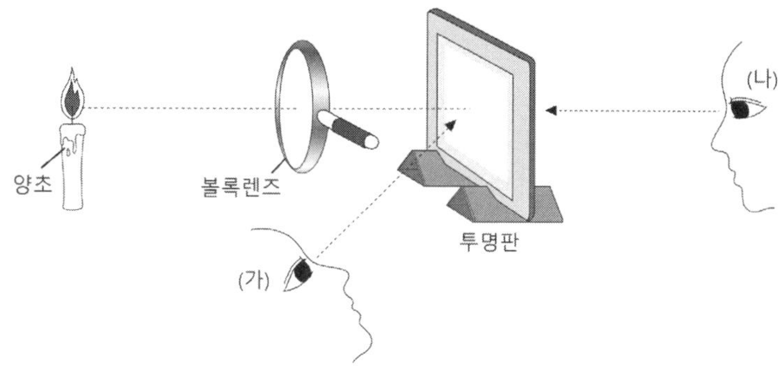

- 투영판에 생긴 촛불의 상을 어떻게 (가)의 위치에서 관찰할 수 있는지 토의하고, 광선 모형을 이용하여 그림을 그린 다음 설명하시오.

- (나)의 위치에서 투영판을 치워도 그 상을 관찰할 수 있는지 살펴보고 어떻게 촛불의 상을 볼 수 있는지 토의하고, 광선 모형을 이용하여 그림을 그린 다음 설명하시오.

- 여러분이 실험에 사용한 볼록렌즈의 초점거리를 대략적으로 측정하려면 어떻게 해야 하는지 토의하고, 실제로 볼록렌즈의 초점거리를 측정해 보시오.

- 투영판에 생긴 촛불의 상을 실물보다 크게 하려면 어떻게 해야 하는지 설명하시오.

- 양초와 투영판 사이에서 볼록렌즈를 아무리 움직여도 투영판에 촛불의 상이 생기지 않는 경우는 어떤 경우인지 조사하시오.

- 볼록렌즈를 자신의 눈에 가까이 가져가서 돋보기처럼 자신의 엄지손톱을 확대해 보시오.

- 다음 쪽에 제시한 '광선 모형'을 이용한 가상실험을 수행하고 실제 실험 결과와 가상실험 결과를 비교해 보시오.

[가상실험과 비교하기]

다음 웹 주소에서 콜로라도 대학의 가상실험 프로그램인 Geometric Optics를 실행하여 보자. 화면에 나타난 × 표시는 볼록렌즈의 초점을 나타낸다. 렌즈의 곡률반경, 굴절률, 지름을 변화시킬 때 화면에 표시된 렌즈의 모양과 초점의 위치가 어떻게 변하는지 관찰해 보자.

웹 주소: http://phet.colorado.edu/ko/simulation/legacy/geometric-optics

(1) 볼록렌즈의 초점을 길게 하려면 무엇을 어떻게 변화시켜야 하는지 이야기해 보시오.

(2) 볼록렌즈의 초점거리가 50 cm가 되도록 조정하고, 연필의 위치를 그림과 같이 렌즈에서 100 cm 떨어진 곳에 놓으면 연필의 상은 어느 곳에 어떤 모양으로 생기는지 관찰하고 설명해 보시오.

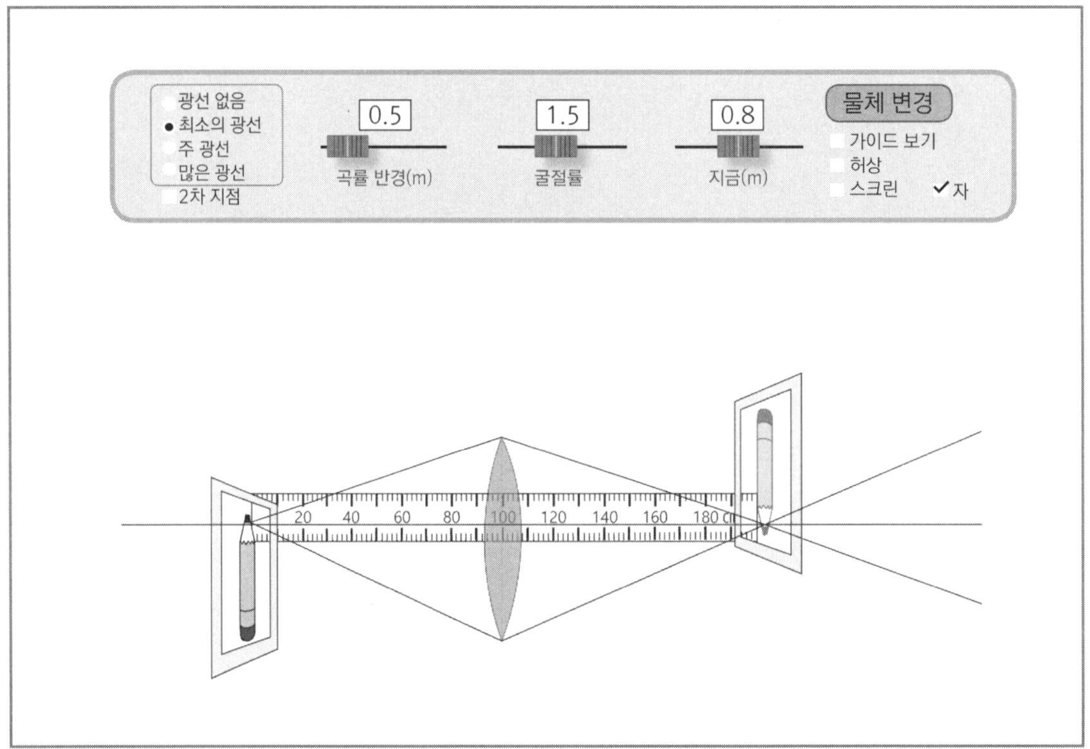

(3) 연필의 위치를 렌즈에서 100 cm보다 멀리할 때와 가깝게 할 때 상의 위치와 모양은 어떻게 달라지는가?

(4) 연필의 위치를 렌즈에서 25 cm 되는 곳에 놓았을 때 연필의 상이 보이는가? 연필의 상이 화면에 나타나지 않았다면, '물체 변경'에서 '허상' 칸을 선택하도록 한다. 허상은 어디에 어떤 모양으로 나타났는가? 처음에 연필의 상이 보이지 않았던 이유는 무엇인지 이야기해 보시오.

(5) 화면 왼쪽에 있는 광선 조절 칸에서 '주 광선', '많은 광선', '2차 지점' 칸을 각각 선택한 다음 앞의 활동을 다시 수행해 보시오. 앞에서 수행한 실제 실험과 비교했을 때 가상실험을 통해 무엇을 알 수 있는가?

광선 모형과 가상실험(Virtual lab)

모형은 일종의 도구로서 자연 현상에 대해 생각하고, 예상하며, 활동에서 얻은 경험을 이해하는데 사용될 수 있다. 빛과 같이 우리 눈에 직접 보이지 않고 물체와의 상호작용을 통해 그 결과만 지각할 수 있는 경우에 빛과 물체와의 상호작용 과정을 이해하기는 매우 어렵다. 그래서 학생들은 거울이나 렌즈를 통해서 나타나는 광학 현상을, 예를 들어, 거울에 의한 허상을 빛의 이동 경로와 관계없이 '거울 표면에 비친 물체의 모양'과 같이 직관적인 수준에서 이해하기 쉽다. 그런 의미에서 광선 모형을 이용한 가상실험 프로그램은 빛이 렌즈를 통과할 때 어떻게 이동하는지 보여주어 주어진 결과를 해석하고 설명할 수 있게 한다.

미국 콜라라도 대학의 물리교육공학 프로젝트(PhET: Physics Education Technology project)에서는 Java와 Flash를 이용해서 컴퓨터나 스마트폰 또는 태블릿에서 이용할 수 있는 가상실험을 물리, 화학, 생물, 지구과학, 수학 등의 영역에서 무료로 제공하고 있다. 일부 프로그램은 한글 번역도 제공된다. 일종의 컴퓨터 모형으로서 이러한 프로그램들은 학습자가 다양한 조작을 통하여 과학이 작동하고 기능하는 방식을 이해할 수 있도록 도와줄 수 있다. 예를 들어, 학생들은 볼록렌즈를 통과한 촛불의 상이 투영판에 비치기 때문에, 렌즈의 위쪽 절반을 두꺼운 종이로 가리면 촛불 위쪽은 보이지 않고 아래 양초만 (또는 반대로 위쪽 촛불만) 보일 것이라고 생각하기 쉽다.

'기하광학(Geometric Optics)' 프로그램에서 '많은 광선'을 선택한 다음, 연필의 상이 생기는 모습을 관찰한다면, 학생들은 다음 그림과 같이 연필심의 한 점에서 나온 무수히 많은 광선 중 볼록렌즈를 통과한 광선은 상의 한 점에 모인다는 것을 관찰할 수 있다. 따라서 렌즈의 위쪽을 종이로 가려도 일부 빛이 렌즈의 아래쪽을 통과하여 상을 만들 수 있다는 것을 알 수 있다. 그래서 실제로 촛불의 상을 관찰할 때, 렌즈의 절반을 가려도 투영판에 상은 그대로 생기지만 밝기가 어두워진다는 것을 학생들은 이해할 수 있게 된다.

PhET에서 광선모형을 통해 렌즈에 의해 상이 생기는 원리를 쉽게 이해할 수 있다.

PhET에서 볼록렌즈의 일부를 가려도 상이 생기는 이유를 알 수 있다.

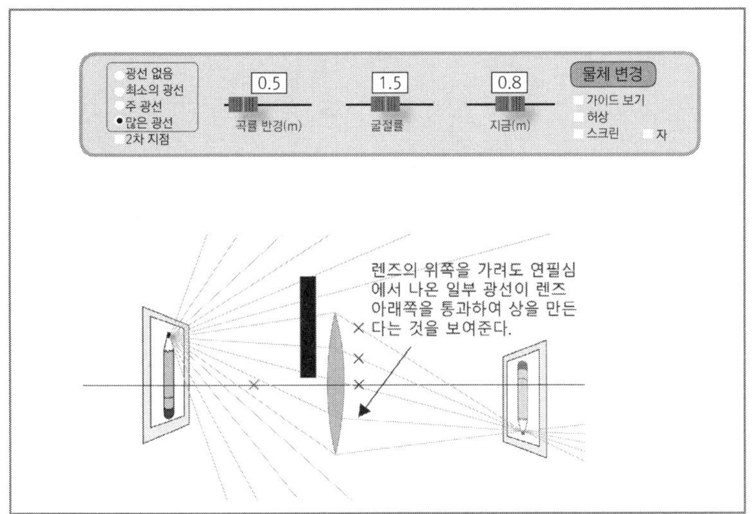

양초와 투영판 사이의 거리가 가까운 경우에 볼록렌즈를 어디에 놓아도 투영판에는 촛불의 상이 생기지 않는 것을 학생들은 거의 이해하지 못한다. 렌즈의 초점이나 촛불에서 나오는 광선은 실제로 보이지 않기 때문에 상이 어떻게 생기는지 쉽게 파악할 수 없기 때문이다. 그렇지만 가상실험을 이용하면 양초와 투영판 사이의 거리가 가까워 물체가 초점 안에 놓이게 되면, 물체에서 나온 빛이 한 점에 모이지 않고 퍼지기 때문에 투영판에 상이 생기지 않는다는 것을 눈으로 쉽게 확인할 수 있다. 투영판이 있는 곳에서 렌즈를 통해 물체를 보면 빛이 퍼져 나오는 곳에서 확대된 허상이 보이게 된다. 가상실험의 '허상' 칸을 선택하면 확대된 상이 어떻게 보이게 되는지 광선의 경로를 보여준다.

양초와 투영판 사이의 거리를 고정시켜 놓고 그 사이에 볼록렌즈를 놓아 투영판에 상이 생기는 경우는 두 번이 있다. 렌즈를 투영막 쪽에 가까이 하면 상의 크기가 물체보다 작다. 이때 렌즈를 물체 가까이로 움직여 조절하면 투영판에 확대된 상이 생기게 만들 수 있다. 가상실험을 통해 어떻게 이런 일이 일어나는지 쉽게 확인할 수 있다. 아래 그림과 같이 자를 이용하여 스크린의 위치를 표시해 놓고, 렌즈를 선택하여 물체 쪽으로 가까이 이동시키면서 표시된 스크린 위치에 상이 생기는 곳을 찾으면 된다. 렌즈에서 물체나 상까지의 거리가 길수록 각각의 크기가 크다는 것도 화면에서 확인할 수가 있다. 또한 빛이 렌즈를 통해 이동하는 경로는 가역적이기 때문에 물체의 상이 생기는 곳에 물체를 놓으면, 물체가 있던 곳에는 물체의 상이 생긴다는 것도 알 수 있다. 그래서 촛불과 투영판 사이의 거리가 충분하여 물체가 렌즈의 초점 바깥에 있을 수 있다면, 정해진 두 곳 사이에서 상이 생기는 곳은 두 군데이다.

PhET에서 볼록렌즈에 의해 허상이 생기는 과정을 알 수 있다.

PhET에서 빛의 이동경로가 가역적이라는 것을 알 수 있다.

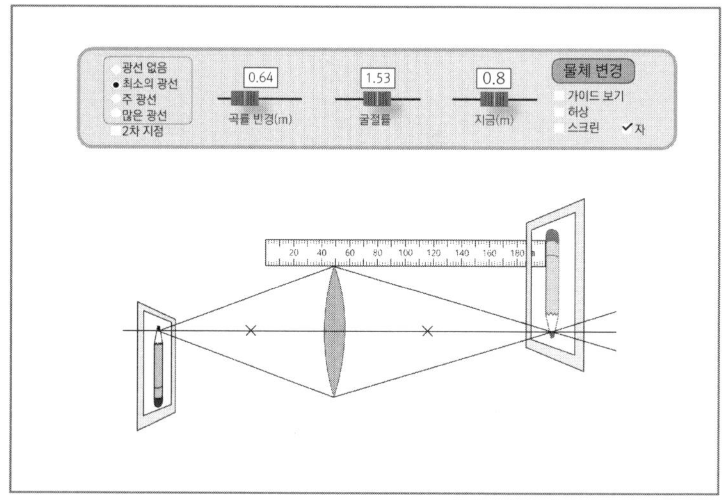

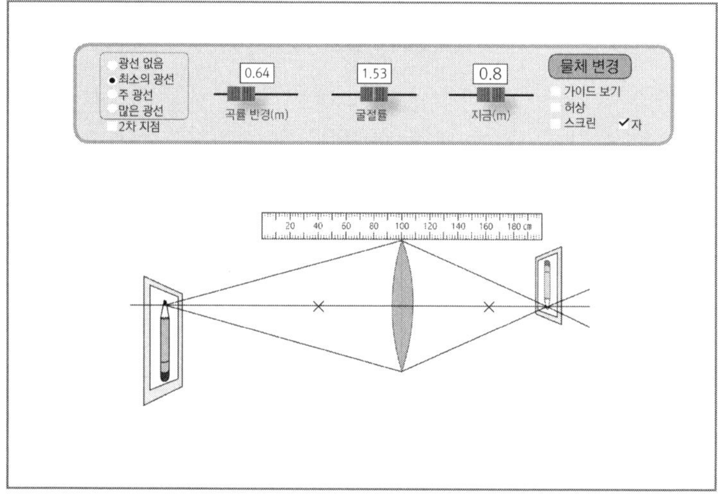

그러나 물체와 스크린 사이의 거리가 초점거리의 4배가 되는 경우에는 오직 그 중앙에 볼록렌즈를 놓는 경우에만 상이 생기고, 그 경우에는 다음 그림과 같이 물체의 크기와 상의 크기는 똑같게 된다. 따라서 이러한 사실을 이용하면 물체와 상의 크기가 똑같게 될 때 물체와 상까지의 거리를 측정하여 렌즈의 초점거리를 계산할 수도 있다. 또 물체를 초점거리에 비해 매우 멀리 놓으면, 실상은 초점 근처에 생기므로 그 때의 거리를 측정하면 대략 초점거리를 알 수 있다(예를 들어, 초점거리의 10배가 되면 초점에서 초점거리의 약 1/10 되는 곳에 실상이 생긴다.)

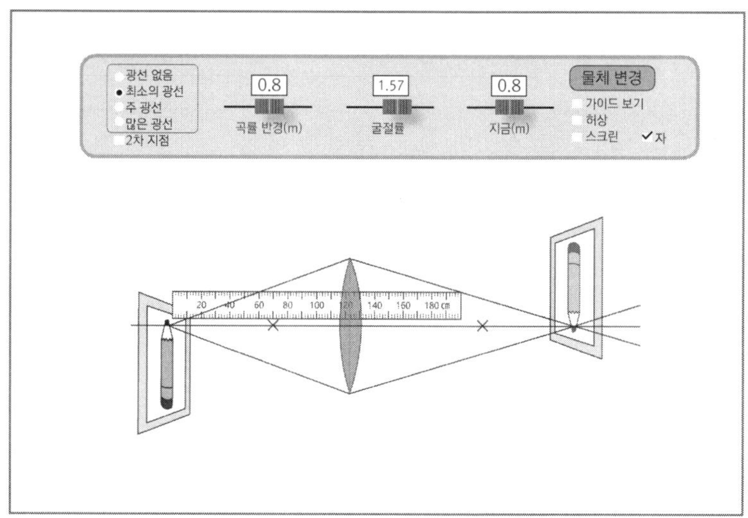

　보통 학생들은 눈으로 관찰해도 실상과 허상을 잘 구별하지 못한다. 투영판이 없어도 볼록렌즈를 통해 거꾸로 된 촛불을 볼 수 있지만, 학생들은 그것이 왜 실상인지 이해하기 어렵다. 그럴 경우 상이 생기는 곳에 투영판을 놓으면 실험 4(191쪽)의 (가)의 위치에서도 투영판에 생긴 상을 관찰할 수 있다. 볼록렌즈에 의해 상이 생긴 곳에 모인 빛의 일부가 투영판에 반사되어 눈으로 들어오기 때문이다. 물론 나머지 빛은 투영판을 투과하여 (나)의 관찰자 눈으로도 들어간다. 그러나 허상인 경우에는 그곳에 투영판을 놓아도 투영판에서 허상을 관찰할 수가 없다. 허상은 빛이 그곳에 실제로 모이지 않기 때문이다. 우리 눈은 그곳에서 빛이 직진하는 것으로 생각하여 상으로 인식한 것뿐이다. 그래서 거울과 같이 빛이 반사되어 보이는 상은 빛이 실제로 그 상에서 나오는 것이 아니기 때문에 허상이다.

　이와 같이 모형을 이용한 가상실험은 직접 지각하기 어려운 자연 현상의 작동 원리를 이해시키고 설명하는데 효과적으로 활용될 수 있다. 특히, 실제 실험과 가상실험을 비교하고 그 차이를 탐구하여 모형을 평가하거나 수정하도록 할 수도 있고, 모형을 이용한 가상실험을 이용하여 실제 자연 현상이나 실험 결과를 예상할 수도 있다.

가상실험과 실제 실험을 비교해 볼 수 있다.

가상실험으로 새로운 현상이나 실험 결과를 예상할 수 있다.

5

거울의 상을 어떻게 그릴까?

– 광선 모형 사용하기

빛은 물체에 부딪쳐 반사될 때 반사의 법칙을 따른다. 반사의 법칙은 빛이 물체의 면에 입사할 때 면에 수직한 법선과 빛이 만드는 입사각과 같은 각도로 법선을 기준으로 대칭되는 각도로 반사된다는 것이다.

(1) 오목 거울에 평행광선을 비치면 빛은 어디로 반사될까? 각도기를 이용하여 다음과 같이 오목거울에서 평행광선이 입사할 때 반사되는 광선을 그려보자. (단, 그림에서 점선은 거울 면에 수직한 법선을 나타내고, O는 구면의 모양의 거울 중심을 나타낸다.)

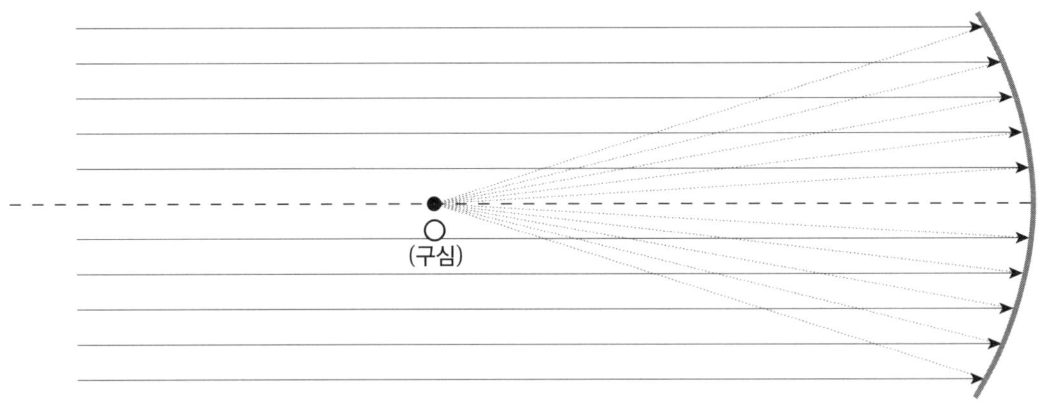

• 오목한 거울 면에서 반사되는 광선은 거울 축의 어느 점을 지나는가?

• 거울 축에 가까이 있는 평행광선과 멀리 있는 평행광선은 오목한 거울 면에서 반사될 때 어떤 경향을 보이는가?

• 거울의 구심을 통과하는 광선은 거울 면에서 반사될 때 어떻게 되는가?

• 거울을 이루는 구면의 반지름을 자로 측정해 보고, 반지름의 절반이 되는 곳을 위 그림의 거울 축에 표시해 보자. 그림을 살펴보고 무엇을 알 수 있는지 모둠에서 다른 학생과 서로 이야기해 보자.

(2) 화살표의 머리에서 나온 세 광선은 오목 거울에 부딪쳐 오목한 거울 면에서 어떻게 반사될까? 각도기를 이용하여 다음과 같이 오목거울에서 광선이 입사할 때 반사 법칙을 이용하여 반사되는 광선을 그려보자. (단, 그림에서 점선은 거울 면에 수직한 법선을 나타내고, O는 구면 모양의 거울의 중심을 나타낸다.)

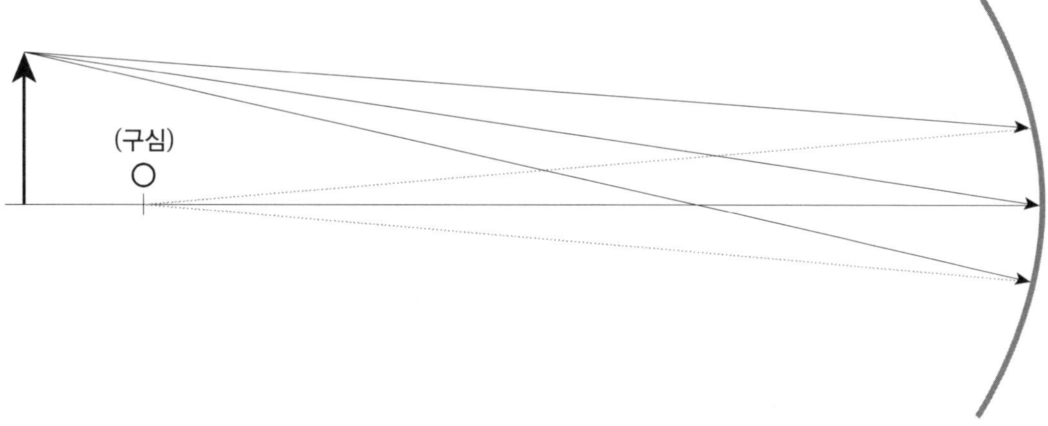

- 화살표의 머리에서 나온 세 광선은 오목 거울에 반사되어 어떻게 되는지 이야기해 보자.

- 머리에서 나온 광선과 마찬가지로 화살표 꼬리 부분에서 나온 광선들은 거울에 반사되어 어느 점을 지나는지 위 그림에 표시해 보자.

- 오목 거울에 의해 반사된 화살표의 상은 어떻게 생기는지 위 그림에 표시하고, 그 상의 특징을 서술해 보자.

- 오목 거울은 볼록 렌즈와 어떤 면에서 차이가 있고, 어떤 면에서 비슷한지 다른 학생들과 이야기해 보자.

광선 모형 사용하기

학생들은 흔히 평면거울에서는 상이 바로 보이는데, 오목 거울에서는 멀리 있는 물체가 볼록렌즈처럼 거꾸로 보이는 것을 이상하게 생각한다. 빛을 반사하는 거울과 빛을 굴절시키는 렌즈가 어떻게 비슷한 현상을 보여줄 수 있을까? 이렇게 자연에서 일어나는 규칙성이나 관찰된 것을 설명하려면 모형이 필요하다. 빛이 직진하는 성질을 나타내는 광선 모형은 그와 같은 현상을 설명할 수 있을까?

뒤에 있는 검은 공이 왜 더 크게 보일까?

빛은 물체의 면에서 입사각과 반사각이 같게 반사한다는 규칙을 오목한 거울 면에 적용할 때, 어떤 일이 일어나는지 광선 모형으로 빛의 경로를 그려보는 것은 오목 거울에 대한 이해를 도와줄 수 있다. 그림과 같이 평행광선이 거울 축에 나란하게 거울 면에 입사할 때, 반사 광선은 구심을 지나는 법선과 평행광선이 이루는 각도와 구심을 지나는 법선과 반사 광선이 이루는 각도가 같게 되도록 진행한다. 그림에서 점선 화살표는 반사 광선을 나타낸다. 거울 축에 나란하게 입사한 광선들은 거의 한 점에 모였다가 퍼져 나간다는 것을 다음 그림을 보고 알 수가 있다. 좀 더 자세히 살펴보면 거울 축 근처에서 축과 나란하게 입사하는 광선은 반사되어 한 점에 모이지만, 축에서 멀리 있는 광선은 반사되어 그 점보다 안쪽으로 진행한다.

빛의 반사 규칙을 오목한 거울에 적용해 보면 평행하게 입사한 광선이 반사 후 거의 한 점에 모인다.

거울 축과 나란하게 입사한 평행광선들이 모이는 점을 초점이라고 한다. 위의 그림에서 거울 면과 초점 사이의 거리를 측정하면 거울을 이루는 구면 반지름의 절반이 된다는 것을 알 수 있다. 이와 같은 광선 모형을 이용하여 우리는 빛이 오목 거울에 입사할 때, 다음과 같은 규칙이 있다는 것을 알 수 있다.

- 거울 축에 나란하게 입사하는 광선은 오목 거울의 초점을 지난다(단, 거울 축에 가까이 있는 광선의 경우만 해당한다).

- (빛의 경로는 가역적이기 때문에) 거울의 초점을 지나는 광선은 반사되어 거울 축과 나란하게 진행한다.

- 거울의 구심을 지나는 광선은 거울 면에 수직하게 입사하므로 다시 입사한 경로를 따라 되돌아간다.

마찬가지로 물체에서 나온 광선이 오목 거울에 반사될 때도 반사의 법칙을 따른다. 실제로 물체에서 나온 광선이 거울 면에서 반사되는 경로를 그려보면 한 점에서 나온 광선들은 다음 그림과 같이 모두 다시 한 점에 모였다가 퍼져나간다는 것을 알 수 있다. 이렇게 물체의 한 점에서 퍼져 나온 광선이 모이는 점을 그 점의 실상이라고 한다. 마찬가지로 물체에서 퍼져 나온 광선들이 오목 거울에 의해 모여서 된 상을 그 물체의 실상이라고 한다.

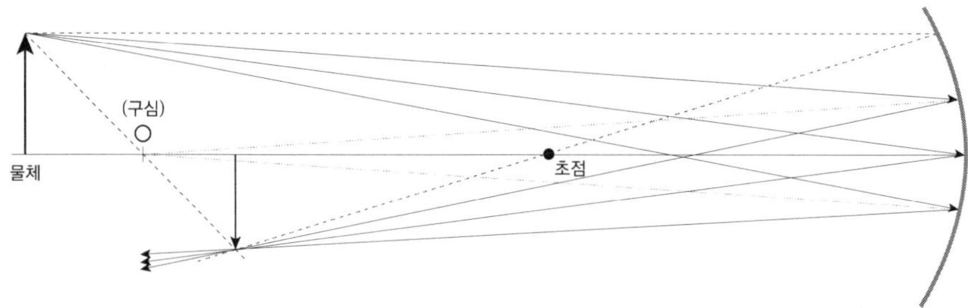

물체의 상을 광선 모형으로 쉽게 찾기 위해서는 반사의 법칙을 이용하는 것보다 오목 거울의 초점을 아는 경우에는 앞에서 알게 된 세 가지 규칙을 적용하면 각도기를 이용하지 않고 쉽게 구할 수 있다. 위의 그림에서 거울 축에 나란한 광선과 구심을 지나는 광선도 거울에 반사되어 각각 실상에 모인다는 것을 알 수 있다. 따라서 세 가지 규칙을 따르는 각각의 광선 중 두 광선의 경로를 안다면 물체의 상이 어디에 생기는지 알 수 있다. 물체의 한 점에서 나와 오목 거울에 반사된 광선은 모두 상에 모였다가 퍼져나가기 때문이다. 그래서 우리가 사용하는 광선 모형은 실제 현상과 잘 일치하고 우리가 실험을 통해 관찰한 규칙성을 설명해 준다는 것을 알 수 있다.

6

물체의 색깔은 언제나 같을까?

– 개념 만화

　방안의 불을 꺼서 어둡게 하고 책상 위에 있는 검은 종이와 빨강 종이에 파랑 빛을 비추었다. 검은 종이와 빨강 종이는 어떻게 보일까? 다음 만화에 나타난 네 학생의 대화를 살펴보고 어느 학생의 생각이 올바른지 설명하시오.

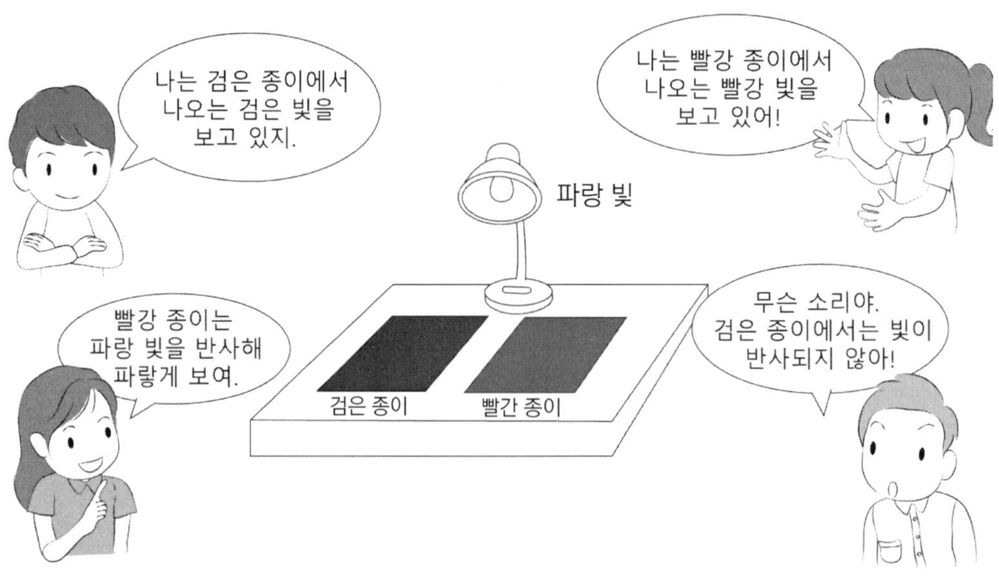

(1) 여러분은 누구의 생각에 동의하는가? 그렇게 생각하는 이유를 다른 사람과 서로 이야기해 보자.

(2) 빨강 종이는 왜 빨갛게 보인다고 생각하는가? 자신의 생각을 확인할 수 있는 방법을 고안해 보자.

(3) 노랑 빛을 빨강색 필터(유리)로 반사시키면 어떻게 될까? 자신의 생각을 그림을 그려서 설명해 보고, 실제로 실험한 결과와 비교해 보자.

(4) 다음은 두 학생이 '가시광선'에 맞추어 쓴 글자 맞추기 시이다.

가지에 달린 사과가 빨간 것도,

시금치 싹이 푸른 것도, 모두가

광활한 빛의 스펙트럼 중에서

선택되어 반사된 빛깔의 농간이라네.

가장 신기한 것은

시각으로 느낄 수 있도록

광선이 물체에 반사되어 그 물체의 색을

선명하게 나타내 주는 것이다.

• 색깔에 대한 두 학생의 개념이 어떻게 다른지 이야기해 보자.

• 앞 쪽에 있는 개념 만화에 등장하는 인물 중에서 오른쪽과 같은 시를 쓴 학생과 같은 생각을 가진 사람은 누구일까? 그렇게 생각하는 이유는 무엇인가?

개념만화(Concept Cartoons)

http://www.
conceptcartoons.com/
에서 개념만화의 다양한
예를 직접 볼 수 있다.

만화는 다양한 방법으로 교육에 이용되어 왔다. 예를 들어, 만화를 통해 읽기(Demetrulias, 1982), 어휘력(Goldstein, 1986), 문제 해결력(Jones, 1987), 사고 기능(De Fren, 1988), 동기유발(Heintzmann, 1989), 갈등을 해결하기(Naylor & McMurdo, 1990), 암묵적 과학 지식을 끌어내기(Gutierrez & Ogborn, 1992), 과학 개념을 적용하기(Peacock, 1995) 등의 발달을 도모할 수 있다. 일반적으로 '만화'라고 하면 언뜻 유머나 풍자를 연상할지 모르지만, 개념만화는 그런 만화와는 다르다. 개념만화는 어떤 일상적 현상에 대한 등장인물의 견해가 시각 정보의 자극과 함께 대화 형식으로 제시되어있다. 개념만화는 아동의 과학적 개념을 조사하기 위해 과학교육 연구자들이 사용하는 몇 가지 방법과 많은 공통점이 있다. 그러한 조사 방법은 교실 상황에서 유용한 교수 학습 도구로 사용될 수 있다(White & Gunstone, 1992). 개념만화도 원래 학습자의 개념을 드러내기 위한 것이었지만, 학생의 이해를 평가하는 것만이 유일한 목적은 아니고, 수업이나 학습을 도와주는 도구로 사용될 수 있다.

개념만화는 보통 다음과 같은 특징을 가지고 있다(Keogh & Naylor, 1998; 1999).

개념만화는 학생의 생각을 평가하거나, 교수 학습을 돕는 도구로 사용할 수 있다.

- 과학 개념을 시각적으로 표현한다.
- 대화 형식으로 최소한의 지문을 사용한다.
- 일상 상황에서 적용되는 과학 개념을 보여준다.
- 그 상황에 대한 여러 견해를 보여준다.
- 여러 견해 중에 과학적인 생각이 포함되어 있다.
- 제시된 여러 가지 딴생각은 과학 개념과 마찬가지로 그럴 듯한 견해이다(인지적 갈등의 도입).
- 정답을 고집할 필요가 없다(주장하는 견해를 뒷받침하는 조건이 다양할 수 있기 때문에).
- 학생의 생각을 등장인물의 생각으로 전환시킬 수 있다(희극적 요소의 활용).

따라서 개념만화는 읽기 기능이 부족한 학생이나 어린 아동도 접근 가능하고, 학습자에게 과학 시간에 배운 것을 일상생활에 적용하도록 요구하며, 어느 것이 옳은지 쉽게 알아챌 수 없기 때문에 논쟁을 유발시키기 쉽다. 보통 개념만화에서 제시된 딴생각은 많은 학생이 그렇게 생각하기 쉬운, 연구를 통해 밝혀진 학생의 선개념으로 이루어져 있기 때문이다.

다시 말해, 개념만화는 일상적인 상황에 대해 서로 다른 주장을 하는 등장인물의 대화를 보여주는 만화 형식의 그림이다. 그래서 등장인물을 통해 그 상황을 바라보는 새로운 방법을 제공함으로써, 문제를 깨닫게 하거나 생각을 좀 더 발전시키기 위한 자극을 줄 수 있다. 그리고 만화에 제시된 일련의 견해를 논의할 때 과학적 사고를 자극하고 토의를 부추기도록 고안된다. 그런 의미에서 개념만화는 과학 교수, 학습, 평가에서 독특한 접근방식이 될 수 있다. 개념만화는 다음과 같은 경우에 특히 유용하게 활용될 수 있다.

- 어려운 과학 개념에 대해 학급 또는 소집단 토의를 증진시키기
- 학생이 탐구할 수 있는 질문이나 문제를 소개하기
- 실험 결과와 관찰에 대한 이해를 도와주기

탐구를 도입하기 위해 개념만화를 사용하는 것은 그 문제와 관련된 학생들의 과학적 생각을 학생들 자신이 성찰해 보도록 도와준다. 개념만화에는 과학적 질문이 있다. 개념만화의 나머지 부분은 제기된 질문과 관련된 과학 개념에 대해 잘 알려진 딴생각이나 서로 다른 여러 가지 관점을 학생에게 제시한다. 개념만화는 한 가지 이상의 바른 생각을 보여주도록 고안될 수도 있다. 토의를 하는 동안, 개념만화에 제시된 모든 생각에 동등한 자격을 주어, 편안한 환경에서 과학 개념을 토의할 수 있는 기회를 증진시키도록 한다. 그때 학생들은 좀 더 자신감을 가지고 자기 자신의 생각을 말할 수 있도록 해야 한다. 개념만화는 또한 실험에 대한 시범을 보여준 후나 학생이 자기 자신의 실험을 수행하고, 자신의 관찰이나 자료를 해석하려는 경우와 같이 소집단 토의를 증진시키는데 사용될 수 있다.

개념만화를 탐구의 출발점으로 사용하기

- 복사를 하거나 프로젝터를 이용하여 학급에 개념만화를 제시한다.

- 학급에 제시된 문제를 크게 읽어준다.

- 개념만화에 제시된 모든 가능한 답을 살펴본다.

- 어떤 다른 생각을 갖고 있는 사람이 있는지 물어본다.

- 학생이 바르다고 생각하는 것이 무엇인지 학급에 묻는다. 가능하다면 이유를 제시하도록 해야 한다. 이 단계에서는 모든 대답을 수용한다.

- 자신의 가설이 올바른지 알아보기 위한 탐구를 이제 계획해야 할 것이라고 학급에 말한다.

소집단 토의를 증진시키기 위해 개념만화를 사용하기

- 교사 시범이나 학급 실험을 수행한다.

- 각 집단에 개념만화를 복사하여 나누어주고, 그 생각들을 토의하도록 요구한다.

- 이때 자신의 실험에 대한 결론을 작성하고, 가능한 경우에는 자신의 대답을 뒷받침하는 이유를 제시해야 한다.

개념만화는 시범이나 실험 결과를 토의하는데 활용할 수 있다.

개념만화에 빈 말풍선을 사용하는 경우 예를 들어, 전자칠판을 사용하거나 화이트보드에 직접 영상을 투사한다면, 학생이 어떻게 생각하는지 물어보고 학생의 생각을 말풍선에 써 넣을 수 있다. 이와 같은 개념만화는 개념만화를 담는 여러 종류의 매체에 따라 다음과 같이 다양한 방식으로 활용될 수 있다.

- 활동지(인쇄물) 형태
- 학급 게시물 또는 벽보(포스터)의 형태
- 다중매체 학습자료 형태(문서, PPT, 플래시, 동영상, 웹 양식 등)
- 이야기를 도입한 소리극, 그림극, 또는 인형극의 형태
- 그림책의 형태

학생들은 물체의 색깔을 물체의 고유한 특성으로 생각하기 쉽다. 학생들은 색깔을 보고 빛을 거의 연상하지 못하기 때문이다. 그래서 검은 물체는 검은 빛을 가지고 있다고 생각하기도 한다. 학생들은 물체가 배경과 다른 색깔을 가지고 있을 때 보이고, 색깔은 빛 자체의 성질이 아니라 순전히 물체의 성질로 빛의 세기에 따라 '검은색'에서 '흰색'에 이르는 여러 색깔을 나타내며, 따라서 색유리를 통과하는 빛은 그 유리에 의해 '물든다'고 생각한다(Anderson & Smith, 1983; Andersson & Kärrqvist, 1983; La Rosa, et. al., 1984). 따라서 물체의 색깔이 물체의 고유한 특성이 아니라 빛에 의해서 나타난다는 것을 이해하지 못하는 경우가 많다. 그런 의미에서 앞에서 제시된 개념만화는 학생들의 토의나 탐구를 촉진시킬 수 있는 도구로 활용할 수 있다. 우리가 관찰하는 색깔은 빛의 삼원색인 빨강(Red), 녹색(Green), 파랑(Blue) 빛의 혼합으로 만들어진다. 컴퓨터 모니터의 색 조절판과 프로젝터를 이용하면 다양한 빛깔의 광원을 만들어 물체의 색깔이 광원의 색에 따라 어떻게 달라지는지 조사할 수 있다. 개념만화를 이용한 모둠 토의를 통해 자신들의 생각을 확인해 볼 수 있는 탐구 활동을 계획해 보도록 도와줄 수 있다.

7

심화 활동

1. 색깔을 섞기

준비물: 두꺼운 검정 종이(3cm X 3cm), 빨강, 초록, 노랑, 파랑 스티커 또는 색종이, 빨대

- 두꺼운 검정 종이로 옆의 그림과 같이 종이 날개를 만들고, 양 쪽 면에 아래 그림과 같이 여러 가지 색 종이를 붙인다.

- 빨대로 종이 날개를 불어 날개가 돌아갈 때 합쳐진 색깔이 어떻게 보이는지 조사해 보자.

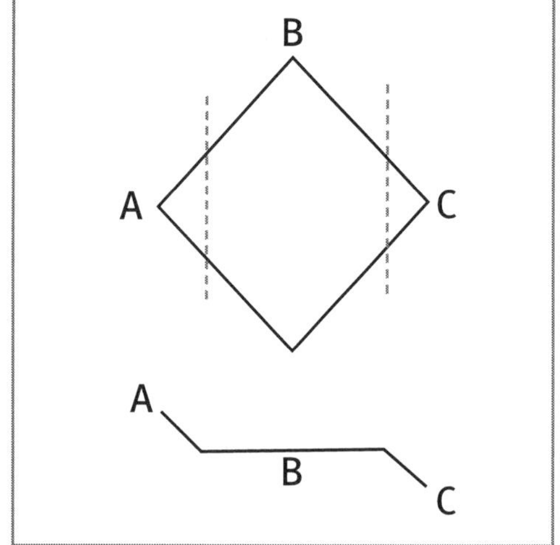

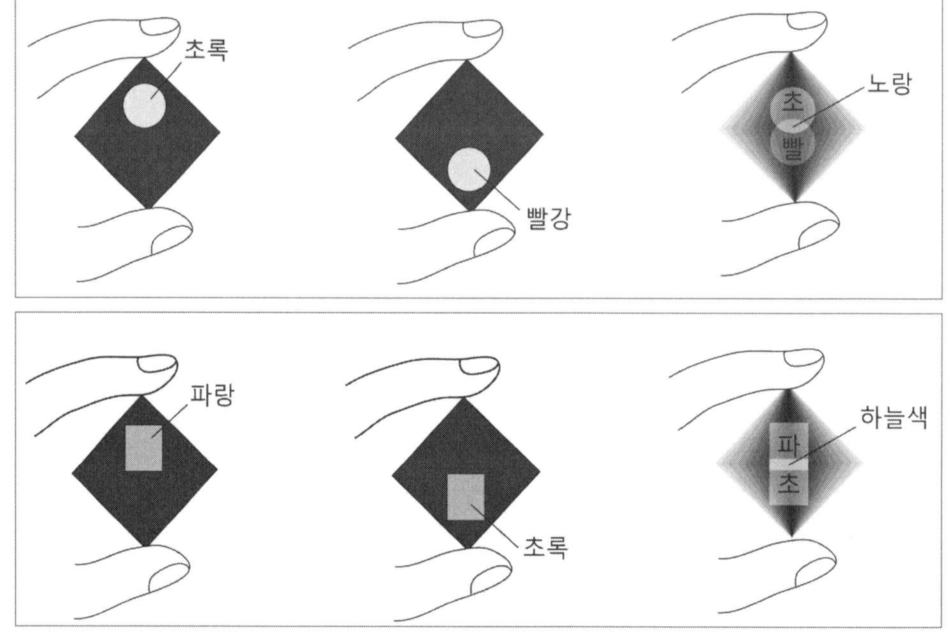

2. 바늘구멍 사진기 만들기

- 가능하면 커다란 상자(겉상자와 속상자)를 이용하여 모둠별로 창의적으로 만든다.

- 속상자에는 기름종이를 크게 붙인다.

- 바늘과 못으로 구멍을 뚫고 각각 두 가지의 결과를 비교해 본다.

- 멀리 보이는 풍경과 아주 가까이 있는 물체를 보았을 때 비교해 본다.

- 속상자를 구멍 가까이 가져가는 경우와 멀리 가져가는 경우 어떻게 다른지 비교해 본다.

창에 기름종이를 붙인 속상자를 바늘구멍이 뚫린 겉상자에 집어넣어서 오른쪽 그림과 같은 바늘구멍 사진기를 만들었다. 이 바늘구멍 사진기 속상자의 위치를 조정하여 멀리 보이는 풍경이 잘 보이도록 하였다.

이번엔 다시 책상 위에 가까이 있는 꽃병을 바늘구멍 사진기로 보았더니 꽃병의 모습이 또렷하게 보이지 않았다. 꽃병의 모습을 더 또렷하게 보려면 어떻게 해야 할까? 그 이유가 무엇인지 그림을 그려서 설명해 보자.

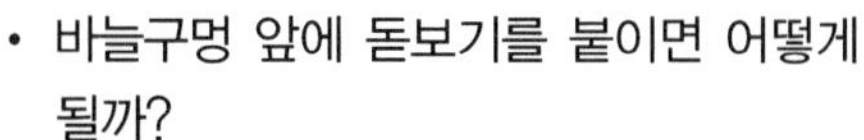
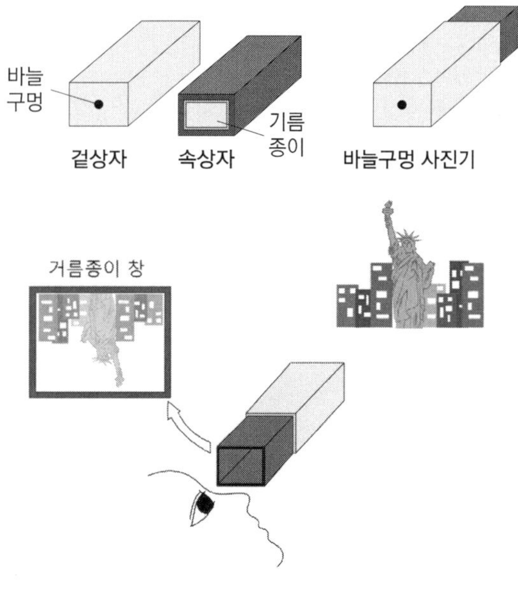

- 바늘구멍 앞에 돋보기를 붙이면 어떻게 될까?

- 바늘구멍 사진기로 여러 가지 활동을 해보고 그 결과를 모둠별로 토의해 보자.

3. 동전이 떠 보이는 이유

두 사람이 함께 실험해 보자.

- 불투명한 빈 컵의 바닥에 동전을 둔다. 컵의 가장자리 위쪽에서 동전을 관찰해 본다.

- 컵에서 조금씩 멀어지면서 관찰해 보면 동전이 보이다가 보이지 않기 시작하는 지점이 있다. 동전이 보이지 않는 지점에서 멈추고 다른 사람에게 컵에 조금씩 물을 채워넣도록 부탁한다.

- 컵에 물이 차 오르면서 보이지 않던 동전이 다시 보이는 것을 관찰할 수 있을 것이다.

- 도와주던 사람과 역할을 바꾸어 관찰해 본다.

물을 넣지 않았을 때   물을 넣었을 때

- 물이 없는 경우 동전이 보이지 않는 이유와 물을 채운 경우 동전이 보이는 이유를 광선 모형을 통해 설명해 보자. (동전에서 출발한 빛이 어떻게 진행하는 그려보아라.)

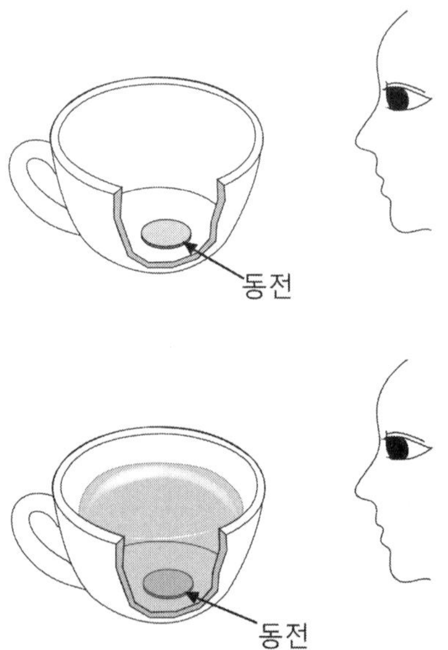

4. 볼록한 오목렌즈

- 수조에 물을 넣고 물에 우유나 비눗물을 한두 방울 섞는다.

- 둥근 플라스크에는 향 연기를 채운다.

- 수조 안에 플라스크를 넣고 수조의 옆면에서 레이저 혹은 손전등을 비추어 본다. 이 때 실험실은 가급적 어둡게 한다.

- 레이저나 손전등의 빛은 플라스크를 지나면서 어떻게 굴절하는가?

- 반대로 둥근 플라스크 안에 물을 채우고, 수조 안에는 향연기만 채운다면 레이저의 빛은 어떻게 진행하겠는가?

- 어떤 물체가 볼록렌즈 역할을 하기 위해서는 어떠한 조건이 필요한가?

8

빛의 성질에 대한 자신의 생각을 평가하기

1. 우리가 어떻게 시계를 보는지 설명하는 두 그림이 있다. 첫 번째 그림은 광원에서 나온 빛이 사람의 눈으로 갔다가 시계로 가서 사물을 본다는 설명을 나타낸다. 두 번째 그림은 광원에서 나온 빛이 시계를 거쳐 사람의 눈으로 들어가기 때문에 사물을 본다는 설명을 나타낸다. 두 그림 중에서 어느 것이 좋은 설명인지 알아보기 위한 방법을 고안하고 자신의 생각을 증명해 보자.

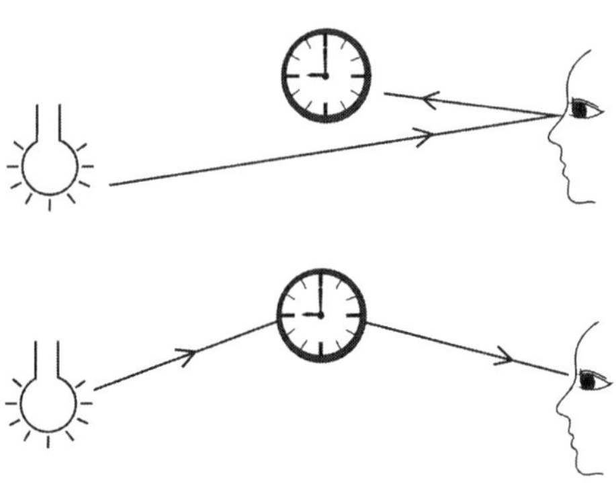

2. 다음과 같이 붉은빛을 내는 전구와 초록빛을 내는 전구를 켜서 비춘다면 흰벽에 생기는 그림자의 색깔은 어떻게 될지 예상해 보자. 전구에서 출발한 광선이 어떻게 진행하여 그림자가 생기는지 광선 모형으로 설명해 보자.

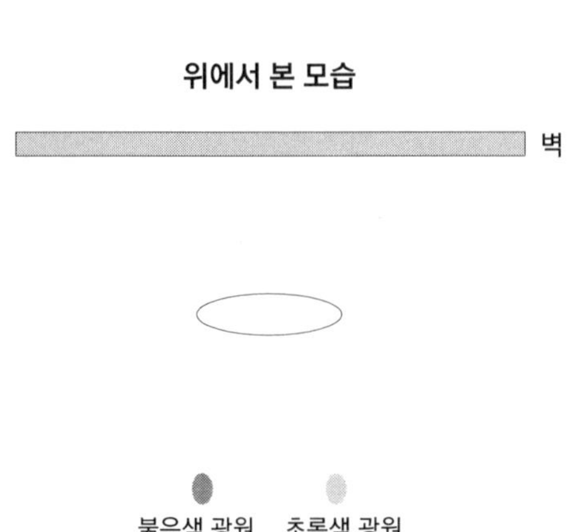

3. 깜깜한 암실에서 실험대 주위에 다음 그림과 같이 네 명의 학생이 서 있고 (가) 학생이 작은
손전등을 거울에 비추고 있다.

- (나), (다), (라)의 학생 중 눈
  이 부신 학생은 누구인가?

- 눈이 부시지 않은 학생은 거
  울이 어떤 색으로 보일까?

- 거울대신 흰색 종이를 놓고
  실험한다면 (나), (다), (라)
  각 학생의 관찰 결과는 어떠
  한가?

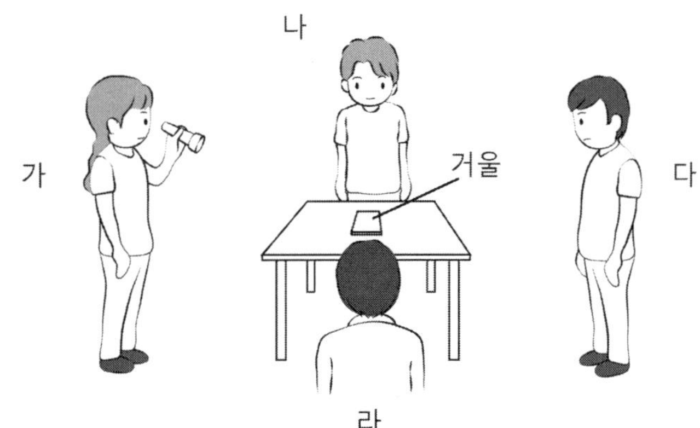

4. 보는 것에 대해 이해하지 못하는 학생들은 다음과 같은 문제를 어떻게 설명하는지 토의해 보고
실제로 조사해 보자. 또한 굴절에 대해 공부한 학생들은 어떤 실수를 저지르는지도 알아보자.

한결이는 두꺼운 유리벽 저 편에 있는 나무 도막을 보고 있다. 한결이의 눈에는 이 나무
도막이 어디에 있는 것으로 보일까?

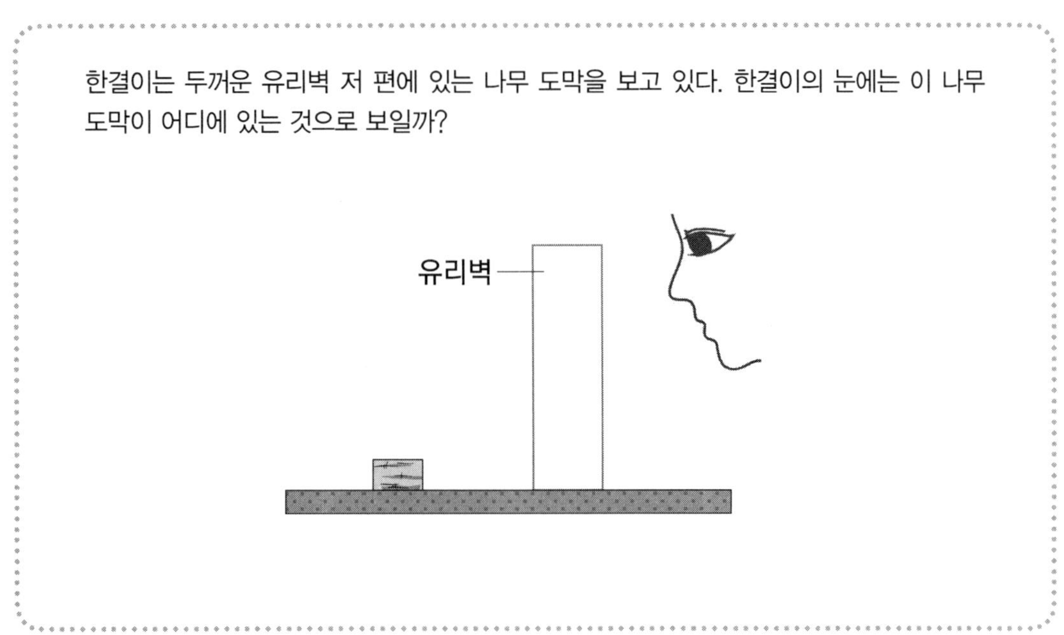

5. 그림과 같이 평행한 두 광선이 볼록렌즈의 축에 비스듬하게 들어오면 렌즈를 통과한 후 두 광선은 어떻게 굴절하는지 다음 그림 위에 그려보고, 그렇게 되는 이유를 설명해 보자.

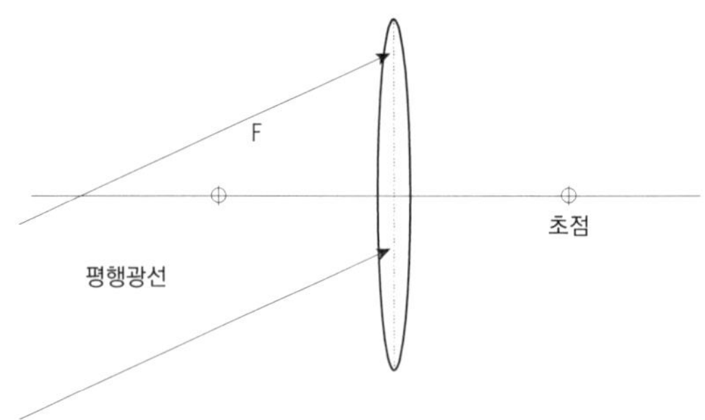

6. 프리즘에 의해 빛이 분산되는 현상에 대해 학생들이 어떻게 설명하는지 조사할 수 있는 방법을 고안해 보자. 실제로 학생들이 분산 현상을 어떻게 생각하는지 조사해 보고, 흰 빛이 여러 색깔의 빛으로 이루어졌다는 것을 이해시킬 수 있는 지도 방안을 생각해 보자.

7. "그림자를 만들기 위해 필요한 세 가지 조건은 무엇인가?"라는 질문에 답할 수 있도록 학생들에게 손전등과 물체를 가지고 여러 가지 활동을 하도록 하였다. 교사는 모둠별로 돌아다니면서 학생들이 세 가지 조건을 찾을 수 있도록 도왔다.

이떤 모둠의 학생들은 손전등과 물체 사이의 거리에 따라 그림자의 크기가 달라진다는 것을 발견하기도 하고, 또 다른 모둠은 빛을 비스듬히 비추어 그림자의 길이와 모양을 바꿀 수 있다는 것을 알아내기도 하였다. 물체가 투명한지에 따라 그림자의 진하기가 다르다는 것을 발견하기도 하였다.

얼마 후, 한 학생이 그림자는 물체가 빛이 진행하는 것을 가로막기 때문에 생긴다고 발표하였다. 그러자 다른 학생은 그림자가 광원과 반대 방향에 생기는 이유를 "빛이 물체로부터 그림자를 밀어내기 때문"이라고 말하였다. 교사는 학생들의 이러한 발표를 듣고 매우 흥미로운 것을 발견하였다고 언급하고는, 그림자를 만들기 위한 세 가지 조건에 대해 다시 질문하였다. 그리고 학생들이 공책에 세 가지 조건을 나타내는 그림을 그리고 빛, 물체, 막이라고 적게 하였다. 수업을 정리하면서 교사는 학생들의 발견에 대해 아무런 언급도 하지 않았으며 대신 세 가지가 무엇인지 다시 강조하고 칠판에 '빛 → 물체 → 막'이라고 썼다.

- 이 일화에서 교사의 수업 행동에 대한 여러분의 의견은 어떠한가?
- 여러분이 수업을 담당한 교사라면 이 수업의 내용을 어떻게 수정하거나 바꾸겠는가? 또 그 이유를 설명하라.

의견나누기

다음의 주장을 읽고, 그러한 주장이 자신의 생각과 일치하면 '찬성' 칸에 ○를, 일치하지 않으면 '반대' 칸에 ○를 하시오. 수업 전에 자신이 가지고 있던 생각과 비교해 보고, 어떻게 해서 자신의 생각이 바뀌었는지 이야기해 보시오.

주 장	수업 전	
	찬성	반대
1. 빛이 없는 동굴 속에서도 고양이 눈에서 나오는 광채로 고양이를 찾을 수 있다.		
2. 공처럼 둥근 물체의 그림자는 항상 동그란 모양이다.		
3. 그림자는 항상 검은색이다.		
4. 종이는 빛을 반사하지 못하므로 우리 얼굴을 비추어 볼 수 없다.		
5. 유리와 같이 투명한 물체는 빛을 투과시키고 반사는 하지 않는다.		
6. 토마토 수프와 같은 액체는 빛을 반사하지 않는다.		
7. 물이 담긴 둥근 유리컵으로 앞쪽의 풍경을 보면 풍경의 상하는 바뀌지 않고 좌우만 바뀐다.		
8. 카메라에 사용되는 렌즈는 오목렌즈이다.		
9. 볼록렌즈를 통해 물체를 관찰하면 항상 실물보다 크게 보인다.		
10. 노란색 셀로판 종이를 통과한 빛은 항상 노랗게 보인다.		

참고 문헌

교육부(2015). 과학과 교육과정. 교육부 고시 제2015-74호

김경순, 양찬호, 노태희. (2009). 화학 개념학습에서 역할놀이 비유가 대응 관계 이해도 및 대응 오류에 미치는 영향. 한국과학교육학회지, 29(8), 898-909.

장병기 (1994). 그림자 현상에 대한 학생의 생각과 제시된 증거 유형에 따른 추론방식. 서울대학교 박사학위논문

장병기 (1996). 과학학습과 구성주의. 강원과학 17호, 143-151.

Piaget, J. (1930). The child's conception of physical reality. London: Routledge & Kegan Paul.

Anderson, C. W., & Smith, E. L. (1986). Children's Conceptions of Light and Color: Understanding the Role of Unseen Rays. Research Series No. 166.

Anderson, C. W., & Smith, E. L. (1983). Transparencies on light: Teachers' manual (Research Series No. 130). East Lansing: Michigan State University, Institute for Research on Teaching.

Andersson, B., & Kärrqvist, C. (1983). How Swedish pupils, aged 12-15 years, understand light and its properties‡. European Journal of Science Education, 5(4), 387-402.

Ashton, P. (1984). Teacher efficacy: A motivational paradigm for effective teacher education. Journal of teacher education, 35(5), 28-32.

Atkinson, P., & Delamont, S. (1977). Mock-ups and cock-ups: The stage management of guided discovery instruction. School experience: Explorations in the sociology of education, 87-108.

Atwater, B. F. (1987). Evidence for great Holocene earthquakes along the outer coast of Washington State. Science, 236(4804), 942-944.

Ault, C. R. (1998). Criteria of excellence for geological inquiry: the necessity of ambiguity. Journal of Research in Science Teaching, 35(2), 189–212.

Ausubel, D. P. (1968). Educational psychology: a cognitive view.

Bybee, R. W. (1997). Achieving Scientific Literacy: Based on Brunner's 5E Instructional Model.

Cazden, C. (1988). Classroom discourse: The language of teaching and learning. Heinemann, Portsmouth, NH.

Chambers, D. W. (1983). Stereotypic images of the scientist: The Draw a Scientist Test. Science education, 67(2), 255-265.

Chalmers, A. F. (1982). What Is This Thing Called Science?: An assessment of the nature and status of science and its method, Queensland University Press, 2nd revised edition.

Cheng, P. W., & Holyoak, K. J. (1985). Pragmatic reasoning schemas. Cognitive psychology, 17(4), 391-416.

Collins, H. (1985) Changing Order: Replication and Induction in Scientific Practice, London: Sage.

DeFren, M. (1988). Using cartoons to develop writing and thinking skills. The Social Studies, 79(5), 221-224.

Demetrulias, D. A. M. (1982). Gags, giggles, guffaws: using cartoons in the classroom. Journal of Reading, 26(1), 66-68.

Driver, R. (1983). Pupil as scientist. McGraw-Hill Education (UK).

Driver, R., & Easley, J. (1978). Pupils and paradigms: A review of literature related to concept development in adolescent science students.

Guesne, E. (1985). Light. In Driver, R., Guesne, E., Tiberghien, A.(eds): Children's ideas in science. Milton Keynes, Philadelphia: Open University Press, 10-32.

Duit, R. (1991). On the role of analogies and metaphors in learning science. Science education, 75(6), 649-672.

Eisenkraft, A. (2003). Expanding the 5E model. The Science Teacher, 70(6), 56-59.

Feher, E., & Rice, K. (1988). Shadows and anti-images: Children's conceptions of light and vision. II. Science Education, 72(5), 637-649.

Finson, K. D., Beaver, J. B., & Cramond, B. L. (1995). Development and field test of a checklist for the Draw-A-Scientist Test. School Science and Mathematics, 95(4), 195-205.

Gallas, K. (1995). Talking their way into science: Hearing children's questions and theories, responding with curricula. Teachers College Press.

Gilbert, J. & Boulter, C. (eds.) (2000). Developing Models in Science Education. Dordrecht: Kluwer.

Goldstein, B. (1986). Looking at cartoons and comics in a new way. Journal of Reading, 29, 657–661.

Gowin, D. (1970). The Structure of Knowledge1. Educational Theory, 20(4), 319-328.

Gutierrez, R., & Ogborn, J. (1992). A causal framework for analysing alternative conceptions. International Journal of Science Education, 14(2), 201-220.

Harlen, W. (2001). Primary Science: Taking the Plunge. How To Teach Science More Effectively for Ages 5 to 12.

Heinemann, 361 Hanover Street, Portsmouth, NH 03801-3912.

Harris, D., & Taylor, M. (1983). Discovery learning in school science: The myth and the reality. Journal of Curriculum Studies, 15(3), 277-89.

Hassard, J. (2005). The Art of Teaching Science, New York, Oxford University Press.

Heintzmann, W. (1989) Historical cartoons: opportunities to motivate and educate. Journal of the Middle States Council for Social Studies, 11, 9–13.

Hesse, M. B. (1966). Models and analogies in science (Vol. 7). Notre Dame: University of Notre Dame Press.

Jones, D. (1987) Problem solving through cartoon drawing. In R. Fisher (ed.), Problem Solving in Primary Schools (Oxford: Basil Blackwell).

Jung, W. (1981). Conceptual Frameworks in Elementary Optics. In Proceedings of the International Workshop on Problems Concerning Students' Representations of Physics and Chemistry Knowledge, Ludwigsburg, West Germany, 441-448.

Jung, W. (1981). Conceptual frameworks in elementary Optics. In W. Jung, H. pfundt, & C.von Rhoneck (Eds.), Proceedings of the international workshop on problems concerning students' representation of physics and chemistry knowledge (pp. 442-448). Ludwigsburg, Germany: Pedagogische Hochschule.

Karplus, R., & Thier, H. D. (1967). A new look at elementary school science: Science curriculum improvement study. Chicago: Rand McNally.

Kelly, G. A. (1977). Personal Construct Theory and the Psychotherapeutic Interview. Cognitive Therapy and Research, vol1(4), 355-362.

Keogh, B., & Naylor, S. (1998). Teaching and Learning in Science Using Concept Cartoons. Primary Science Review, 51, 14-16.

Keogh, B., & Naylor, S. (1999). Concept cartoons, teaching and learning in science: an evaluation. International Journal of Science Education, 21(4), 431-446.

Koertge, N. (1969). A study of relations between scientific theories: A test of the general correspondence principle.

La Rosa, C., Mayer, M., Patrizi, P., & Vicentini-Missoni, M. (1984). Commonsense knowledge in optics: Preliminary results of an investigation into the properties of light. European Journal of Science Education, 6(4), 387-397.

Loucks-Horsley, S., & Olson, S. (Eds.). (2000). Inquiry and the National Science Education Standards: A Guide for Teaching and Learning. National Academies Press.

Malone, K. R., & Barabino, G. (2009). Narrations of race in STEM research settings: Identity formation and its discontents. Science Education, 93(3), 485-510.

Rowe, M. B. (1972). Wait-Time and Rewards as Instructional Variables: Their Influence on Language, Logic, and Fate Control. Paper presented at the National Association for Research in Science Teaching, Chicago, Illinois.

Mason, C. L., Kahle, J. B., & Gardner, A. L. (1991). Draw-a-scientist test: Future implications. School Science and Mathematics, 91(5), 193-198.

McDuffie Jr, T. E. (2001). Scientists-geeks & nerds?. Science and Children, 38(8), 16.

Millar, R. (1985). Training the mind: Continuity and change in the rhetoric of school science, Journal of Curriculum Studies, 17(4), 369-382.

Millar, R. (1987). Towards a role for experiment in the science teaching laboratory, Studies in Science Education, 14, 109-118.

Millar, R. (1988). Teaching Science 11-13 - Foster, D., Lock, R. Journal of Education for Teaching, 14(2), 194-196.

Moseley, C., & Norris, D. (1999). Preservice teachers' views of scientists. Science and Children, 37(6), 50–53.

National Research Council (Ed.). (1996). National science education standards. National Academy Press.

Naylor, S., & McMurdo, A. (1990). Supporting science in schools. Timperley, UK: Breakthrough Educational Publications.

Nelson, A. R., Atwater, B. F., Bobrowsky, P. T., Bradley, L. A., Clague, J. J., Carver, G. A., Darienzo, M. E., Grant, W. C., Krueger, H. W., Sparks, R., Stafford, T. W., Stuiver, M. (1995). Radiocarbon evidence for extensive plate-boundary rupture about 300 years ago at the Cascadia subduction zone. Nature, 378, 371-374.

Newton, D. P. & Newton, L. D. (1995). Using analogy to help young children understand. Educational Studies, 21(3), 379–391.

Newton, D. P. (2002). Talking Sense in Science: helping children understand through talk, London and New York: Routledge Falmer.

Newton, L. D. (2000). Meeting the Standards in Primary Science: a guide to the ITT NC, London and New York: Routledge Falmer.

Novak, J. D., & Gowin, D. B. (1984). Learning how to learn. Cambridge University Press.

Odell, M. R. I., Hewitt, P., Bowman, J., & Boone, W. J. (1993). Stereotypical images of scientists: A cross-age study. In 41st annual national meeting of the National Science Teachers Association, Kansas City, MO.

Ormerod, M. B., & Duckworth, D. (1975). Pupils' Attitudes to Science. A Review of Research.

Osborne, M., & Freyberg, P. (1985). Learning in science: Implications of children's knowledge. Acukland, New Zealand: Heinemann.

Osborne, R., Freyberg, P., & Tasker, R. (1982). Toward changing children's ideas. Working Papers of the Learning in Science Project.

P. H. Reynolds (1997). The Dot. Candlewick Press.

Peacock, A. (1995) An agenda for research on text material in primary science for second language learners of English in developing countries. Journal of Multilingual and Multicultural Development, 16, 389–401.

Polanyi, M. (1958). The study of man. Chicago: University of Chicago Press.

Ramadas, J. & Driver, R. (1989). Aspects of secondary students' ideas about light. Leeds, UK: University of Leeds, Centre for Studies in Science and Mathematics Education.

Ravetz, J. R. (1971). Scientific knowledge and its social problems.

Rice, K., & Feher, E. (1987). Pinholes and images: children's conceptions of light and vision. I. Science Education, 71(4), 629-639.

Satake, K., Shimazaki, K., Tsuji, Y., & Ueda, K. (1996). Time and size of a giant earthquake in Cascadia inferred from Japanese tsunami records of January 1700. Nature, 379(6562), 246-249.

Solomon, J. (1980). Teaching children in the laboratory. London: Croom Helm.

Taber, K. S. (2009). Progressing science education: Constructing the scientific research programme into the contingent nature of learning science (Vol. 37). Springer Science & Business Media.

Tiedt, I. M. (1969). A new Poetry form: The diamante. Elementary English, 46(5), 588-589.

Watts, D. M. (1985). Students' conceptions of light- A case study. Physics Education, 20(4), 183-187.

Watts, D. M. (1984). 'Learners' alternative frameworks of light', in Bell, B., Watts, M. and Ellington, K. (eds), Learning, Doing and Understanding in Science, The proceedings of a conference, Woolley hall, England, 11-13 July, SSCR, London, 69-72.

Wellington, J. J. (1981). "What's Supposed to Happen, Sir?": Some Problems with Discovery Learning. School Science Review, 63(222), 167-73.

White, R., & Gunstone, R. (1992). Probing understanding, London: Routledge.